大变革时代

晚清

朱耀辉 著

青海人民出版社

图书在版编目（ＣＩＰ）数据

大变革时代：晚清／朱耀辉著．－－西宁：青海人民出版社，2017.11
ISBN 978-7-225-05440-7

Ⅰ．①大… Ⅱ．①朱… Ⅲ．①中国历史—清后期
Ⅳ．①K252

中国版本图书馆 CIP 数据核字（2017）第 290661 号

大变革时代：晚清

朱耀辉　著

出 版 人　樊原成
出版发行　青海人民出版社有限责任公司
西宁市五四西路 71 号　邮政编码:810023　电话:(0971)6143426（总编室）
发行热线　（0971)6143516/6137730
网　　址　http://www.qhrmcbs.com
印　　刷　青海西宁印刷厂
经　　销　新华书店
开　　本　720mm×1010mm　1/16
印　　张　20.5
字　　数　250 千
版　　次　2018 年 1 月第 1 版　2018 年 1 月第 1 次印刷
书　　号　ISBN 978-7-225-05440-7
定　　价　39.00 元

序 重新认识那个凶险的十九世纪

　　假如把晚清后的历史比喻成股票市场的话，那无疑是变化多端而且凶险万状的。在西方列强将国门强行打开之前，清王朝是一个封闭的帝国，但被硬生生地卷入全球经济与政治的洪流后，西方列强就像一群凶悍的机构投资者，让帝国再无宁日。

　　譬如，鸦片战争就让不熟悉国际规则的帝国股市飞速下挫，直到他们自觉地开展洋务运动，这才令市场渐渐趋于平静并有了一波小行情。然而，甲午战争的惨败又让帝国股市放量大跌，几乎跌掉了洋务运动近三十年创造的市值。随后，尽管戊戌变法开始了一小波反弹，但由于时间过于短促，其很快在流血的政变及八国联军的入侵中再度重挫。

　　直到 1901 年后，清廷大力推行新政与立宪，帝国股市才有所抬升，但刚起的势头很快又被辛亥革命所打断。由此，中国的发展一直处于一个盘整向下的大震荡过程中，其中行情有小涨更有大跌，还有长时间的横盘整理甚至十年阴跌，直到 20 世纪 80 年代改革开放后，才开始了一波较长时期的牛市行情。

当然，把近代百余年的历史发展比喻成股市当然也不尽恰当。因为当时的中国所面临的 19 世纪是一个"丛林法则"四处横行的凶险时期，国际间的竞争不是游戏且更为冷酷无情，容不得一丝丝的怜悯。至少从甲午后的《马关条约》与庚子后的《辛丑条约》来看，秉承强权至上的列强们远比机构投资者更为贪婪、残暴。

从这个意义上说，近代中国是在毫无准备的情况下便被强行推上了国际相争的大赌场。而在此之前，中国的统治者及士绅们一直认为自己就是世界的中心，甚至"中国即天下"。这里说的"天下"，不仅仅是一种地理概念（虽然从地域上说仅仅是东亚而已），而且还是一种为国人引以为傲的政治价值与理念体系（即以儒家为主流的文化圈）。

做惯了老大，以为自己就是天下。在没有同等量级的对手出现之前，这种思维倒也不奇怪。然而，在鸦片战争以后，在西方列强的不断逼迫与全球化进程的持续渗透下，中华帝国不但由"天下"降级为"中国"，更可悲的是，它还被排除在当时世界文明的中心之外，由昔日万人崇仰的"天朝上国"沦为了被边缘化的对象。洋务运动期间，李鸿章等人常说中国面临着"三千年未有之大变局"，所谓"大变局"，其大意如此吧！

天下不再矣！ 19 世纪是一个民族国家相继崛起的时代，而近代民族国家体系的形成，不仅仅是因为科技的发展急剧缩短了此前国与国之间的距离，其中更重要的是，由科技而经济，由经济而军事，这一系列的变化进一步消除了此前国与国之间的广阔空间。

由此，在利己排他的思维下，国土、安全、资源与未来的发展空间成为了各国关注的焦点。在利益不可调和、合作无法达成的情况下，由此也引发了国与国之间的严重对立与直接冲突。从中国近代百年所受的种种屈辱来看，国际间的和平与平衡往往是脆弱的，冲突却是时有发生，其结果往往是强国对弱国的掠夺与凌辱，一些国家与民族甚至因为抵抗而亡国灭族。从这个意义上说，近代中国还算是幸运，总算没有被裂国亡族。

19世纪是一个弱肉强食的非常时期，此时一个国家统治者的合法性不再取决于上天，也不再取决于道统，而主要取决于其能否有效地掌控自己国家的内政外交。在此背景下，清廷在国际竞争中所处的极大劣势及其国际地位的不断下降，从而在国内引发了严重的合法性危机。由此，孙中山等人宣传的民族主义在甲午年后引起了广泛的共鸣。换言之，不管满汉矛盾是否真实存在，清廷都将因为自身的衰弱而引发一场国内革命。

唐太宗说，"以铜为镜，可以正衣冠；以古为镜，可以知兴衰；以人为镜，可以明得失。"培根又说："读史让人明智。"这已经是老生常谈了。而让人扼腕长叹的是，从鸦片战争的开始到最后洗清民族的耻辱，竟然横跨了如此漫长的过程。

一个半世纪过去了，中国的崛起令整个世界为之瞩目。笔者有充分的理由相信，中国的日益强大，将使得国人能够重新正视鸦片战争后那一百年的苦难历史。我们的民族确实受到一时的挫折，但永远不会被击败。因为，有无数的仁人志士在不断激励着、奋斗着，甚至鞭策着，让我们整个民族在抗争中进步，并在强大中学会包容。

本书的作者与笔者交往有年，这本书从写作到出版算起来也有数年时间了。不过这也无妨，因为好作品向来需要不断修磨，重写与沉淀都是必要的过程。更何况，在当前这样一个碎片化阅读大行其道的网络新时代，能够认真梳理历史的脉络并给读者带来相对深度思考的作品不能说多，而只能说是太少。如此，也就体现出作者及这部作品的价值所在了。

金满楼

2016年5月

众所周知，资本主义的发展必然要求它到外部世界去开拓市场，开拓原料产地。由于中国封闭型的自给自足的自然经济状态，铅、锡、铜、毛呢、棉花等"洋货"在中国本土销路不畅，而中国出产的丝绸、茶叶、瓷器、药材在海外市场大受欢迎。在中国瓷器流入欧洲之前，欧洲人的餐桌上大多摆放的是铁质和木制餐具，富裕家庭和上流社会则会使用金银器具。在见识到中国精美的瓷器后，他们被彻底震撼了！沃肯曾指出，"在西欧见识到中国瓷器以后，中国瓷器就受到热烈欢迎。因为这是一种不是本地陶器所能比拟的器皿，中国瓷器所特备的优点，它那种不渗透性、洁白、具有实用的美以及比较低廉的价格，都使它很快成为当地人民深深喜爱的物品。"

在当时的大清帝国，外国商人的贸易被长期限制在广州，为了拓展海外市场，扭转长期以来的对华贸易逆差，打开中国的国际贸易大门，在征服了印度之后，英国把目光投向了遥远神秘的东方古国——中国。所以，马戛尔尼此次来中国，其实是为了解决中西之间的贸易不均衡问题，和中国建立平等的外交关系并开展扩大经济贸易往来。

欧洲人对于中国的狂热追寻和向往缘于那本风靡欧洲的超级畅销书《马可·波罗游记》。这本书在当时的欧洲刮起了一阵最炫"中国风"。在书中，马可·波罗告诉自己的欧洲同乡，"中国地大物博，国泰民安，臣民身居大厦，衣着锦绣，地面生长着奇花异草和丁香、八角、肉桂、豆蔻等西方上流社会必不可少的高级调味品，地下则遍布黄金、白银等西方人梦寐以求的物品"。

这本《马可·波罗游记》忽悠了不少渴望黄金和香料的西方冒险家，其中之一就是哥伦布。也由于这篇游记，使得欧洲的探险家们前赴后继，寻找通往遍地黄金的大汗乐土之路。

张宏杰在其《饥饿的盛世》中写道："欧洲许多的大学者都对中国

文化如醉如痴，他们认为中国的一切，从制度到道德，都比欧洲优越。伏尔泰在他的小礼堂中供奉上了孔子画像，并且向欧洲人宣称：'世界历史始于中国。'莱布尼茨被称为'狂热的中国崇拜者'，他认为中国拥有'人类最高度的文化和最发达的技术文明'。他的学生沃尔夫则认为中国就是现世的乌托邦。"

事实上，我们的主人公马戛尔尼也是一位不折不扣的中国迷。这位经验丰富的政治家这一年已经 56 岁了，他走过了大半个世界，该经历的都经历过了，却唯独没有来过中国，这不能不说是一个遗憾。他曾写诗吐露内心憧憬，表达对遥远中国的向往：

仿佛我游览中国幸福的海滨，
攀登她无比自豪的杰作万里长城。
眺望她波涛汹涌的江河，
她的都市与平原，她的高山岩石和森林。
越过北方疆界，探研鞑靼旷野，
不列颠冒险家从未到过的地方。

为了表示对遥远的东方古国的崇敬，敲开中国这扇财富的大门，英国国王对于使团的规模和人数也是精心考虑，为使团的组成做了周密的准备。

这是一个耗费巨大、人员众多的外交使团，具有商业和政治的双重目的。使团人才济济，各色人等一应俱全，有科学家、园艺家、作家、翻译家、外交官、青年贵族、学者、医师、画家、乐师、技师、士兵和仆役等，算上水手将近 700 人，其中还包括使团副使斯当东和年仅 12 岁的小斯当东。

毫不脸红。"他们一有机会就偷，但一经别人指出就马上说出窝藏赃物的地方。有一次吃饭时，我们的厨师就想厚颜无耻地欺骗我们。他给我们上两只鸡，每只鸡都少一条腿。当我们向他指出一只鸡应有两条腿时，他便笑着把少的鸡腿送来了。"

不仅如此，当时中国人国民性格中的自私、冷漠与麻木也给英国人留下了相当深刻的印象。使团的船经过运河时，有一伙看热闹的人压翻了河中的一艘小船，许多人掉进河中。虽然附近有不少船只在行驶，却没有一艘船前去救援，眼睁睁地看着他们在河中挣扎。英国人想让自己的船只过去救援，却得不到任何回应。英国人悲哀地发现，这个专制统治下的民族已经麻木自私冷酷到了骨子里！

八月初五，马戛尔尼一行在天津大沽口登陆，两名清朝大臣——通州副将王文雄、天津道乔人杰，奉命亲自到大沽迎接英国使团。清朝的官员们对这些高鼻梁、白皮肤、蓝眼睛的外国人十分客气，为他们提供了丰盛的食物。英国人看了下清单，大吃一惊，因为这份礼单上列的种类实在是太多了！

牛二十头、羊一百三十只、猪一百二十头、鸡一百只、鸭一百只、粉一百六十袋、米一百六十袋、满洲面包十四箱、茶叶十箱、小米一箱、红米十箱、白米十箱、蜡烛十箱、西瓜一千个、甜瓜三千个、干制桃子二十二箱、蜜饯果子三十二箱、干制果子二十二箱、蜜饯蔬菜二十二箱、盐制蔬菜二十二箱、大号冬瓜四十篮、南瓜一千个、新鲜蔬菜四十捆、豌豆荚二十担、陶器三篓。

这么多的食物，短短几天内能吃得了吗？恐怕整个舰队700多人一星期都吃不完。鉴于船上空间不多，食物又实在是太多，英国人只收下了其中一小部分，婉言谢绝了其余蔬菜食物。

英国人一路上所受到的热情接待令他们感到惊讶。"皇帝陛下的这个意旨被所有参加招待工作的官员严格遵守。一位使节团员有一次偶然表示要买一件微小的衣物，承办招待的官员立刻买来，但无论如何不肯收钱。他说，一切费用都记在皇帝的账上了。"

在两名中国官员离开后，英国人发现有些猪和家禽已经在路上因碰撞而死，随手就把它们扔到了大海。岸上围观的百姓一见，争先恐后跳进水中把这些死去的家畜、家禽捞起来，洗尽后腌在盐里。

翻开当时英国人的记录，触目所及都是贫困落后的景象：

这个省（指直隶）的农民都一贫如洗。就是那些被雇到船上来侍候大使及其随从的人，情形也好不了多少。他们每次接到我们的残羹剩饭，都要千恩万谢。对我们用过的茶叶，他们总是贪婪地争抢，然后煮水泡着喝。

狗肉是他们惯用的食物。生活在水上的悲惨的中国人一向处于半饥半饱的状态，乐于以任何食物为食，即使是腐烂了的也不放过。

在京城一地每年就有近9000弃婴……我曾经看见过一个死婴的尸体，身上没有系葫芦，漂流在珠江的船只当中。人们对此熟视无睹，仿佛那只是一条狗的尸体。而事实上如果真的是一条狗的话，也许更能吸引他们的注意。

……

褪去"康乾盛世"的华丽外衣，不难发现，大清帝国在经历了近一个半世纪的发展后已是千疮百孔。虽然朝廷还在洋人面前极力维持着天朝盛世的面子，但马戛尔尼当时就敏锐地察觉到了清朝的衰落。表面上的盛世，骨子里却是极度地贫困与荒芜！这种贫困与荒芜不仅仅是指物质生活，更多地体现在当时国人的思想、气质、精神上！

马戛尔尼在出使日记中说，中国"自从北方或满洲鞑靼征服以来，至少在过去150年里，没有改善，没有前进，或者更确切地说反而倒退了；当我们每天都在艺术和科学领域前进时，他们实际上正在变成半野蛮人"。

当马戛尔尼一行上岸后，前来迎接的中国官员在15艘满载礼物的船上都插了一面绣着"英吉利贡使进贡"的黄色旗帜；在英使提供的礼品清单上，中国官吏一律把"礼物"改为"贡物"。

身为外交官，马戛尔尼当然知道"贡使进贡"是什么涵义，一旦贴上这个标签，那就意味着英吉利国就是大清的藩属国，两国的地位瞬间就变得不平等了。

马戛尔尼对此感到有些不快，他此行的目的是打通和中国的贸易往来渠道，建立平等的外交关系，自己本身其实是英国派往清朝的首任驻华大使。但中国官员却不这么看，在天朝，所有送给皇帝的礼物都被称作贡物。中国与周边国家在历史上一直采取朝贡体系，周边国家奉清朝为宗主国，向清政府"称藩纳贡"，接受清帝的册封。在这种思维环境下，妄自尊大的清朝官员很难理解平等的国际外交是个什么新鲜玩意儿，也根本无从参照。

即便如此，初次踏上清国的马戛尔尼还是表现出了应有的谦虚。在与直隶总督交谈时，马戛尔尼这样说道："我国皇帝乃西方第一雄主，贵国皇帝是东方第一雄主，今我国皇帝派我到贵国，意欲永修两国之好，让我此行有个圆满的结果。我秉承着本国皇帝的使命，又被皇帝委以全权，自当以皇帝之心为心，处处仰体上意，方能不失职。但东西习俗不同，我担心处事不当，希望贵总督能不吝赐言，时时加以指导，以免在觐见皇帝时闹出不必要的尴尬。"

这一番低调谦逊的言辞只是例行的客套话。在和清朝的接待官员谈到觐见礼节时，马戛尔尼对清帝国森严的跪拜礼仪表示出了强烈的反感。

清朝官员向马戛尔尼吹嘘中国朝廷礼节之繁复与宫室建筑之华丽，马戛尔尼谦虚地回应："中国毕竟是历史悠久的文明古国，理当有如此大国气象。"

接待官员接着又谈起了各国服饰的差异，唾沫横飞讲了半天，又拉起马戛尔尼的衣袖看了看，傲慢道："贵使的服饰窄小轻便，我天朝的服饰宽大舒适，相较而言，还是我天朝上国的服饰更好些。"马戛尔尼无奈地点了点头。

接待官员接着说道："我朝皇帝召见大臣时，服饰一定要统一，贵使的衣服与我朝的服饰差别太大,怕是有碍观瞻。"又指着对方的护膝说,"此物于行礼不大方便，贵使在觐见皇帝时，最好还是去掉的好。"

马戛尔尼被对方数落了半天，心中不悦，回应道："此事不劳贵钦差挂念，敝人在本国时，常穿着这种礼服觐见我国皇帝陛下，并不觉得有何不便，料想贵国皇帝不会强迫我行贵国的礼仪。"

接待官员摇摇头："外国使节在觐见我朝皇帝时,礼仪必定是统一的，理当行跪拜礼，双膝跪地，前额碰地九次，想必贵国亦是如此。"

马戛尔尼答："我国的礼节与此不同，敝人虽然带着一颗至诚的心来到贵国，但仍然效忠于我国皇帝，要让我舍弃本国祖宗相传之礼节，屈从贵国的意愿，抱歉我做不到。"

外交接触尚未开始，礼节冲突已然发生。不久之后，清朝官员又提及觐见之礼，并且给英使做示范，要让英国人练习，避免不习惯而临时失仪，然而，这再次遭到英国人的拒绝。即便是面对英国国王乔治三世，马戛尔尼也只是行单膝下跪礼，只有向上帝他才会双膝下跪。他重申决不对别国君主施高过自己国君的礼节。

为什么要行三跪九叩之礼呢？英国人想不明白，清朝官员同样也说不出个所以然来。鲁迅先生说过，在中国人看来，人生了屁股就是为了要挨板子的，生了膝盖就是为了要下跪的。在英国人看来，单膝下跪是带有尊重意味的文明礼节，但天朝体制讲究藩属，在清朝官员眼中，这只是一种表示臣服的粗野方式。

生存还是死亡，这是一个值得思考的问题。王子哈姆雷特如是说。

此时的马戛尔尼也面临一个两难的抉择：

跪，还是不跪？

事实证明，要让这位不远万里而来的英国使臣像其他藩属国一样"三跪九叩首"，只是清政府的一厢情愿。清朝方面当然不能就此罢休，此后他们又想出了缩减供应、软磨硬泡等手段迫使英使就范。无奈之下，马戛尔尼给当时的军机大臣和珅写了一封信：

英王陛下抱着最崇高的敬意派遣使节觐见中国皇帝陛下，本特使应以无限热忱来表达英王陛下的这种崇高的敬意。为了避免失仪，和向尊严伟大的皇帝陛下表达地球上最远和最大国家之一的崇高敬意，本特使准备执行贵国臣民和贵国属地君主谒见贵国皇帝陛下时所行的一切礼节。本特使准备在下述条件下这样做：贵国皇帝钦派一位同本使地位身份相同的大员穿着朝服在英王陛下御像前行本特使来贵国皇帝面前所行的同样礼节。本特使认为皇帝陛下定能鉴谅其中的必要性而加以俯允。这样做就可以使本特使既能向贵国皇帝致敬，而又不损及他所代表的本国国王在世界列强中的崇高地位，双方都能得到满意。

最后，马戛尔尼与清朝官方做出了妥协，双方达成了这样的共识：

在第一次觐见的宴会上，英国使节行英国式礼节，但去除亲吻手背的程序。而在八月十三日的"万寿庆典"上，他们要行中国的三跪九叩礼。

马戛尔尼一行在到达北京后，被安排在圆明园居住。由于此时乾隆正在热河行宫（今河北承德避暑山庄）避暑，特令使团赴热河谒见。在休整几天后，马戛尔尼一行由接待大员陪同前往热河行宫。

八月初十，乾隆帝正式接见英国使团。这一天的凌晨3点钟，马戛尔尼和他的随行人员身穿礼服向皇宫进发。四周一片漆黑，英国人在黑暗中摸索着走了四公里多的路，一路上担惊受怕，气喘吁吁。更让他们无语的是，一路上竟然有一些猪、狗和驴等动物也加入到了使团的队伍中，整个使团一片混乱。他们似乎也明白，这是他们之前拒不接受三跪九叩之礼所付出的代价，清朝官员想让他们出尽洋相，但由于天太黑，倒也没有人注意到他们的失态。

4点左右，使团到达了热河行宫，被安排在临近的帐篷内等待。到了这里才发现，英国人不是唯一参加觐见的外国使团，他们并不是这次盛会的唯一主角。同样等待的还有一群肤色黢黑的外国人，他们头上包着头巾，光着脚，口中嚼着槟榔。遗憾的是，连中国官员也无法准确地辨认出他们来自哪个国家。

在百无聊赖中等待了近三个小时后，凌晨7点钟，第一缕曙光出现，乾隆皇帝出现了！他乘着一顶16人抬的肩舆出现在众人面前，全体大臣及各国使臣呼啦啦一片跪倒。英国人也照做了，但却是单膝跪地，把头低到地上。当别人叩头时，英国人只是低下头，当大家抬起身子，英国人也抬起了头。

随后，马戛尔尼呈递了英王的信，送了几块西洋表作为礼品，乾隆皇帝回赠了一件雕刻十分精致的蛇纹石礼品。斯当东父子也上前单膝跪地行礼，献上了两只漂亮的气枪。年仅十三岁的小斯当东在船上的几个月中跟着神父学习汉语，已经掌握简单的中文。乾隆皇帝对这位小小朋友似乎十分喜爱，解下了身上的一个荷包送给了他。

宴会上，乾隆皇帝向马戛尔尼问道："你们英吉利国王今年年龄多大了？"当得知英王

乾隆帝与小斯当东

只有 56 岁时，乾隆皇帝说道："朕今年 83 岁了，希望你们国王与朕一样长寿。"

年过八旬的乾隆皇帝言谈间颇为自得，眉宇间露出和蔼可亲之色，但无形之中散发出来的帝王气概还是让旁人肃然起敬，有凛然不可侵犯之意，给马戛尔尼留下了深刻的印象。

宴会结束后，马戛尔尼向乾隆皇帝告别，感慨道："我今天终于得见现世的所罗门大帝了！小时候读所罗门大帝的故事，每每感叹他的尊贵与荣耀，不是后世君主所能比拟的。今天来看，乾隆大帝比所罗门大帝更是有过之而无不及了！"

随后的几天，马戛尔尼在和珅、福康安的陪同下游览了避暑山庄。为了获得福康安将军的好感，马戛尔尼邀请福康安检阅英国使团卫队演习操练新式武器，不料福康安却淡淡地拒绝道："看亦可，不看亦可。这火器操作，谅来没有什么稀奇！"究其原因，在于清朝重骑射，规定"不可专习鸟枪而废弓矢"。马戛尔尼在当天的笔记里记道："真蠢！他一生中从未见过连发枪，中国军队还在用火绳引爆的枪。"

在热河行宫，英国人看到园内的各个楼里摆满了玩具、挂钟与地球仪，甚至还有一台行星仪。他们原以为，自己所带来的西洋时钟、地球仪等代表了英国最时髦的玩意儿，一定能让中国人大吃一惊，不料清朝早就有这些洋玩意儿了，这让他们感到十分扫兴。

陪同马戛尔尼参观的清朝官员告诉他们，与后妃宫殿内的珍宝和圆明园西洋陈列馆中收藏的东西相比，这些根本算不得什么。马戛尔尼感到脸上一阵火辣辣地烧，因为这让他们带来的礼品黯然失色。在这里，马戛尔尼还意外地看到了一个英国造的八音盒，这原本是考克斯博物馆的收藏品。见英国人对此物感兴趣，陪同官员推断他们从未见过这种东西，便傲慢地问英国是否也有，结果却被告知这些东西就是从英国运来的，令这些陪同官员十分扫兴。

通过自己的所见所闻与清朝汉族大臣的交往，马戛尔尼得出了自己对乾隆皇帝的印象："皇帝天性韜略有大度，读书解事理。性质慈善而笃信佛教。对于臣下恒持恕道，然有与之为敌者必穷治弗赦。又为国家兴盛、功业宏大之故，处事不免失之躁急。每有无关紧要之事，皇帝意中以为不善者辄盛怒以临之，怒则其势汹汹不可扼制。性又多忌，不特为大臣者不能操纵事权。"

几天后，乾隆皇帝终于看到了乔治三世写给他的国书：

天赐大不列颠、法兰西、爱尔兰、众海之主及信仰护主乔治三世，祝天朝中国乾隆大皇帝万岁万岁万万岁。

本王自登基以来，事事以仁慈为怀，除了注意保障本土的和平和安全，使臣民得到幸福、道德和知识之外，在尽可能的能力范围内使全世界同受其惠。本着这种精神，即使在战争时期，我国在世界各地取胜之后，我们仍然让战败的敌人在公平条件下同享和平幸福。

要着我天朝服饰，遵我天朝规矩，还只能限于在朝堂之内活动，并永远不准再回本国。这是我朝的定制，想必国王你也知道的。今天国王你请求朕，同意让那些你派来的人居住在京城，但朕知道，让他们像来京当差的西洋人那样从此不回本国是不可能的。既然如此，那朕也不可能任其自由往来并还让你们保持联络，所以这事就没什么意义了。

我天朝管的地方大了，凡外藩使臣到京，住宿供给及出行都有一定体制，从来没有听其自便的先例。若把人留在京城，与天朝言语不通，服饰殊异，朕实在不便安置他们。若要把他们当成来京当差的西洋人来对待，让他们一律改服饰，我天朝也不肯强人所难。假设我天朝也要派人常驻你国，恐怕你国也不能同意吧？何况西洋国家甚多，不止你一国，如果都像你那样来恳请朕，都想派人留京，朕岂能一一答应？此事断不可行。朕怎能因国王你一人之请，将天朝百余年法度都给改了？

如果依国王你所说，派人来京城是为了照料买卖起见，那么你的国人在澳门贸易也不是一天两天了。原先天朝对商人就无不加恩照管。譬如像从前葡萄牙、意大利等国家屡次遣使来朝，也曾经以"照料贸易"为名请朕关照。天朝鉴于他们真诚，优加体恤，凡遇到这些国家贸易方面事务，无不照料备至。前次广东商人吴昭平有拖欠洋船银两之事，天朝马上命令该管事总督，先从官库中支银两代为清还，并将拖欠者重重治罪，想必这件事你们国家也应该知道。我们都做到这样了，那外国又何必派人留在京城？为这件事应你们的请求要让朕越例，断不可行！何况你们派人驻在京城，京城距离澳门远隔万里，怎么能照料呢？

按你所说，派人来的另一个原因是仰慕天朝，想学习观察天朝的礼仪教化，然天朝自有天朝的礼法，与你国是不相同的。你派来的人就是肯学，但由于你国也自有风俗制度，所以也不可能效法中国，即使学会了，也是无用。天朝幅员辽阔，我们的精力都在励精图治、办理政务上，对于奇珍异宝并不看得很贵重。你国王此次进贡各种货物，念他们是远涉重洋而来，我下旨让管事部门收纳就是。其实天朝德威远泽万国，万国来朝，各种贵重物品通过水陆渠道云集中国，所以我们无所不有，这些都是你的使者亲眼所见的。既然我国从不稀罕奇巧之物，那更无须你们国家为我们天朝来制办。你国王所请求派人留京一事，既与天朝制度不合，对你国也不见得有多大好处。

我特把话都挑明了，现令该使者回国。国王你当体察朕的意思，对天朝要更加殷情诚恳，谦恭顺从，使朕的恩义能施与你的国民，共享天朝太平之福。现在正副使臣以下的各官员及通事和士兵仆役人等，均按等级加赏各物件，赏单另附，又因为你国使臣要回国，我再特颁皇帝敕令，除了按常规惯例赏赐给国王你文绮珍物，再加赐彩缎罗绮、文玩器具等诸类珠宝，这些都另有清单。

恭敬地接受吧，那都是朕对你们的眷怀！

特发谕旨

如此坐井观天、狂妄自大，怎能迎接来自外部世界的挑战？

事实上，在此之后，马戛尔尼再也没有见到乾隆皇帝。乾隆皇帝对马戛尔尼单膝下跪的觐见方式也非常生气，在上谕中说："现在英吉利国使臣等前来热河，于礼节多未熟悉，朕心深为不惬，英吉利国使臣不谙礼节，是以拟于万寿节后，即令回京。"

对于乾隆皇帝的逐客令，身为外交使臣的马戛尔尼岂能不知？但他不甘心失败，与军机大臣和珅继续沟通协调，寻找转圜的余地。

乾隆皇帝回到北京后，得知马戛尔尼仍没有离开中国的打算，感到有些诧异，便问左右："他们英吉利人事情办完了怎么还不想回国去？难道他们忘记了家乡不成？奇怪！奇怪！"后来得知英国人来中国这段时间已经病死好几个了，又感慨道："他们英吉利人究竟不配到中国来，来了便要死的。"

军机大臣和珅也趁势劝道："你们离家已久，谅来对于故乡风物必定牵挂得很了。皇上的意思也以为你部下的人到中国后已死了几个，你自己身体又不舒服，想来北京天气太冷，与你们洋人的体质不甚合宜。将来交了霜降，天气还要冷得很，替你们设想，还是早一点回国的好。而且我们天朝的宴会礼节，新年时与万寿时差不多，贵使既然在热河看过了万寿礼，也不必再看新年礼了。"

马戛尔尼仍不死心，对和珅说道："北京天气虽然寒冷，但我来华之前已经准备了御寒的衣物，即便在北京长久滞留也于身体无碍。在热河时，中堂大人允诺回京之后与我商谈，今日蒙中堂大人赐见，希望借此机会商谈下来华的各项事务。"

形同虚设的长城和清军炮兵试射

见和珅没有反对，马戛尔尼索性道出了此行的真实意图："大英帝国皇帝派我来中国，不是为了暂时的联络感情，而是想让两国建立敦睦之谊。我国皇帝的意思是让我久驻北京，以后两国在国际上发生任何问题，都由我代表英国皇帝与贵国政府商量解决。至于我在北京的一切起居饮食的费用，都由英国政府承担，不会给贵国政府添麻烦。倘若贵国皇帝有与英国互派使臣的意愿，英国政府自然欢迎，所有船只以及到英国后的吃穿住行都由英国政府解决，英国政府从皇帝到臣民一定以尊重善待贵国使臣，这种互派使臣的做法是眼下欧洲各国的惯例。倘若贵国皇帝同意，那么东西方两大雄主就可以互相往来，交流文化，互通文明，这不只是两国的荣幸，更是世界文明的大幸！"

事实上，马戛尔尼此前已多次向和珅说明此事，但和中堂一味地顾左右而言他，不痛不痒地问候几句：身体如何？饮食起居还习惯不？却绝口不提正事。此次面对马戛尔尼的一番慷慨热忱的言词，和中堂躲不过，只好敷衍道："皇上的意思，本来也是很愿意你常驻北京的，不过你身体不好，天气又不合宜，水土也不服，所以不能强留了。"

马戛尔尼抱着最后一线希望，不顾病体给和珅写了一封信，代表英国政府向清政府提出了6条要求：

第一，请中国允许英国商船在珠山、宁波、天津等处登岸，经营商业。

第二，请中国按照俄国商人在中国通商的例子，允许英国商人在北京设一洋行，买卖货物；

第三，请于珠江附近划一未经设防之小岛归英国商人使用，以便英国商船停歇，存放一切货物且可居住商人；

第四，请于广州附近得一同样之权利，且听英国商人自由往来，不加禁止；

第五，凡英国商货自澳门运往广州者，请特别优待赐予免税。如不能尽免，请依1782年的税律从宽减税；

第六，请允许英国商船按照中国所定之税率切实上税，不在税率之外另行征收。且请将中国所定税率录赐一份以便遵行。因为敝国商人向来完税，听说海关税务人员随意估价，一直搞不清中国税款的内容。

仔细分析不难发现，这些要求有一部分属于希望改善贸易关系的正常要求，另一部分则具有殖民主义侵略性。乾隆皇帝以不建交、不贸易、不开放的三不原则拒绝了全部要求，将马戛尔尼的条件一一批驳，傲慢地说道："我天朝上国物产丰盈，无所不有，不需要外国人的货物，也不需要与国外进行贸易。只因我天朝所产的茶叶、瓷器、丝绸，为西洋各国及你国必需之物，所以才加恩体恤，在澳门开设洋行，让你们日常生活得到满足，并得到一些天朝恩惠。今你国使臣于定例之外，又提出了许多要求，乖张违背天朝赏赐恩惠于远人的规定和安抚四夷的法度。且天朝统驭万国，一视同仁，在广东做贸易的也不只英吉利一国，若大家都纷纷效仿，难道都要答应吗？"

在欧洲各国的外交习惯上，国王钦命的使臣大多具有常驻的性质，如果两国发生纠纷，由驻外使臣代表本国政府处理。而在长期以来形成了以自我为中心的"华夷秩序"的天朝眼中，所谓使臣不过是点染粉饰太平的工具。如果不是国家有盛大的宴会，则各国使臣完全可以不用来，来了也不得停留太久，事情办完立即督促回国。

由此，马戛尔尼不得不离开了北京。为了全面考察这个东方国度的方方面面，他们选择了从北京到宁波的陆路，沿途搜集了大量的军事情报。马戛尔尼访华失败了，但通过这次在中国几个月的访问，他渐渐看出了所谓盛世繁华下的真面目，他和随从团员撰写了大量的回忆录，里面随处可见这样的描述："事实上，触目所及无非是贫困落后的景象。""人们生活在棍棒竹板的恐惧中，他们禁闭妇女、残杀婴儿、奸诈、残酷、胆怯、肮脏，对技术与科学一窍不通，对世界一无所知。""（清朝）贫穷得令人惊讶，一路上我们丢掉的垃圾，被人捡去吃。"

当欧洲的军队已经开始普遍使用榴弹炮、连珠炮、卡宾枪、毛瑟枪时，清朝的士兵还在使用弓箭、大刀、长矛。这是一群叫花子一样的军队，英国人送给清朝的手枪、火炮等新式武器连同一批光学仪器、天体运行仪器、望远镜等足以代表西方文明与先进技术的礼物则被永远尘封在圆明园，成了一堆废品，再也无人理会。当然，清军不用火器的一大原因也源于他们对满洲祖制的顽固荒唐的坚持。嘉庆二十五年，皇帝特别下诏告诫满洲官兵，要求他们多用弓箭，少用鸟铳等火器，理由是："满洲行猎旧制专用弓箭，虽闲用鸟枪，并非置弓箭于不用。今该处官兵用鸟枪者甚多，可见佩带弓箭捕牲者甚属寥寥。若不实力整饬，相沿日久，必致不习弓箭，废弃满洲本业矣。"

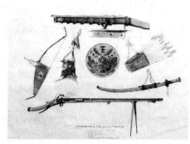

清军制式装备

清军队列和格斗训练

半个多世纪后，英法联军火烧圆明园时，惊讶地发现这些火炮弹药完好无损地放在那里，从未动过。英国人唏嘘一阵，原封不动地运回了欧洲。

马戛尔尼的随员安德逊这样总结此次行程："我们的整个故事只有三句话：我们进入北京时像乞丐；在那里居留时像囚犯；离开时则像小偷。"

最后，马戛尔尼这样总结道："清帝国好比是一艘破烂不堪的头等战舰。它之所以在过去一百五十多年中没有沉没，仅仅是由于一班幸运、能干而警觉的军官们的支撑，而它胜过其邻船的地方只在于它的体积和外表。假如来了个无能之辈掌舵，那船上的纪律与安全就都完了。"

马戛尔尼访华失败了。这次的失败表面上看是马戛尔尼不愿意遵从清朝的三拜九叩礼，实际上却是东西方两种不同的文化在深层次上无法沟通交流所造成的。大清王朝固守着几千年来形成的"华夷秩序"观，以自我为中心，闭关锁国，固步自封，当全球化的浪潮袭来时，难免与急于扩张的西方强国产生冲突。

为什么中国几千年来文化与科技一直领先世界，在西方工业革命后却急转直下？为什么大清帝国在应对外来的挑战时反应迟钝，步履维艰？显然，不是统治者个人的品质和能力问题，而是封建制度本身已无可救药了。

清朝是封建专制的顶峰时期，孟德斯鸠在《论法的精神》中说："中国是一个专制的国家，专治的原则是恐怖，专治的目的是平静。"专制技术摧毁了中国人的创造力，扼杀了普罗大众的想象力，将封建统治下的百姓变成了只知亦步亦趋、唯唯诺诺的顺民。正如英国人所说，"这个政府正如它目前的存在状况，严格地说是一小撮鞑靼人对亿万汉人的专制统治。""在这样的国度里，人人都有可能变成奴隶，人人都有可能因官府中最低级官员的一点头而挨板子，还要被迫亲吻打他的板子、鞭子或类似的玩意，跪倒在地上，为麻烦了官府来教育自己而谢罪。于是荣誉观和尊严感就无处可寻了……人的尊严的概念巧妙地消灭于无形。"

《停滞的帝国》一书的作者佩雷菲特先生对马戛尔尼访华一事做出了这样的评论："如果这两个世界能增加它们间的接触，能互相吸取对方最为成功的经验；如果那个早于别国几个世纪发明了印刷与造纸、指南针与舵、炸药与火器的国家，同那个驯服了蒸汽并即将驾驭电力的国家，把它们的发现结合起来，那么中国人与欧洲人之间的文化交流必将使双方都取得飞速的进步，那将是一场什么样的文化革命啊！"

马戛尔尼访华无果而终。如果说此行有何收获的话，除了一大堆乾隆皇帝赏赐的礼品外，他还取得了蚕种和茶树苗。在经过精心的培育后，马戛尔尼在茶叶方面取得更大的成功。佩雷菲特说："把优质树苗引入印度，光这一项也就不枉此行了，而且在下个世纪将要百倍地偿还这次出使的费用。"

在天朝上国的闭关政策面前，马戛尔尼碰了一鼻子灰，不得不返回伦敦。然而这次旅行也让使团看清了清朝盛世下的荒芜，如同捅破一层窗户纸，打破了传教士在欧洲建立的东方神话，中国也失去了一次与世界接轨的机会。即便如此，英国政府依然对中国内地的巨大市场念念不忘。1815 年，随着拿破仑战争的结束，英国政府再次把目光投向了远隔万里的大清帝国。在马戛尔尼访华失败 13 年后，阿美士德被英国政府特任命为全权大使，肩负着与马戛尔尼同样的使命前往中国，试图与中国建立平等的外交关系，扩展对华贸易。

临行前，英国外交大臣罗加事里在给阿美士德的训令中特别指出："如果阁下能够为公司（指东印度公司）货船获得开往广州以北另一口岸的许可，这将被认为是对华贸易的一项真正重要的收获；但是，就阁下使团所要完成的任务而言，没有任何一件事比在北京设置一名办理英国民众事务的长驻使臣更为重要了……在留在中国的时期内，阁下应极力搜罗有关中国商业政策及政府实际情况的情报；阁下及阁下的某些随员应特别注意探求在中国人中间扩大推销英国制造品的任何手段。"

1816 年 8 月 13 日，阿美士德使团抵达天津，却碰到了和马戛尔尼一样的问题。清朝要求阿美士德在觐见嘉庆皇帝时行三跪九叩礼，但阿美士德只愿以"脱帽三次，鞠躬九次"代替。双方在这个问题上一直谈不拢，嘉庆帝以为英使傲慢，目无圣驾，大为光火，"中国为天下共主，岂能如此侮慢倨傲？"并下令驱逐使团离京。

回国时，阿美士德拜会了被囚禁在圣赫勒拿岛的拿破仑。在听阿美士德讲述完自己失败的访华经历后，拿破仑这样说道："在意大利，即使吻教皇的骡子，也不会被人视作卑躬屈节的。如果英国的习俗不是吻国王的手，而是吻他的屁股，是否也要中国皇帝脱裤子呢？"

紧接着，拿破仑说了一句令中国人振奋的话："中国是东方沉睡的雄狮，当他醒来时世界将为之震撼。"注意下面还有一句："就让它永远睡下去吧！"

　　1793 年，中国与近代世界失之交臂。

　　半个多世纪后，大英帝国的坚船利炮打开了古老中国的大门，中国的近代史就此揭开。

第二章 鸦片战争：这一次，我们挨打了

沉浸在春梦之中的道光皇帝，自以为凭着自己的勤俭节约便可以实现太平盛世，然而区区几千人的英国军队，便把一个拥有四万万民众的中国打得颜面扫地，迷梦从此醒来，近代化的道路就在这样的炮火中开始了。

"八股文、小脚、鸦片"并称为近代中国的三大陋习。

　　八股文与小脚是中国的传统文化，只有鸦片属于完整意义上的舶来品。

　　鸦片俗称大烟，源于罂粟植物蒴果，是罂粟的初级产品。在历史上，鸦片曾长期作为一种药物来使用，用途十分广泛，疗效显著。三国时华佗就曾使用大麻和鸦片作为麻醉剂。17世纪的英国医生、临床医学的奠基人托马斯·悉登汉姆就曾说过："我忍不住要大声歌颂伟大的上帝，这个万物的制造者，它给人类的苦恼带来了舒适的鸦片，无论是从它能控制的疾病数量，还是从它能消除疾病的效率来看，没有一种药物有鸦片那样的价值。""没有鸦片，医学将不过是个跛子。"

　　然而，就是这样一种麻醉性镇痛药，却给近代中国人的国民心理造成了严重的创伤。

　　1800年的世界工业生产中，中国占全球1/3的份额；在1820年的世界GDP总量中，中国占28.7%的份额，比排名第二至第四位国家的总和26.6%还要多。

工业革命后，崛起的大英帝国急需打开中国市场。然而，在长期与中国的贸易往来中，英国一直处于被动的境地，从双方的进出口货物来看，英国对华输出主要是棉花、棉布、毛纺织品、金属品等，中国主要输出生丝、土布、茶叶、大黄、陶瓷等商品。由于中国长期以来实行自给自足的自然经济，英国的工业品无法在中国内地打开市场，严重的贸易逆差一直是英国对华贸易中面临的首要难题。

如何才能打开广袤的中国市场？英国商人将目光投向了鸦片。

19 世纪时期，古老的中国已进入封建末世，孱弱的清政府从里到外散发着衰弱腐朽的气息。民众不思上进，浑浑噩噩，他们急需鸦片来提神醒脑，进而催生一种精神快感。然而鸦片毕竟是毒品，一时的兴奋快感过后则是百倍的空虚寂寞，极大地损害着吸食者的身体健康。俞蛟在《梦厂杂著》中这样记录鸦片吸食的痛苦："瘾至，其人涕泪交横，手足委顿不能举，即白刃加于前，豹虎逼于后，亦唯俯首受死，不能稍

吸食鸦片的人

33

为运动也。故久食鸦片者，肩耸项缩，颜色枯羸，奄奄若病夫初起。"

光绪时人张昌甲指出：凡人初吃烟时，其志个个持定，必曰："他人心无主宰，以致陷溺其中（指成瘾），我有慧力焉，断不至此！"及至（瘾）将成之际，又易一言曰："放下屠刀，立地成佛，我有戒力以制之！"迨其后明知不可复返矣，则又曰："我终有定力以守之，不至沉迷罔觉也！"直至困苦难堪，追悔莫及，方瞿然曰："一误至此哉！"然人寿几何，此生已矣！

英国人蒙哥马利·马丁写道："同鸦片贸易比较起来，奴隶贸易是仁慈的；我们没有摧残非洲人的肉体，因为我们的直接利益要求保护他们的生命，我们没有败坏他们的品德，没有腐蚀他们的思想，没有扼杀他们的灵魂。可是鸦片贩子在腐蚀、败坏和毁灭了不幸的人的精神世界后，还摧残了他们的肉体。"

为了扭转中英贸易逆差，获取高额利润，英国坚持进行鸦片走私贸易。鸦片商人泰勒说："鸦片像黄金一样，我能在任何时候卖掉它。"在当时，英国输往中国的鸦片主要来自印度，"鸦片贸易经常取得设在印度的英政府鸦片制造业的供应，它持续到 1917 年为止，达一百多年之久。这种近代史上延续最久的有组织的国际性的犯罪活动，为早期英国对中国的侵略输了血。"（《剑桥中国晚清史》）

自 1800 年起，鸦片开始大量输入中国。1790 年，输入中国的鸦片约为 4 000 箱左右，1821—1828 年扩展到 9 708 箱；1828—1835 年增加到 18 835 箱；1835—1839 年竟高达 30 000 箱以上。19 世纪 30 年代，英印政府财政部长就说："最近 20 年中，我们用一切可能的办法推动鸦片生产，现在仅出口到中国去的就达 27 000 箱之多。"

与之相应的，是白银的大量外流，进而导致钱价下跌（这里主要指铜钱）、银价上涨、物价飞升、通货膨胀，老百姓苦不堪言。

其实，对于鸦片的危害，清朝历代统治者早有所警觉，每朝都在颁布禁烟令。雍正七年（1729 年），清廷首次颁布了禁烟令，该法令明确规定："定兴贩鸦片者，照收买违禁货物例，枷号一月，发近边充军；私开鸦片烟馆引诱良家子弟者，照邪教惑众律，拟绞监候；为从，杖一百，流三千里；船户、地保、邻佑人等，俱杖一百，徒三年；兵役人等借端需索，计赃，照枉法律治罪；失察之汛口地方文武各官，并不行监察之海关监督，均交部严加议处。"

然而，朝廷越是严禁鸦片，吸食鸦片的人就越多，在规模庞大的鸦片走私贸易面前，清政府的禁烟令成了一纸空文。道光皇帝也曾多次颁布诏书，严令禁烟，苦于没有效果。当时就有人曾调查，京官中吸食鸦片者达十之一二；幕僚吸食者达十之五六；长随、吏胥不可胜数。林则徐也说："衙门中吸食者最多，如幕友、宦亲、长随、书办、差役，嗜好者十之八九。""嘉庆初食者甚少，不二十年，蔓衍天下，自士大夫以致贩夫走卒，群而趋之，靡而不返。"1831 年，刑部奏称："现今直省地方，俱有食鸦片之人，而各衙门尤甚，约计督抚以下，文武衙门上下人等，绝无食鸦片者，甚属寥寥。"有人统计，当时全国吸毒人数达 400 万，80 万军队中竟有"烟兵"20 多万！

鸦片之所以越禁越泛滥，除了吸食者自身的原因外，与沿海官员的放水大有关系。举个例子，当时的广东水师副将韩肇庆，专门靠保护走私商船获利，他从每万箱里抽取数百箱，作为收缴的鸦片向上级报功，居然因此而提拔为总兵，赏戴孔雀翎。堂堂的大清官员却因保护罪恶的鸦片走私贸易而被提拔，真是滑天下之大稽！韩肇庆的做法导致了极坏的结果，"水师兵人人充橐，而鸦片（走私量）遂至四五万箱矣。"

曾在大清皇家海关总税务司服务的美国人马士在《中华帝国对外交往史》中也这样记述政府官员对禁令的破坏："尽管皇帝会查禁这种贸

易，并也会一再严旨重申禁令；尽管总督会恪遵上谕发布告示，总督和粤海关监督也会传谕行商慎遵法令；但是总督、粤海关监督、巡抚、提督、知县以及再往下到那些与衙门略有瓜葛的小人物们，只要他们觉得可以从中取利，对于法令的不断破坏也就熟视无睹了。他们发现在禁令之下，使他们可以得到更多的好处，因为他们不但可以征课更大的数额，而且所征款项丝毫都不必列为税收奏报；这些陋规可以毫不费力就从中国买主处征到。"

在鸦片输入日愈增长，白银大量外流，银价有增无减的情况下，清政府对禁止鸦片问题发生争论，朝野上下很多人对清廷的禁烟主张进行反省，并因此形成了"弛禁派"和"严禁派"。

抛开政治立场不谈，在禁烟与否的这个问题上，主"禁"的，并不一定是英雄；主"弛"的，也并不一定是汉奸。

主张"弛禁论"的代表是两广总督卢坤和太常寺少卿许乃济。在卢坤看来，鸦片已遍布全国各地，目前的鸦片走私及吸食已无法通过正常的手段禁绝，大量的鸦片通过走私渠道源源不断地流入中国，而政府却收不到一分钱的税，与其继续搞自欺欺人的禁烟，不如将鸦片贸易合法化，既可以避免白银外流，还可以为政府增加额外的税收，何乐而不为？

1834 年 11 月，卢坤向道光皇帝上了一道奏折：

势成积重，骤难挽回。屡经周咨博采，有谓应行照昔年旧章，准其贩运入关，加征税银，以货易货，使夷人不能以无税之私货售卖纹银者。有谓应弛内地栽种之禁，使吸烟者买食土膏，夷人不能专利，纹银仍在内地转运，不致出洋者。其说均不无所见，然与禁令有违，窒碍难行。（《鸦片战争档案史料》）

卢坤是官场老油条了，他虽然持弛禁的主张，但并没有旗帜鲜明地提出来，而是用委婉的口吻表示，他虽然认为取消罂粟的禁令等主张有些道理，但违反禁令，恐怕难以实行，其意图不过是想试探下道光皇帝的态度，以免获罪。道光皇帝没有采纳他的意见，只是"令旧禁加严而矣"。

道光皇帝

两年后，太常寺少卿许乃济给道光上了一道奏折，旗帜鲜明地提出了主张放开鸦片贸易的意见，他在奏折中提出了三点主张：

其一，让外国的鸦片贩子按药材类交税，而中方买入者只能用货物抵购，不能以白银直接支付，不仅可以增加外汇收入，还可以避免硬通货——白银的外流，即准令夷商将鸦片照药材纳税，入关交行后，只准以货易货，不得用银购买；

其二，坚决禁止官员、士子、兵丁等国家公职人员吸食鸦片，但对民间贩卖鸦片的人不作要求，即民间贩卖吸食，一律勿论，只禁文武员弁士子兵丁等吸食；

其三，既然吸食鸦片无法禁绝，不如准许民众种植罂粟，生产出本土鸦片，以国产鸦片对抗进口鸦片。随着内地栽种日多，那么洋商的牟利就会日减，直到他们无利可图，外洋鸦片就会自动退出市场竞争，即今若宽内地民人栽种罂粟之禁，则烟性平淡，既无大害，且内地之种日多，夷人之利日减，迨至无利可牟，外洋之来者自不禁而绝。

这里插一句题外话，马克思当年曾高度评价许乃济，说他是"中国最有名的政治家之一"，他在《鸦片贸易史》中说，"1837年，中国政府终于到了非立即采取坚决措施不可的地步，因为鸦片的输入而引起的白银不断外流，开始破坏天朝的国库开支和货币流通。""中国最有名的政治家之一许乃济，曾提议使鸦片贸易合法化，并从中取利。但是，经过帝国全体高级官吏一年多的全面讨论，中国政府决定：'这种万恶贸易毒害人民，不得开禁。'"

道光帝一时难以做出决断，索性把这份奏折交给一些重要大臣会议，想听听其他人的意见。令人意外的是，身处广州鸦片泛滥之地的几个地方大员都支持弛禁的主张，并且提出了九条实施细则，不少士人也主张将鸦片贸易合法化。

有支持派自然就有反对派。礼部侍郎朱嶟、兵科给事中许球及江南道御史袁玉麟纷纷上奏批驳"弛禁论"。许球认为，取消鸦片的禁令，不禁止售卖，又怎能禁止人吸食？如果只禁官员与兵丁，而官员与兵丁都来自于民间，又怎能达到禁食的效果？何况明知鸦片是毒品，朝廷不但任其流行，还要对它征税，堂堂天朝哪有这种道理？

许球的话义正辞严，原先支持弛禁的邓廷桢也转而支持严禁鸦片。道光皇帝随后命两广总督邓廷桢开展禁烟行动，"严饬洋商，传谕该国坐地夷人，勒令寄泊趸船尽行回国，无许托故逗留。并确查窑口巢穴所在，悉数按治，毋稍姑息"。

邓廷桢接到命令后，加紧禁烟行动，缉拿了一批鸦片贩子，也缴获了一定数量的鸦片。然而，鸦片泛滥已久，禁烟也绝非一蹴而就的事，想在短时间内将鸦片悉数禁绝几乎是不可能的事。

1838年6月2日，鸿胪寺卿黄爵滋给道光皇帝出了个禁烟的主意，他在奏折中说，"耗银之多，由于贩烟之盛，贩烟之盛，由于食烟之众。"没有了吸食，就没有贩烟，没有了贩烟，则洋人的鸦片自然不会流通了。

黄爵滋提出的重治吸食的办法是，"请皇上严降谕旨，自今年某日起，至明年某月日止，准给一年期限戒烟，虽至大之瘾，未有不能断绝。若一年以后，仍然吸食，是不奉法之乱民，置之重刑，无不平允。查旧例，吸食鸦片者罪仅枷杖，其不指出兴贩者，罪杖一百，徙三年，然皆系活罪。断瘾之苦，甚于枷杖与徙，故甘犯明刑，不肯断绝。若罪以死论，是临刑之惨急，更苦于断瘾之苟延，臣知其情愿断瘾而死于家，必不愿受刑而死于市。"

黄爵滋主张用死刑来严惩鸦片吸食者。道光皇帝阅后，抄转各地方大员，针对黄爵滋的提议各抒己见。在收到的29份奏折中，大多数地方官员持反对的意见，只有8份奏折支持黄爵滋的主张。反对者认为，鸦片吸食者人数众多，遍及天下，用死刑重罪吸食者，不仅涉及到复杂的死刑上报问题，而且会造成诛不胜诛的局面。追本溯源，鸦片泛滥的源头还在海关，只有从源头上杜绝鸦片流入，才有可能收到禁烟的效果。

在为数不多的支持者中，林则徐的奏折引起了道光皇帝的注意。他在奏折中报告了自己在辖区内严禁鸦片的成果，收缴烟膏烟土1.2万余两，并称："民情非不畏法，习俗大可转移，全赖功令之森。"林则徐的另一句话给道光帝留下了深刻印象："若犹泄泄视之，数十年后，中原几无御敌之兵，且无充饷之银。"

就在此时，发生了两件大事，一是庄亲王、镇国公在尼僧庙吸食鸦片被发觉；二是琦善在天津拿获鸦片13万两。这两件事让道光意识到，禁烟任务刻不容缓！

1838年11月9日，道光皇帝一纸谕旨，诏林则徐进京。

此时的林则徐任湖广总督一职。接到谕旨后，林则徐由武昌匆忙启程，12月26日到达北京。在北京的13天中，林则徐被道光皇帝召见8

次，还被赐予了少有的恩典——"紫禁城赐骑"。隆遇之盛，实为"国初以来未有之旷典"。与此同时，道光皇帝也给了林则徐一个几乎无法完成的悖论任务："鸦片必须要禁，边衅绝不能开。"

林则徐

道光帝的殷殷期望带给了林则徐莫大的压力，他已经预感到了此行的复杂与艰险。临行前夕，林则徐拜访了自己的恩师沈维鐈，说道："死生，命也，成败，天也，苟利社稷，敢不竭股肱以为门墙辱？"

1839年1月8日，林则徐以钦差大臣的身份南下广州，布置禁绝鸦片事宜。

一到广州，林则徐立即开始了雷厉风行的禁烟行动，缉拿了一批鸦片贩子，调查处理了涉嫌贩卖鸦片的官员，并要求外国商人将存在趸船上的鸦片全部上缴，要外商写保证书，以后永不夹带鸦片，违者处死。随后，林则徐在给外国商人的谕令中表明了自己禁烟的决心："若鸦片一日未绝，本大臣一日不回，誓与此事相始终，断无终止之理。"

林则徐的谕令遭到了外国商人的一致抵制。见这招不管用，林则徐采取了更为坚决的措施，他下令中止一切对外贸易，封锁烟馆，断绝对商馆的一切供应，撤走商馆内做雇佣的中国人。当时有外国商人这样描述看到的情况：

凡到各夷馆之街道，俱已堵塞，并将各夷馆之后门，亦于前一日皆用砖砌塞了。濠沟内自桥至行街口，皆系官船，周围屋顶上，皆安置有人，看守各夷馆。地方官谋事甚能干，办这些事务甚是敏捷，约数刻之间，我等全被囚禁了，以致夷人都不能逃走。随即出告示，将夷人贸易尽行停止，并将我等之厨子、沙文、管店皆即撤去。沙文人等避我们如避瘟疫一样。各有夷人各馆，倏时间即变成大监牢，内中之人好似未带锁链之犯人，外面俱有人看守。

事情发展到了这一步，英国驻华商务监督义律坐不住了。

作为英国政府的代表，保护英国商人的人身安全是他的职责所在。在经过反复权衡后，义律命令英国商人交出了两万多箱鸦片。当然，英国商人是不会就这样白白交出鸦片的，义律向英商保证，他们的损失一概由女皇陛下政府负责。

说到这里，不得不提到一个问题，那就是英国政府对鸦片贸易的态度。英国外交大臣巴麦尊在发给义律的有关指示中曾明确强调："女王陛下政府绝不怀疑中国政府有权禁止将鸦片输入中国，并且有权查获和没收那些外国人或中国臣民不顾适当制订的禁令而输入中国领土内的任何鸦片。"

既然英国政府都不支持鸦片贸易，那鸦片战争又是怎样发生的呢？再往下看。

6月3日，林则徐开始了著名的虎门销烟。如何销毁鸦片在当时就是个技术难题，传统销毁鸦片常采用"烟土拌桐油焚毁法"，但这样做的弊端是有一部分烟土会渗入地中，难保那些瘾君子们不会掘地三尺搜寻鸦片的渣子。林则徐采用的办法是用海水浸化。他命人在海边凿一大池子，将盐水倒入里面，把烟土割成四瓣倒进盐水中，泡浸半日，再投入石灰，石灰遇水便沸，烟土溶解，待退潮时把池水冲得一干二净。

虎门销烟

美国传教士裨治文这样记述他所看到的情景：

我们已经反复检查硝化过程的一部分，他们在整个工作进行时的细心和忠实的程度，远远超过我们的预料，我不能想象再有任何事情会比执行这项任务更加忠实的了。在各个方面，看守显然比广州扣留外国人的时候严密的多。镇口有个穷人，因仅试图拿走身旁的一点鸦片，但一经发觉，几乎立即被依法惩办。即使偷去一点鸦片，那也是要冒着极大的生命危险的。目击后，我不得不相信这是一个事实。

鸦片被全数没收后，义律将英国侨民从广州撤退到澳门。然而就在此时，又发生了一个意外事件。1839 年 6 月 20 日，有醉酒的英国水手在尖沙咀村酗酒闹事，与村民发生殴斗，导致了村民林维喜第二天死亡。林则徐要求义律交出凶手并偿命，但义律拒绝交出凶手，在英国船只上自行审讯，判处 5 名滋事行凶者监禁 3 到 6 个月，罚金 15 至 20 英镑了事。林则徐当然不干，他说："若杀人可不抵命，谁不效尤？倘此后英夷殴死英夷，或他国殴死英夷，抑或华民殴死英夷，试问义律将要凶手抵命耶？抑也可以不抵命？"

事实上，"林维喜"暴露出的是中英双方在治外法权和司法审判理念中的分歧。在当时刑讯审判中，许多刑罚是非常残酷的，比如"凌迟""枭首""戮尸"，对于清政府的这种司法审判，英国人认为这是野蛮的、残忍的，他们无法接受自己的同胞遭受这样的刑罚。

林则徐再一次封锁了英国的在华贸易，禁止国人向英国人提供食物，并断绝水粮，派出战船封锁英国船只，并传令如果在岸上发现外国人，一律就地正法。至此，中英两国关系彻底破裂。

虎门销烟的消息传到英国，引发了一场舆论喧嚣。有人叫嚷："中国方面的无理举动，给了我们一个战争的机会。这种机会也许不会再来，是不能轻易放过的，大不列颠现在极应以武力向中国要求恢复名誉了。"英国国会针对是否对中国发动战争进行了激烈辩论，英国外交大臣巴麦尊主张用武力强迫中国让步，"先揍它一顿，然后再作解释"。在此过程中，英国的一些鸦片大亨也在积极活动和运作，要求英国政府为保护这鸦片贸易而对华用兵。美国著名汉学家费正清在《剑桥中国晚清史》中这样写道：

为了进行第一次鸦片战争，一些鸦片商大亨不仅帮助巴麦尊制订计划和战略，而且提供必需的物质援助：把鸦片贸易船只租给舰队使用；鸦片贸易船只的船长给他们当领航员，而其他职员则充当翻译；自始至终给予殷勤的招待，并出谋划策和提供最新情报；用贩卖鸦片得来的白银换取在伦敦兑换的汇票，以支付陆海军的军费。

除了鼓噪发动战争的声音，一些正义之士也站出来反对发动战争。威廉·格莱斯顿说："我不知道而且也没有读到过，在起因上还有比这场战争更加不义的战争，还有比这场战争更加想使我们蒙受永久耻辱的战争。站在对面这位尊敬的先生竟然谈起在广州上空迎风招展的英国国旗！那面国旗的升起是为了保护臭名远扬的走私贸易；假如这面国旗从来没在中国沿海升起过，而现在升起来了，那么，我们应当以厌恶的心情把它从那里撤回来。"

最终，英国国会举行投票，主战派以 271 票对 262 票的微弱优势通过了对华战争提案。战争的机器再一次被发动起来，目标直指远在万里之外的大清帝国！

一场深刻改变中国历史的大风暴正在袭来，而铁屋子内的人却浑然不觉。处于禁烟前线的两广总督林则徐难道就没有嗅到一丝危险的气息吗？

事实上，林则徐对形势的发展也不是没有自己的评估判断。道光皇帝虽然无甚大才，看人的眼光却是很准。在到达广州后，林则徐所做的第一件事就是深入调查了解英国人的一切资料，"所得夷书，就地翻译"；他命令行商、雇役等人查探英国人的动向，每日向他报送；他还请了至少四名翻译将澳门、东南亚、印度、伦敦等地的报纸翻译成汉语，按门类分别编辑成册；他还请人将英国人所著的《世界地理大全》翻译成中文，取名为《四洲志》，成为后来魏源撰写《海国图志》的珍贵底本。已是 55 岁年纪的林则徐还积极主动学习外语，掌握一些基本的英语词汇。

然而，林则徐毕竟是标准的封建儒臣，他对天朝的军事充满了盲目的自信。1839 年 5 月 1 日，林则徐在写给朋友的一封信中说："我到广东后观察到的情况看，洋人外表看似嚣张，内心其实怯懦。因我大清总是担心轻启边衅，才导致养痈遗患，日积月深。"接着他为皇帝分析道，首先，英国人从六万里外远涉重洋而来，主客众寡之势不言而喻，岂敢劳师袭远，轻举妄动？英国即使其船坚炮利，亦只能取胜于外洋，而不能得逞于我内河。更何况，中英贸易多年，除却鸦片一项，英国人即使做正经买卖，也可以获利三倍，何苦非要和我们过不去呢？

面对不断增加的英军舰队，林则徐竟将此判断为一次大规模的鸦片武装走私："伏查英夷近日来船，所配兵械较多，实仍载运鸦片。"

由此他断定，英国"万不敢以侵凌他国之术窥伺中华"，最多是"私约夷埠一二兵船"，"未奉国主调遣，擅自粤洋游弋，虚张声势。"

1839年9月1日，林则徐在给道光皇帝的奏折中写道："夷兵除枪炮之外，击刺步伐俱非所娴，而腿足裹缠，结束严密，屈伸皆所不便，若至岸上更无能为，是其强非不可制也。"他认为英国士兵的腿脚被绷带裹缠，屈身不便，跌倒后爬不起来，不能陆战，这实际上又是一种荒谬的判断。直到1840年8月，战争已经爆发，林则徐仍想当然地写道："一至岸上，则该夷无他技能，且其浑身裹缠，腰腿僵硬，一仆不能复起，不独一兵可以手刃数夷，即乡井平民，亦尽足以制其死命。"

更令人不可思议的是，林则徐还认为洋人嗜吃牛羊肉，如果不以从清朝进口的大黄、茶叶做辅食，将会消化不良而死。"况茶叶、大黄，外夷若不得此，即无以为命。"

林则徐在中国近代史上被公认为"睁眼看世界第一人"，然而就连这第一人都抱着固有的"天朝上国"的思维模式，对当时中西关系存在这么多错误狭隘的观念，遑论他人？国人习惯了在"天朝上国"的迷梦里沉睡不

鸦片战争形式图

醒。大学士徐桐甚至有一段极其"精彩"的言论:"所谓西洋各国,除意大利真有其国外,其余都是汉奸捏造出来吓唬人的。"

对敌情的严重误判,是林则徐一生中所犯的最大错误。

1839年11月3日,中英发生了一次武装摩擦,史称"穿鼻之战"。战斗进行了不到一个钟头,3艘中国船被击沉,一艘被击中弹药库而爆炸。英军舰船只有一艘受了轻微损伤,无人员伤亡。然而在林则徐的奏报中,战况却是这样子的:

穿鼻之战

"该提督(指关天培)亲身挺立桅前,自拔腰刀,执持督阵,厉声喝称:'敢退后者立斩!'适有夷船炮子飞过桅边,剥落桅木一片,由该提督手面擦过,皮破见红。该提督奋不顾身,仍复持刀屹立,又取银锭先置案上,有击中夷船一炮者,立即赏银两锭……"

且不论林则徐在这封奏折中掺杂了多少水分,身为虎门水师提督的关天培绝对堪称英勇,他试图靠近敌舰,与敌肉搏,以一种自杀式的精神向前

关天培

冲去。关天培的这种义无反顾的牺牲精神令义律肃然起敬，他对于这位老人的勇气感到非常震惊，命令史密斯不要再开炮，允许这艘破损不堪的旗舰开走，以表达对这位英雄的崇敬。

那么英国人是怎样叙述这场战役的呢？我们来看看义律的说法：

"作为一个勇敢的人，公正的说法是，提督（即指给义律留下深刻印象的关天培）的举止配得上他的地位。他的座船在武器和装具上明显优于其他船只，当他起锚后，很可能是斩断或解脱锚链，以灵敏的方式驶向女王陛下的战舰，与之交战。这种毫无希望的努力，增加了他的荣誉，证明了他行动的决心。然而，不到三刻钟，他和舰队中尚存的师船便极其悲伤地撤回到原先的锚泊地。"

1840年3月，第一艘英国战舰"都鲁壹"号到达广东附近海面。6月21日，英国海军司令伯麦率领由印度开来的舰队到达；6月28日，远征军总司令懿律率领大批舰队到达广东海域。此时的英国有海军战舰16艘，运兵船27艘，武装轮船4艘，远征军7 000人，其中海军3 000人，陆军4 000人，包括善战的苏格兰团和爱尔兰团。依照英国外相巴麦尊的指示，"有效的打击应当打到接近首都的地方去"，在封锁了珠江口之后，英军大部分兵力即按原计划北上。途经厦门时，英国人想把巴麦尊的照会《巴麦尊外相致中国宰相书》交给当地官员代转，但清朝地方官员却无法接受这种平行格式的公文，将其退回。

伯麦率领的英军舰队到达舟山后，派人给定海县知县姚怀祥送去了最后通牒，命令他们在一个小时之内投降。这封通牒是鸦片战争中清朝接受的第一份夷书，浙江巡抚乌尔恭额事后说："臣阅看夷书，词甚狂悖，镇臣张朝发何以遽准递收？"

面对英国人咄咄逼人的气势，定海县知县姚怀祥义正辞严道：

"你们把战争施加于民众身上，而我们这些人从未伤害过你们的人。

我们看到了你们的强大，也知道对抗将是发疯。但我们必须恪尽职守，尽管如此做会招致失败。"

定海一战，英军舰炮仅用了九分钟就毁掉了清军战船和岸炮的还击能力，1 500多名清军溃逃一空，参战的士兵战死13人，受伤13人，总兵张朝发中弹落水，到镇海后不治身亡，知县姚怀祥投水自尽。英方毫无伤亡。

占领定海后，懿律率舰队继续北上，接着又到宁波和镇海，再度试图投递该照会，再度被拒。英军舰队于是北上天津，抵达天津大沽口外。

琦善此时担任直隶总督一职。对于英国人的这一做法，琦善百思不得其解，他在给道光皇帝的奏折中写道："伏查英夷诡计百出，如专为求通商贸易，该逆夷岂不知圣人天下一家，只预在粤恳商，何必远来天津？如欲吁恳恩施，何以胆敢在浙江占据城池？"琦善认为，英国人诡计多端，如果是专门为了恳求通商贸易，应该知道我天朝是一体的，只在广州恳请通商即可，何必大老远来天津？如果是恳请皇上给予恩施，又为何胆敢占领浙江一带的城池呢？"

道光皇帝面对各地接二连三战事吃紧的消息，也是一头雾水。为了直接了解英人北上的真实企图及其对朝廷的态度，他随后连发两道谕旨，令伊里布到浙江密查英国人窜扰江浙一带的缘由，据实奏闻，另外还告诉琦善，如果再有投递"禀帖"，无论是汉字还是英文，一律照原样呈上来。"如该夷船驶至海口，果无桀骜情形，不必遽行开枪开炮。倘有投递禀帖情事，无论夷字、汉字，即将原禀进呈。"按照天朝体制，官员是不能直接接受蛮夷的禀贴的，但此时的道光皇帝已顾不了这么多体面了，他急于想知道英国人北上的原因。

8月11日，义律率领的英军舰队到达天津大沽口外的海域。琦善派罗应鳌去接收"禀帖"，但他们收到的却是"咨会"，一种平等关系的文书，而不是禀贴，内容要求琦善在 6 天之内派人接收"大英国家照会之公文"。在得到道光皇帝的准许后，琦善派人到英国军舰上接收了《巴麦尊外相致中国宰相书》。

经历了无数次投递无门后，英国的这封照会最终由琦善递送上来。在这封短短 4 000 字的文件中，开篇是这样写的：

兹因官宪（林则徐）扰害本国住在中国之民人，并亵渎大英国家威仪，是以大英国主，调派水陆军师，前往中国海境，求讨皇帝昭雪伸冤。

这是一篇符合天朝语言的公文。尤其是"求讨皇帝昭雪伸冤"一句，可谓是挠到了道光的痒痒肉，令道光皇帝龙颜大悦。而事实的真相是，这是一封在翻译过程中被严重篡改了文意的文件，原意为"要求皇帝赔偿并匡正"。在原文中，巴麦尊对林则徐在广州的禁烟活动进行了指控，并在随后提出了五项要求：赔偿被焚的鸦片损失；中英双方平等外交；割让一处或几处岛屿；赔偿中国行商所欠英国商人的款项。一句话，英国人绝不是受了冤屈来向道光皇帝乞求为自己做主的，而是来兴师问罪的！

英军的"船坚炮利"给琦善留下了非常深刻的印象，使他主"剿"的信念发生了动摇。在给道光皇帝的一封奏折中，琦善这样写道：

见到英吉利夷船式样，长圆共分三种，其至大者，照常使用篷桅，必待风潮而行，船身吃水二丈七八尺，其高出水处，亦计两丈有余。舱中分设三层，逐层有炮百余位，舟中所载皆系乌枪，船之首尾，均各设

49

有红衣大炮一尊,与鸟枪均自来火。其后梢两旁,内外俱有风轮,设火池,上有风斗,火乘风气,烟气上熏,轮盘即激水自转,无风无潮,顺水逆水,皆能飞渡。

既然是来乞求申冤昭雪的,那事情就好办多了。道光皇帝重新找回了"天下共主"的良好感觉,让琦善给英国人回复道:

大皇帝统驭寰瀛,薄海内外,无不一视同仁,凡外藩之来中国贸易者,稍有冤抑,立即查明惩办。上年林则徐等查禁烟土,未能仰体大公至正之意,以致受人欺蒙,措置失当。兹所求昭雪之冤,大皇帝早有所闻,必当逐细查明,重治其罪。现已派钦差大臣驰往广东,秉公查办,定能代申冤抑。该统帅懿律等,著即返棹南还,听候办理可也。

道光皇帝对林则徐的查办绝不仅仅是缘于英国人对林则徐的控告。显然,林则徐南下禁烟的结果,违背了道光皇帝给他的训令:"鸦片务须杜绝,边衅绝不可开。"生性简朴吝啬的道光皇帝在经历了张格尔叛乱之后,已难以应付再一次战争了。而林则徐面对接连汇集到的英军侵华的消息,简单归结于义律的谣言恫吓,对即将来临的战争毫无察觉。

穿鼻冲突后,中英双方在官涌有过六次冲突,而林则徐在给道光的奏折中,这些冲突都是以大获全胜的面目出现的:"即闻夷船齐声喊叫,究竟轰毙几人,因黑夜未能查数。""把总刘明辉等率兵迎截,砍伤打伤数十名,刀棍上均沾血迹,夷人披靡而散,帽履刀鞘遗落无数。次日望见沙滩地上,掩埋夷尸多具。""中国军队五路大炮重叠发击,遥闻撞破船舱之声,不绝于耳。该夷初尤开炮抵拒,迨一两时后,只听咿哑叫喊,竟无回击之暇。"更有甚者,林则徐还向道光皇帝信誓旦旦地表示，英夷膝盖却是不会打弯的，跌倒后就爬不起来；夷人都是把肉磨成粉食用，久而久之导致大便不通，没了天朝的茶叶，英国人便会大便不通而死……

道光皇帝对此后局势的决策完全是建立在林则徐一系列的"大捷"汇报之上的。《鸦片战争：一个帝国的沉迷和另一个帝国的堕落》一书中这样写道："中国人不但善于篡改历史，而且擅长捏造眼前的事情，他们向皇上报告说取得了巨大的胜利，打死许多英国人，而且击沉多艘英国船只。在这场冲突中，皇帝的许多错误决策并不是战略上的错误，而是基于错误的情报采取了行动。"定海陷落后，道光皇帝接二连三收到了各地战事吃紧的消息，他已经不信任林则徐了。在给林则徐的批复中，道光皇帝斥责林则徐："外而断绝通商，并未断绝；内而查拿犯法，亦不能净。无非空言搪塞，不但终无实济，反生出许多波澜，思之曷胜愤懑。看汝以何词对朕也！""无理，可恶，一片胡言"，最狠的一句话是："汝云英夷试其恫喝，是汝亦效英夷恫喝于朕也。"

面对广东战败、定海陷落、英军舰队一路北上的结果，道光皇帝胸中一直压着一股无名火，他需要释放，盛怒之下的道光皇帝只能将责任归咎于林则徐，由他来承担这一本不该由他承担的结果。林则徐成了替罪羊。

1840 年 9 月 28 日，道光以"误国病民，办理不善"的罪名，下旨将林则徐革职，"从重发往伊犁，效力赎罪"。

然而在当时闭塞落伍的环境下，"沿海文武员并不谙夷情，震于英吉利之名，而实不知其来历"，又有谁能摆脱高高在上的"华夷"观念，清醒地认识世界之大势，洞悉英帝国资本势力扩张的野心？然而，板子最终却打在了林则徐的屁股上，其缘由正如史学家茅海建先生所说："在专制社会中，独裁者原本可以不讲道理的，因为所有的道理都在他一个人手里。"

话题回到琦善身上。琦善在与英国人反复交涉后，给懿律发去一封照会："如贵统帅钦遵谕旨，返棹南还，听候钦差大臣驰往办理。虽明知烟价所值无多，要必能使贵统帅有以安如初。则贵统帅回国时，自必颜面增光，可称为贵国王能事之臣矣。"

在收到这封照会后，英国舰队果然选择了南返。而琦善也被任命为钦差大臣，带着道光皇帝"上不可以失国体，下不可以开边衅"的使命，踏上了南下广州之路。

琦善在天津忙着处理"夷务"时，两江总督伊里布也没闲着，他被派去浙江主持军务，收复被英军占领的定海。在见识了明显属于另一个时代的舰队后，伊里布也迅速由"主剿派"变成了"主和派"。面对道光皇帝武力收复定海的命令，伊里布一方面对道光皇帝虚与委蛇，一方面与英国人接触谈判，寻找最有利的解决方案，甚至对义律说："大皇帝格外施恩，准尔通商，尔等将何以报？我们办事必令你们下得去，亦必令你们回得国，复得命。你们办事须教我们下得去，教我们奏得大皇帝，教我们大皇帝下得去。"

伊里布最终因为没有武力收复定海而被调离，两个月后被弹劾"遣家丁赴敌船事"遭押赴京城受审。远在广州的钦差大臣琦善周旋于道光皇帝和义律之间，在努力说服道光皇帝的同时，积极与义律开展谈判。道光皇帝却没了耐心，开始调集兵力向广州集结，命令琦善以武力解决双方争端，"乘机攻剿，毋得示弱"。几次战役下来，清军一败涂地，炮台被攻陷，守军纷纷溃逃，还被英军强行占领了香港。琦善被弹劾褫职，到北京判了个"斩监候"，即死缓。

事实证明，此时的"夷务"已经成了一块烫手的山芋，搁谁手里谁倒霉。"上不失国体，下不开边衅"是一道悖论题，没有人能解得开。《剑桥中国晚清史》中说，"任何一个处在林则徐地位的官员都会同样遭到失败和受到处分。在这些年间，对钦差大臣的每一次任命都体现着清帝的这样一个决心：在不损害他自己所提条件的情况下保持和平与秩序。因此，鸦片战争的历史就是这种决心受到英国人反复打击的过程。最后，清帝的这个愿望终将破灭，但是在此以前，他派的代理人员面临着一种矛盾的要求：既要讲和，又不许让步。这就是林则徐进退维谷的处境及其继任者的悲剧之所在。"

几乎所有在广州的大臣都达成了一个共识，即清军无法阻挡英军的进攻，只有一个人对前途表示乐观并且一意主剿，这个人就是道光皇帝。

琦善被查办后，道光皇帝任命老将杨芳为参赞大臣南下广州，处理"夷务"。眼见英军接连攻陷数座炮台，杨芳确定英军在施邪教妖术，"夷炮恒中我，而我不能中夷。我居实地，而夷在风波摇荡中。主客异形，安能操券若此，必有邪教善术伏其内。"（《夷氛闻记》）迷信扶乱术的杨芳竟然传令当地保甲，收集妇女使用的马桶、溺器，装满女人的粪便、秽物，令载于木筏小船，布满海上江面，"纸扎草人，建道场，祈鬼神，然尚添造炮位，军器、木排等事"，以阻挡英舰的前进。如此做法，其结果自然不言而明。当时有诗嘲讽："粪桶尚言施妙计，秽声传遍粤城中。"

几次作战，清兵一触即溃，杨芳不得不用谎言继续蒙骗道光皇帝，一再向朝廷报捷。杨芳后来被革职留任，如履薄冰地干完了这一任，将这个烂摊子交给了靖逆将军奕山。

不得不说，奕山"忽悠"道光皇帝的本事远远超过琦善和杨芳。在道光的严令逼迫下，奕山仓促下达了对英军舰队的夜袭，结果反被英军先后攻占了广州城外重要据点泥城、四方炮台等，其炮火可以覆盖整个广州城。奕山不得不在城内升起白旗求和，在付出了600万元的"赎城费"后，英军退到了香港。

仗打败了，如何向道光皇帝交待呢？奕山自有办法。6月4日，在给道光皇帝的奏折中，奕山这样描述清军获胜的经过：

据守城兵丁探报，城外夷人向城内招手，好像有什么话要说。我当即派参将熊瑞登上城墙查看，见有几个英军头目一会儿以手指天，一会儿指自己的胸口。熊瑞没看明白，找来翻译询问。翻译说，英军有苦情要禀告大将军。总兵段永福大声呵斥：我天朝大将军岂能轻易见你们？他奉命而来，是来和你们作战的！该头目随即摘了帽子，屏退左右，将武器扔在地上，向城上行礼。

段永福向我禀请询问，按照我的吩咐派翻译来到城下，质问他们："你们抗拒中华，屡生事端，有何冤屈？"英军头目回答，中英终止贸易后，英国的货物无法在市场上流通，资本折耗，欠款无法追讨。新城外两边炮火轰击，不能传话，是以来此求大将军转肯大皇帝开恩，追讨欠款，准允通商，英军立即退出虎门，交还各炮台，再不敢惹是生非。

后来听一些洋商禀告，英军曾央求他们从中调解，只求照前通商，并将历年商欠清还，他们马上会将兵船全数撤出虎门。

在奏报"战功"的同时，奕山还一口气保举了"有功之臣"共554人，几乎囊括广州所有官员。奕山蒙蔽道光皇帝，他甚至将所有人都拉进了这个"撒谎集团"，将这个谎共同圆下去。

1841年8月8日，义律收到了来自伦敦的免职通知，英国外相巴麦尊对义律在中国的作为很不满，他严厉斥责义律说："你违背并藐视了给你的训令……从你的整个行动看来，你彷佛从头到尾把我的训令视为废纸……你获得了香港，一座几乎没有一间房屋的荒岛；在我看来，即使是这个所谓的割让，就其附加的条件而言，并非是该岛主权的割让，而只是一种让我们在那里居住的许诺而已，就像葡萄牙人在澳门所获得的那种立足点一样。"

在召回义律后，英国方面派璞鼎查爵士前往中国，完成义律没有完成的任务。英军重新北上，准备拿下厦门。主持厦门防务的是闽浙总督颜伯焘，早在3月2日，颜伯焘抵达厦门时，他便着手改造防务，耗银150万两，精心构造了厦门防线，修筑了多座炮台。即便如此，在面对现代化的军队时，厦门这座海防要塞在开战两个小时后就被英军攻陷，全岛各阵地均告失守。汀漳龙道张集馨这样记载厦门之战：

颜伯焘先是轻视英军，认为与他们讲和不是好办法。他将各城巨炮运到厦门，排列在海口。这种火炮极重，没有数十人根本拉不动，为了节省费用，又没有配备炮车，无法挪动。旁边的人说，炮台在墙外，如果不用炮车拉回大炮，士兵是不敢出城装填火药的。颜伯焘大言不惭道，对付英夷一炮即可灭贼，何须再装填火药？

待英国舰队到达江面，兵士看见船帆就把炮弹打完了。英国舰队火炮在船身两侧，每边有40门大炮，两船一起前进，靠近后一齐开炮，然后离开；后面的船只接着上。转眼间，清军沿海工事全部被火炮轰塌，官兵四散溃逃。

这之后，英军再攻定海，兵锋直指镇江。在这里，英军遭到了战争爆发以来最有力的阻击，连他们自己都不得不承认："中国军队发来的炮火，曾对我方前进的船只，给以致命的打击。仅在十分钟左右的战斗过程中，我方十六名海员和八名炮兵都受了伤。""在这

1842年英军攻打镇江城，英国随军画师绘制

签订《南京条约》

里满兵做了一次最顽强的抵抗，他们寸土必争，因此每一个城角和炮眼都是短兵接战而攻陷的。"镇江之战，英军共有 39 人死亡，3 人失踪，130 人受伤。道光皇帝在得知战况后，不无感慨道："不愧朕之满洲官兵，深堪悯恻。"

在此后的几个月里，英军一路北上，兵锋直指南京下关江面。这个时候，即便是傻子也看出来了，清军绝非英军的对手，在英军的坚船利炮面前，清朝的海防被证明是不堪一击的。谈判的大门再次开启，道光皇帝召回了罪戍边疆的伊里布，连同杭州将军耆英、两江总督牛鉴共同作为清朝谈判代表，到南京与英军展开和谈。

1842 年 8 月 29 日，耆英、伊里布、牛鉴等人登上英国舰队的旗舰"康华丽"号，代表清政府在《南京条约》上签字画押。这份条约主要包含以下几项内容：

1. 赔款 2 100 万洋银银元：1 200 万为军费赔偿，600 万为所销鸦片之赔款，300 万为偿还行商拖欠洋商之债款；

2. 废除公行之垄断贸易制度；

3. 开放广州、厦门、福州、宁波和上海五个口岸，供英国领事、商人及其家眷通商并居住；

4. 割让香港（条约的中文本委婉地宣称,因英国商船远路跋涉来华,往往有损坏须修补者，自应给予一处以便修船及存守所用物料，故大皇帝恩准给予一个地方云云）；

5. 两国官方平等交往；

6. 核定关税,不久后确定。（徐中约:《中国近代史》）

在这场旧世界与新世界的战争中，清军虽尽全力仍难逃一败涂地。中国也曾完胜西方霸主，中国的舰队也曾无敌于世界,李约瑟甚至认为，"明代海军在历史上可能比任何亚洲国家都出色，甚至同时代的任何欧洲国家，以致所有欧洲国家联合起来，可以说都无法与明代海军匹敌。"

然而，从天下无敌到败絮其中，从虎狼之师到土鸡瓦狗，失败来得如此之快，留下的伤痛是如此之深。中国曾领先世界千年，却在 19 世纪掉队了。

美国学者张馨保在《林钦差与鸦片战争》一书中这样评价鸦片战争：

和其他历史事件一样，鸦片战争并不是某一个因素造成的，它有各种各样的原因。从理论上或概念上说，这是两种不同文化间的冲突。当两种各有其特殊体制、风格和价值观念的成熟的文化相接触时，必然会发生某种冲突。使英国人同中国人相接触的是商业，鸦片战争爆发前十年，商业最重要的一环是鸦片贸易，这是鸦片战争的直接原因。

1840 年，英国在鸦片战争中打破了"天朝"的威严，却并没有警醒迷蒙中的中国人。直至战争一败再败，国人仍不愿意相信中国已严重落后西方的事实。一张民间布告表达了民众不服气的情绪："除你们的船是坚固的，炮火是猛烈的，火箭是强大的以外，你们还有什么其他本领吗？""如果不彻底消灭你们这些猪狗的话，我们就不是顶天立地的勇敢的中国人。"

林则徐在辑录的《软尘私议》一书中描述道："议和之后，都门仍复恬嬉，大有雨过而忘雷之意，海疆之事，转喉触讳，绝口不提，即茶坊酒肆之中，亦大书'免谈时事'四字，俨有诗书偶语之禁。"

梁启超在《变法通义·论不变法之害》中沉痛地写道：现在有一座大厦，已经历了数千年，其屋瓦设施毁坏，柱子也崩折了，不是因为它不大，风雨突然到来时，就一定会倾倒。可是屋子中的人，还在酒酣嬉戏打着鼾睡觉，漠然地听不到，也看不到此种情势；有的看到这样很危险，只知道痛哭，束手无策地等死，不想拯救这种情势；还比这些强的，采取修补堵漏的办法，堵住蚂蚁窝儿，苟且偷生地过一些安稳日子，以借此取得一些功效。

一场席卷全球的暴风骤雨已然来临，可屋内的人却毫无察觉，继续昏睡不已，偶尔有几个人有所警觉，却无法扒开这间千年的铁屋，将亮光照进来。鲁迅先生回顾历史时曾说："中国太难改变了……不是很大的鞭子打在背上，中国自己是不肯动弹的。"这是历史的悲哀，也是民族的悲哀。

今天的我们不能苛求当时的人能具有超脱时代的意识，正视西方文明，主动融入到世界一体化的潮流中，可民族的发展与前途，将因此而不得不多走些弯路，付出沉重的代价。

第三章 天父下凡：洪秀全的天国之梦

天京之变，君臣内讧，兄弟相残，石达开走了，偌大的天京城内空空荡荡。多年后，军中流传着一首歌谣：天父杀天兄，总归一场空；打打包裹回家转，还是当长工。

　　1864 年 6 月，太平天国的都城南京被攻陷，急红了眼的曾国荃下令一把火点着了洪秀全的天王府，大火竟然烧了三天三夜。这场大火不仅将周围十余里的天王府化为灰烬，而且使得太平天国十多年的恢弘之业随之烟消云散。有诗云："十年壮丽天王府，化作荒庄野鸽飞。"

　　轰轰烈烈的太平天国运动最终落下帷幕，然而关于这场农民起义的讨论却至今没有结束。对太平天国的评价总存在两个极端，推崇者将其视为一次伟大的反封建反侵略的农民革命战争，孙中山曾经自称"洪秀全第二"，并大力宣传太平天国，罗尔纲先生也曾热情讴歌太平天国的革命精神；贬低者，将太平天国比作洪水猛兽，斥其为"邪教"，洪秀全为"魔头"。马克思就曾将太平军视为魔鬼的化身，简又文先生认为，以破坏性及毁灭力论，太平天国革命运动，仅亚于现今日本侵略之一役耳。

　　抛开这些争论不谈，太平天国的真实面貌到底是什么呢？让我们将时间的指针拨回到太平天国之前。

　　故事的起因源于一位落第书生，他的名字叫洪秀全。洪秀全生于广东花县的一户客家人家，自幼聪明自负，很早就熟读了四书五经等儒家典籍。据族弟洪仁玕回忆，"其天禀圣聪，目不再诵，十二三岁经史诗文，无不博览。"

　　带着族人的期望，洪秀全怀揣着"朝为田舍郎，暮登天子堂"的远大抱负，踏上了漫漫科举路。然而，理想很丰满，现实很骨感。也许是洪秀全考试的天分不高，从 16 岁开始，一直到 31 岁，洪秀全在科举考试的路上屡败屡战，屡战屡败，前前后后应试了四次，次次榜上无名。

洪秀全

　　1833 年，洪秀全又一次到广州参加府试，在街头得了一本宣传基督教的小册子《劝世良言》。这是一本由中国的基督教徒编写的，作者梁发原是一名印刷厂工人，曾协助英国传教士马礼逊印刷《圣经》，随后皈依了基督教。洪秀全只是略微翻了一下，便搁在一边，继续埋头于科举考试。

　　在古代，科举考试几乎是贫寒子弟通往上层社会唯一的出路，也是他们改变自身命运最好的一个机会。只有坐在考场上，你才能和那些富二代官二代公平竞争，争夺那为数不多的晋升名额。洪秀全几次考试都落榜，除了竞争过于激烈之外，他本人的文采也并不出彩，甚至可以说是粗鄙不堪。从他后来写的诗词及诏书来看，他的文字功底类似于打油诗的水平，屡考不中很正常。我们来看一首他写的诗词就知道了：

　　　　手持三尺定山河，四海为家共饮和。

　　　　擒尽妖邪投地网，收残奸宄落天罗。

东南西北敦皇极，日月星辰奏凯歌。

虎啸龙吟光世界，太平一统乐如何！

1837 年，洪秀全参加广州府试再次落榜。这次落第给洪秀全带来了巨大打击，绝望中的他回家后发高烧大病一场，卧床不起。病中，洪秀全进入了一种梦魇的状态。昏迷中，洪秀全做了一个奇怪的梦，他梦见自己飞入云天，被人剖开肚腹换了五脏六腑，还见到了头披金发、身穿黑袍的上帝，自称是他的父亲，并告诉他，人间正在遭受磨难，希望他到世间去斩妖除魔，还派出了他的兄长耶稣前往助阵。在病中，洪秀全常常大呼"斩妖！斩妖！"全村人都认为他精神失常了。

四十多天后，洪秀全的病情渐渐好转。高烧甫退，洪秀全提笔作诗一首：

手握乾坤杀伐权，斩邪留正解民悬。

眼通西北江山外，声震东南日月边。

展爪似嫌云路小，腾身何怕汉程偏。

风雷鼓舞三千浪，易象飞龙定在天。

一次，洪秀全的表兄李敬芳来探望他，无意间翻到了那本《劝世良言》，大加赞赏，这重新引起了洪秀全对这本小册子的兴趣。在经过仔细翻阅后，洪秀全大受启发，结合自己之前的梦境，萌发了信奉上帝、追求人人平等的观念。瑞士传教士韩山文在《太平天国起义记》中写道："从书中寻找到解释其六年前病中梦兆的钥匙，发觉该书内容与自己梦中的见闻十分吻合。这时他才明白，那位端坐在宝座之上、为世人所当敬拜者即天父上帝，助他杀妖的中年人即救世主耶稣，魔鬼即偶像，所谓兄弟姐妹即世间人类。"

洪秀全自认为受上帝之命下凡诛妖，以上帝的幼子、耶稣的幼弟自称，并称上帝耶和华为"天父"，称耶稣为"天兄"。虽然没有读过原汁原味的《圣经》，洪秀全却凭借着自己对基督教的朴素理解，自创了拜上帝教，逢人便宣传他所理解的基督教教义。洪秀全说："人心太坏，政治腐败，天下将有大灾大难，唯信仰上帝入教者可以免难。入教之人，无论男女尊贵一律平等，男曰兄弟，女曰姊妹。"

洪秀全拉了表兄李敬芳、表亲冯云山和族弟洪仁玕一起信仰上帝，举行了简单的施礼仪式，然后干了一件很极端的事情——砸了私塾里的孔子牌位。此举引起轩然大波，洪秀全也因此丢了塾师的饭碗，和冯云山等人离开家乡，去了广西传教。不久之后，洪秀全又返回了广东花县老家，冯云山则留在桂平一带边教书边传教。

回到家的洪秀全也没闲着，从 1844 年开始，洪秀全凭借着自己粗浅的基督教知识，写下了《百正歌》《原道救世歌》《原道醒世训》等著作，号召大家拜上帝、敬耶稣，反对邪神崇拜和偶像崇拜，宣扬"天父上帝人人共，天下一家自古传"的理念。为了将中国的"天"与基督教中的"上帝"划上等号，洪秀全翻遍《诗经》《易经》，搜罗有关字句，从《诗经》中找出"上帝临汝"，《易经》中抠出"荐之上帝"，《尚书》中翻出"唯皇上帝"，然后下结论说："有人妄说拜皇上帝是从番，不知中国有鉴史可考，自盘古至三代，君民皆敬拜皇上帝。"

洪秀全改信基督创立拜上帝教是一件意义重大的事件，这表明他开始和传统文化彻底分道扬镳。拜上帝教是太平天国的精神支柱，从创立那天起，它就打上了反儒反传统文化的标签，摒弃诋毁传统文化，借助军事和政治手段不遗余力地对传统文化进行了大规模的"清剿"。这是太平天国最终失败的文化原因，我们将在后面对此进行深入剖析。

四次科考的失利，使得洪秀全思想偏激，反出了儒家，改信基督教。因此，洪秀全的反儒最初不过是为了发些科场失意的愤懑罢了。在确立了新的信仰后，洪秀全开始对儒家文化正式发出了挑战。他不仅在家乡砸了孔子牌位，而且毁孔庙、拆寺院。1844年5月，洪秀全和冯云山来到广西贵县赐谷村，在六乌庙前题诗一首，斥责六乌庙供奉的是"妖魔"：

举笔题诗斥六乌，该诛该灭两妖魔。

满山人类归禽类，到处男歌和女歌。

坏道竟然传得道，龟婆无怪作家婆。

一朝霹雳遭雷打，天不容时可奈何。

写完诗后，洪秀全用笔杆向菩萨一戳，大喊一声"斩妖"，庙里供奉的一对菩萨应声倒下，粉身碎骨。村民大惊，将洪秀全视为天人。此事在当地引起了轰动，几个月间有上百人要求皈依受洗礼。洪秀全就这样走上了神坛。

事实的真相是，庙里的塑像早被白蚁蛀空，洪秀全不过是有意导演了一场戏而已。

在扩大宣传、吸引信徒的同时，洪秀全也没忘记学习真正的基督教知识。1847年3月，洪秀全到广州见到了美国传教士罗孝全。在罗孝全眼中，这个乡村塾师"外表很普通，约高五英尺四英寸或五英尺，体格健壮，圆脸，相貌端庄，有点帅，中年，举止温文尔雅，颇有绅士风度"。

在这里，罗孝全指导洪秀全学习了原版翻译的《圣经新约全书》《圣经旧约全书》。据罗孝全回忆，洪秀全"参加了我们的圣经班，默记和吟诵经文，在班上每天接受教导两小时"，期间表现优异。在给朋友的信中，罗孝全兴奋地写道："我几乎相信，是主送他们来这里的；如果这样，不用很久他们就会加入我们的教会。"

一段时间后，洪秀全提出了加入教会的申请。

罗孝全问道："你是否明白，成为教堂的一名成员，并不是某种雇佣，也与金钱的报酬无关。我们不应出于邪恶的动机而加入教堂。"

洪秀全犹豫了片刻，答道："我穷，没有生活来源，加入教堂将丢掉我的职业，我不知道以后会怎样过活。"（张功臣：《洋人旧事》）

对于洪秀全的入教申请，罗孝全当然十分欢迎，但当他听到洪秀全提出津贴问题时，心中有些不悦，终使洗礼受挫。

对这一变故，有一种说法认为是罗孝全的两名华人助理在其中捣的鬼。如果洪秀全成为罗孝全的助手，必会挤掉自己的饭碗，因此劝诱洪秀全"在受洗礼之前，亲对罗牧师要求应许其每月得津贴若干以维持其生活，如是始能于受洗礼之后留在广州继续学道。时秀全贫甚，遂以其言为合理可信，即至罗处要求"。

踌躇几日，洪秀全离开了广州，决定到广西紫荆山寻找冯云山，去那里继续传播拜上帝教。

洪秀全的神学理论虽然脱胎于基督教，却与真正的基督教有着本质的区别。基督教只是一个宗教组织，而拜上帝教则是政教合一的组织，拜上帝会否定了基督教"三位一体"的基本信仰。更为出格的是，洪秀全后来还为天父上帝添了几个儿子及一个女婿，外国传教士自然大为不满，多次宣称："上帝除了耶稣以外没有别的儿子。"对于杨秀清动不动就"哐当"一声倒地代"天父"附体传言的行为，外国传教士更是深恶痛绝。基督教教义中强调上帝是个灵体，看不见的，而《太平天日》中的描述是：天父上主皇上帝，头戴高边帽，身穿黑龙袍，满口金须托在腹上，相貌最魁梧，身体最高大，坐装最严肃，衣袍最端正，两手覆在膝上。

有英国人曾对洪秀全的肆意妄为亵渎圣灵提出异议，东王杨秀清反问他们："你们自以为拜上帝的时间长，但你们可知上帝身材多高？肚子多大？胡子什么颜色？戴什么样的帽子？穿什么衣服？会题诗否？耶稣长子今年几岁？耶稣有几个女儿……"50个荒诞不羁的问题让英国人哑口无言，不得不落荒而逃。

洪秀全虽然举起了反对儒家文化的大旗，但他的思想却离不开儒家传统文化潜移默化的影响。为了将西方基督教"移植"到中国的土壤中，洪秀全对"拜上帝教"做了不少内容和仪式上的改动，结果不但扭曲了基督教的原旨教义，而且也糅合了中国传统文化中的一些民间习俗与仪式，富有"中国特色"。

最终的结果是，这个中西文化融合的产物陷入了一种文化困境：既不容于"洋兄弟"，也不被"读书人"所接受。中国的传统卫道士将其视为对封建伦常的背叛，西方教会也将其看作是异端邪说，两头不讨好。梁启超说："太平天国拿四不像的天主教做招牌，这是和国民心理最相反的。"英国人富礼赐愤怒地说道："教皇如果有权治他洪秀全，早就把他烧死了！"

最典型的一个例子是拜上帝教的洗礼仪式：

在神台上置明灯二盏，清茶三杯，大概所以适于中国人之观感也。有一张忏悔状，上写明求洗礼者之姓名，至行礼时，由各人朗声诵读，乃以火焚化使达上帝神鉴。乃问求洗者："愿不拜邪神否？愿不行恶事否？愿恪守天条否？"各人悔罪立愿毕，即下跪。主人于是由一大盆清水中取水一杯灌于每个受洗者顶上，且灌且喃："洗净从前罪恶，除旧生新。"行礼毕，新教徒起立，将清茶饮了，并以盆中水自洗心胸，所以表示洗净内心也。彼等又常到河中自行沐浴，同时认罪祈祷求上帝赦宥。受洗礼之教徒即领受各种祈祷文，于早晚进膳时念之。

让我们将视角重新回到洪秀全身上。在广西紫荆山区，洪秀全见到了冯云山发展起来的两千多名会众，精神大为振奋。两年多的时间，冯云山使拜上帝会在这一带成了气候。这其中除了冯云山优秀的组织能力外，还与当地土著和客家人之间的冲突有很大联系。当时的广西盗贼纷起，为求自保，各地纷纷组织了团练。处于劣势的客家人为了对抗土著居民组成的团练，纷纷加入了拜上帝会，因而终不免卷入当地的土客之争，团练与拜上帝会之间争斗不断。李秀成在其被俘后的自述中这样写道："拜上帝人与拜上帝人一伙，团练与团练一伙，各争自气，各逞自强，因而逼起。"

1848 年初，冯云山被当地团练王作新抓走，洪秀全为了救出冯云山，积极奔走，到广州去寻求帮助。一时之间，拜上帝会群龙无首、人心涣散！

关键时刻，有一个人挺身而出，拯救了拜上帝会。这个人就是杨秀清。

有一天，杨秀清突然"哐当"一声倒地，声称自己是"天父"下凡，在场众人无不惶恐，纷纷拜倒。借着天父下凡的把戏，杨秀清凝聚了人心，稳住了差点散伙的拜上帝会，贿赂官府将冯云山救了出来，同时也篡夺了革命的实际领导权，把冯云山挤到了后面。

洪秀全回到紫荆山时，发现杨秀清已经在会众中获得了地位和权威。他当然知晓所谓的"天父"下凡不过是个骗人的把戏，但杨秀清借"天父"下凡已经享有崇高的威望，连自己也无力撼动。鉴于此，洪秀全不得不对外宣称："东王是上帝爱子，与天兄及朕同一母所生。""一父上主皇上帝，普天大共圣父亲。朕之胞兄是耶稣，朕之胞弟是秀清。"这之后，杨秀清让他的好友萧朝贵假托"天兄"下凡，加入了拜上帝会的核心领导层。

太平天国起义

随着信徒的不断扩大，造反自然而然成为了他们的共同目标。当然，体面的说法是要建立一个天国。从1850年7月起，洪秀全领导会众秘密打造武器、变卖田产、筹足钱粮、部署起义工作。

1850年11月4日，这一天是"拜上帝会"相约在金田村起义的日子。尽管这一天各起义队伍并未及时赶到金田村，杨秀清还是组织会众举起了起义的大旗。

就在金田起义刚刚发动的时候，远在北京的朝廷开始采取了行动。登基不久的咸丰皇帝派出了林则徐为钦差大臣，前往广西平定民乱，不料林则徐在途中病逝，咸丰皇帝只好派出了李星沅出征。

历代的农民起义常常借助宗教的力量号召民众，不得不说，宗教的力量是无穷的。汉末黄巾起义时，张角利用太平道为旗帜，自称"天公将军"，提出"苍天已死，黄天当立，岁在甲子，天下太平"，又派弟子到各地传教，为起义做舆论准备，借以吸引和联络农民。这也不难理解，中国农民长期以来生活在社会的最底层，饱受统治阶层的压迫和欺凌，但因其生活贫困，缺乏文化知识，无力主宰自己的命运，便将命运寄托于神灵，希望能够在神灵的帮助下脱离苦海。

有别于传统宗教，拜上帝教是以西方宗教——基督教为基础，但同样宣传人人平等的思想，提出了"一律平均，无处不均匀，无人不饱暖，天下人田，天下人同耕"等的口号。在"上帝"的感召下，太平军将士人人不避风险，视死如归。钦差大臣赛尚阿在给咸丰皇帝的奏折中这样写道：

《天朝田亩制度》

一经入会从逆，辄皆悍不畏死，所有军前临阵生擒及地方拿获奸细，加以刑拷，毫不知所惊惧及哀求免死情状，奉其天父天兄邪谬之说，至死不移。睹此顽愚受惑情况，使人莫可其哀衿，尤堪长虑。

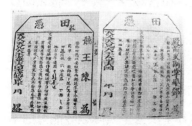

太平天国发给石门县农户之田凭

新生的起义军气势正盛，富有朝气，不畏牺牲，接连击败了前来围剿的几路清军，士气十分高涨。

1852年，为了动员更多的民众参与起义，杨秀清、萧朝贵发布了一篇慷慨激昂的檄文，剑锋直指腐败的大清王朝："予惟天下者中国之天下，非胡虏之天下也；衣食者中国之衣食，非胡虏之衣食也；子女民人者中国之子女民人，非胡虏之子女民人也。""夫中国首也，胡虏足也，中国神州也，胡虏妖人也。中国名为神

《资政新篇》

州者何？天父皇上帝真神也，天地山海是其造成，故从前以神州名中国也。""予兴义兵，上为上帝报瞒天之雠，下为中国解下首之苦，务期肃清胡氛，同享太平之乐。顺天有厚赏，逆天有显戮。布告下天，咸使闻知。"

除此之外，洪秀全还做了一件大事，那就是分封诸王：杨秀清为"东王"，称九千岁；萧朝贵为"西王"，称八千岁；冯云山为"南王"，称七千岁；韦昌辉为"北王"，称六千岁；石达开为"翼王"。值得玩味的是，洪天王在分封诸王后，又下诏令，"以上所封各王，俱受东王节制。"

此时的杨秀清在一系列征战中已经展现出了卓越的组织和领导才能，而且取得了代"天父"传言的资格，可以说其影响力已不在洪秀全之下。而作为拜上帝会的创始人洪秀全既无军事才能，又无组织才能，在太平天国中被高高挂起，有些虚君的意味，更准确地说，只是一尊宗教偶像。金田起义时，洪秀全为安全起见，秘密藏身于太平军将领胡以晃的家中，并未现身。

不难看出，太平天国从创立那天起，其权力结构就是一种"二元体制"。身为天王的洪秀全只能算是精神领袖，东王杨秀清则主持太平天国的全面工作。这种体制在一定程度上弥补了洪秀全实际领导能力的不足，却为后来太平天国的覆亡埋下了祸根。

太平军占领永安后，清军的大队人马迅速向这里集结，将永安城团团围困。1852年4月5日，太平军自永安突围，北上围攻桂林。清军严防死守，太平军于是转而攻打全州，继而从水路杀进湖南，准备直扑长沙。

全州城北十里的湘江上有一渡口，名为蓑衣渡。在这里，太平军遇到了他们真正的对手。

在蓑衣渡设防的是湖南书生江忠源。他命令部队就地砍伐树木，在水下密钉排桩，构筑木堰，堵塞江道，拦截太平军的船只。6月5日，太平军的船队在蓑衣渡被阻，埋伏在湘江左岸狮子岭的清军对太平军发起轮番攻击。双方激战两昼夜，太平军损失惨重，船只焚烧殆尽，南王冯云山也在此次战斗中死去。

8月份，西王萧朝贵闻长沙兵力空虚，率领一支2 000人的部队长途奔袭，不料在攻城战中不幸被敌军炮弹击中胸部，回营后因伤势太重而亡。

连折两王，令洪秀全心痛不已。此后的太平军沿长江而下，一路破武昌、克九江，兵锋直指南京城！

在气势雄伟的太平军面前，南京城内防守的2万清军根本不是对手。1853年3月19日，南京城墙被轰塌，太平军涌入城中，开始了一场大屠杀。清人沈骏曦在《金陵癸甲摭谈补》里说，太平军攻下南京后，"杀人盈街，三五为群，入人家搜括财物，加刃于颈，索金宝，如是者累日。""伪女官皆大脚蛮婆，入人家掳妇女归馆。搜掳各人家衣饰手扣金银玉镯，尽带手臂。身穿上色花绣衣，或大红衫，或天青外褂，皆赤足泥腿，满街挑抬物件，汗湿衣衫，而不知惜，亦不知丑。""贼人入家搜掠什物，最爱金银首饰，及绸缎上色衣服。至古书、名人字画皆不识，或掷，或撕毁，较秦火（指秦始皇的焚书坑儒）尤甚。"

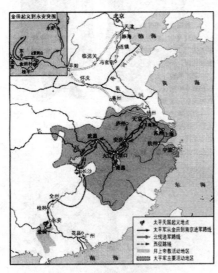

太平天国形势图

进入南京城后，洪秀全将南京改名为"天京"，宣布建都，随后便一头扎进温柔富贵乡中，从此再不问政事。这使得清廷情报人员造成了极大的迷惑："其实不存在洪秀全这么个人，喜庆节日大殿上坐着的，

只是个木偶。"(《贼情汇纂》)

为了专心享受天王的尊贵和荣光，洪秀全自进入南京城起，就开始着手修建天王府：

> 癸丑（1853 年）四月，伪天王洪秀全改两江总督府为伪天朝宫殿，毁行宫及寺观，取其砖石木植，自督署直至西华门一带，所坏官廨民居不可胜记，以广基址，日驱男妇万人，并力兴筑，半载方成，穷极壮丽。

岂料，后来一场大火将这座天王府烧了个精光，工匠们只好重建天王府。"四年（1854 年）正月复兴土木，于原址重建伪宫，曰宫禁。城周围十余里，墙高数丈，内外两重，外曰太阳城，内曰金龙城，殿曰金龙殿，苑曰后林苑，雕琢精巧，金壁辉煌，如大兰若状。"

早在永安城中时，洪秀全就颁布了一系列诏令，实行军事化管理，规范太平军和城内百姓的言行举止。譬如，洪秀全规定："男有男行，女有女行，男习士农工商，女习针黹

太平天国妇女服饰

太平天国将士

中馈，一夫一妇，理所宜然"，将男女进行严格隔离，不许私下来往，即便是夫妻也不能同居。一经发现，立即严拿斩首示众，绝不宽恕。拜上帝会教规最为严禁犯淫，即男女不正当关系，这种违反人性的禁令遭到了太平军及辖区百姓的强烈反对。

女子以馆为单位，25 人为一馆，所有成员互称姐妹。这些被组织起来的女性不得缠足，一部分人从事削竹签、搓麻绳、挖壕沟、盘粮等后勤劳务，手巧的女子则被编入绣锦衙，其绣花处曰绣花馆。

洪秀全曾经提出过"天下多男子，尽是兄弟之辈，天下多女子，尽是姊妹之群。何得存此疆彼界之私，何可起尔吞我并之念？"的口号。定都天京后不久，太平天国就宣布一夫一妻制，对平民实行禁欲主义。与底层百姓形成鲜明对比的是，太平天国的领袖们却人人大搞特权，广选嫔妃，妻妾成群。张汝南《金陵省难纪略》一书记载："各王寿则洪贼选妃赐之，谓以酬其功，伪王固辞而受其一。洪贼及贼子寿，则各王选妃进贡，贼亦辞而受其一。选妃法，各军女巡查将本军中幼女，自十二岁至十五岁眉目清楚者，择出十余人，交女军帅装饰，送之检点；检点复于数百人中选择数十人进之伪王。伪王或留一二人，余各令回军。天王亦如是。"

早在 1851 年金田起义时，洪秀全就已经拥有 15 名后妃，1853 年 2 月，洪秀全在武昌"得十余龄殊色女子六十人"。进入南京天王府后，洪秀全更是大肆选拔美女，据说其妻妾数量有 88 位之多，连他 10 岁的儿子也分了 4 个老婆。

这么多的妃嫔，连整日与其厮混的洪秀全也无法记住她们的名字，索性废去娘娘们的名字，给她们编了号。为了给洪天王提供全方位的服务，他写了近 500 首"天父诗"，对妻妾们提出了极为严格细致的要求。譬如那首著名的"十该打"：

服事不虔诚，一该打；

硬项不听教，二该打；

起眼看丈夫，三该打；

问王不虔诚，四该打；

躁气不纯静，五该打；

讲话极大声，六该打；

有问不应声，七该打；

面情不欢喜，八该打；

眼左望右望，九该打；

讲话不悠然，十该打。

　　天王府中共计有近 2 300 名妃嫔加女官服侍洪天王。天朝门外，朱笔大书写了几行大字，其文曰："大小众臣工，到此止行踪，有诏方准进，

太平天国北伐、东征和西征图（1853 - 1856）

否则云中雪。""云中雪"是太平军形容"杀头"的隐语，一道朱字诏令将洪天王与其他人隔绝，自此洪天王在极具威仪和奢华的帝王生活中沉沦了。

太平军攻破南京后，清军迅速反扑，占领南京的第八天，向荣在南京朝阳门（现中山门）门外的孝陵卫建立了江南大营，琦善在扬州城北郊建起了江北大营，彼此呼应，威胁天京。为摆脱这种不利局面，杨秀清分别做出了"北伐"和"西征"的重大决定。北伐的目标很明确，不计较一城一地的得失，直捣清廷的老巢北京。对于北伐军，杨秀清给予了足够的重视，他挑选了 2 万最为精干的太平军去执行任务，并且任命丞相林凤祥、李开芳、吉文元等三人作为领兵大将。

1853 年 5 月北伐军从扬州出发，一路唱着"争天下，打天下，穷爷们天不怕地不怕，杀到天津卫，朝廷好让位，杀到杨柳青，皇帝爷发了昏"，经安徽、河南等地，进入直隶，一口气打到了天津，离北京城只有 240 里的距离。

北伐军的长驱直入使清廷震动，朝廷迅速做出反应，派胜保、僧格林沁迅速带兵围堵。天津知县谢子澄组织地方团练抵抗，并且掘开南运河堤岸，使天津城外成为湖泽，阻挡了太平军的前进势头。北伐军沿着堤岸前进，却遭到了来自白洋淀雁户的排枪袭击，损失惨重。北伐军在静海、独流一带停留了 3 个月，很快就陷入了清军的重围。此时正值寒冷的冬季，北伐军多是南方人，缺少御寒衣物，处境日益艰难，不少士兵被冻死，"冻毙者尸枕藉"。在这种不利情况下，北伐军被迫南撤，再次被清军围困在连镇和高唐州。

得知北伐军处境艰难，天京方面分次派出了援军北上接应。林凤祥与李开芳遂兵分两路，李开芳率精锐骑兵南下迎接北上的援军，林凤祥则继续困守连镇。清军统帅僧格林沁向城内灌水，不断有向清军投降的士兵报告城内的情况：城内遍地皆水，处处泥淖，只有李开芳支床处有一块干地，城内严重缺水。清军问，城内明明有水，为何还说缺水？投降的士兵答曰："水秽臭多蛆，人马粪溺，皆酿其中，风日熏蒸，饮者辄死。"

坚守多月后，北伐军因粮尽而逐渐不支，援军也被清兵击溃。林凤祥和李开芳被俘，不久被押到北京凌迟处死。受刑之时，林凤祥神色自若，"刀所及处，犹目光直视之，未尝出一声！"至此，北伐军全军覆没。

在北伐的同时，杨秀清又派出了胡以晃、赖汉英等率战船千余艘，兵员两三万人，自天京溯江而上西征。与北伐的悲壮收尾不同，西征的太平军在长江中游颇有收获，取得了阶段性胜利。

1856年，太平军接连攻破了清军江南、江北大营，拔掉了威胁天京的两个钉子。随着军事上的节节胜利，隐藏在太平天国内部的矛盾也逐渐显露出来。如前文所述，太平天国实行的是"二元领导体制"，这为洪秀全与杨秀清之间的权力争夺埋下了伏笔。打破江南、江北大营后，杨秀清的野心不断膨胀，二人之间的矛盾冲突也逐渐表面化，甚至发生了杨秀清逼迫洪秀全封其为万岁的事件。张汝南在《金陵省难纪略》中记载了这件事：

一次，杨秀清假陈"天父"下凡，召天王洪秀全到东王府，训斥他道："尔与东王均为我子，东王咁（客语，意为"这么"）大的功劳，何止称九千岁？"洪秀全惶恐之下答道："东王打江山，亦当是万岁。""天父"又问："东王世子岂止千岁？"洪秀全只得答道："东王既称万岁，世子亦当是万岁，且世代皆万岁。""天父"这才满意了，"我回天矣。"

杨秀清作风极度张扬，从不知收敛。每次出门都是盛陈仪仗，前呼后拥，好不威风，还动不动借"天父下凡"的表演斥责处罚其余诸王，连洪秀全也不例外，甚至敢借"天父下凡"当众打洪秀全的屁股。《天父下凡诏书二》中记载了一个故事：

一次，杨秀清曾以洪秀全虐待宫内女官为由，假借"天父下凡"，要杖责天王，当众怒斥："尔有过错，尔知么？"洪秀全立即下跪回道："小子知错，求天父开恩赦宥。"杨秀清继续训斥道："尔知有错，即杖四十。"北王韦昌辉偕同众人一再替洪秀全求情，希望"天父"开恩，赦宥洪天王的罪责，并且自愿代天王受杖。洪秀全说道："诸弟不得逆天父之旨，天父开恩教导，尔哥子自当受责。"杨秀清还是不准，仍令杖责天王。天王无奈道："小子遵旨。"即俯伏受杖。杨秀清这才道："尔已遵旨，我便不杖尔。"

洪秀全对这种冒充上帝妄传圣言的把戏毫无还手之力，因为拆穿杨秀清，自己的宗教地位也会瞬间崩塌。

杨秀清在图谋将洪秀全取而代之前，已经做了舆论准备，在科考中故意出了个题目叫"四海之内有东王"，意图非常明显。处于危险之中的洪秀全一方面提议在杨秀清生日那天为他正式封万岁，另一方面又秘密诏令领兵在外的韦昌辉、秦日纲等人赶回天京诛杀杨秀清。

接到洪天王的密诏后，韦昌辉迅速率领 3 000 人赶回天京，并在城外与燕王秦日纲会合，突袭东王府。韦昌辉之所以对讨杨如此积极，是因为二人之间早已埋下仇恨的种子。杨秀清平时飞扬跋扈，动辄对别人施以杖刑，连韦昌辉和秦日纲都未曾幸免。韦昌辉的哥哥曾因得罪了杨秀清而被五马分尸，这使得韦昌辉对杨秀清的恨意与日俱增。接到洪天王的诏令，韦昌辉会同秦日纲攻破东王府，逮捕杨秀清并将东王府满门抄斩，东王府内数千男女被杀，并设计将杨秀清的 3 000 多名部下一网打尽，城内被屠杀的军民达 2 万人。

远在湖北前线的翼王石达开得知"天京事变"的消息，迅速赶回天京，对韦昌辉的大开杀戒多有责备。杀红了眼的韦昌辉却将屠刀举向了石达开。危急时刻，石达开连夜用绳子爬出城墙逃走，躲过一劫，不幸的是城内的家人却惨遭屠戮。

韦昌辉的残暴滥杀引起了天京城内军民的公愤。在洪天王的号召下，城内军民将韦昌辉捉拿并处死，尸体被割成小块，标上"北奸肉，只准看不准取"的字样挂在外面示众。石达开这时也返回了天京，"合朝同举翼王提理政务，众人欢悦"。回归后的石达开执掌朝政，准备收拾这个烂摊子。然而，杨秀清和韦昌辉的嚣张跋扈给洪天王留下了严重的心理阴影，他开始只相信自己的家族中人。为了对石达开形成掣肘，洪天王分封了两位胞兄洪仁发和洪仁达，参与政事，牵制石达开，并有"阴图戕害之意"。

在逐渐对天国政权失去信心后，石达开决定离开天京，自立门户，并带走了 20 万精兵。一路上，他沿途张贴布告，向民众哭诉他不公正的遭遇：

为沥剖血陈，谆谕众军民：自愧无才智，天恩愧荷深。惟矢忠贞志，区区一片心。上可对皇天，下可质世人。去岁遭祸乱，狼狈赶回京。自谓此愚忠，定蒙圣鉴明。乃事有不然，诏旨降频仍。重重生疑忌，一笔难尽陈。疑多将图害，百喙难分清。惟是用奋勉，出师再表真。力酬上帝德，勉报主恩仁。惟期成功后，予志复归林。为此行谆谕，谆谕众军民，依然守本分，各自立功名，或随本主将，亦一样立勋。一统太平日，各邀天恩荣。

天京之变，君臣内讧，兄弟相残，石达开走了，东南西北，四王皆去，偌大的天京城内空空荡荡，只坐着一位沉溺于天国精神世界中的孤独的君王。多年后，军中流传着一首歌谣："天父杀天兄，总归一场空；打打包裹回家转，还是当长工。"

6年后，石达开的部队在大渡河陷入绝境，其本人在前往清军兵营谈判时被捕，后被押往成都，凌迟处死。临刑之际，石达开"自就绑至刑场，均神气湛然，无一毫畏缩态。且系以凌迟极刑处死，至死亦均默默无声，真奇男子也"！

李秀成画像
载于英国人呤唎著
《太平天国革命亲历记》

一番波折，洪秀全终于心满意足地实现了自己梦寐以求的"政教合一"。后太平天国时代，为了摆脱"朝中无将，国内无人"的窘境，洪秀全提拔了一批新人担任将领，如陈玉成、李秀成、李世贤、蒙得恩、韦俊等人。这些人全都是二三十岁的年轻人，在血与火的战争中迅速成长起来，在太平天国危急存亡之时起到了支柱作用。然而，"天京事变"发生后，人心涣散，广大太平军将士的宗教信仰受到了严重伤害，如干王洪仁玕曾说："即我天朝初以天父真道，蓄万众一心，故众弟妹只知有天父兄，不怕有妖魔鬼，此中奥妙，无人知觉。今因人心冷淡，故锐气减半耳。"

尽管有一批年轻的将领走上前台，但天国的失势已是人尽皆知，回天乏力。尽管在后期的军事上稍有起色，但却无法避免走向失败。与此同时，太平军也逐渐失去了民心，"各处民情大变，长毛亦无可如何"，"长毛因大势不好，催粮甚急"，"各处百姓团防，长毛大失势矣"。

1862年5月，曾国藩的九弟曾国荃率湘军陆师扎营于雨花台，"雪帅"彭玉麟率领湘军水师镇守河口，对天京形成包围。此时的东南战场也是恶讯频频，苏州也被围困，李秀成欲救援苏州却被洪秀全拒绝。苏州陷落后，天京城内的太平军境况日益危急，李秀成向洪秀全说道："京城不能保守，会帅兵困甚严，濠深垒固，内无粮草，外救不来，让城别走"，洪秀全不许。

李秀成再奏："若不依从，合城性命定不能保了。九帅（即指曾国荃）得尔雨花台，绝尔南门之道，门口不能尔行，得尔江东桥，绝尔西门不能为用出入！得尔七瓮桥，今在东门外安寨，深作长壕；下关严屯，粮道绝门。京中人心不固，老少者多，战兵无有，都是朝官，文人多，老者多，儿童多，妇女多，吃饭的人多，费粮费饷者多。若不依臣所奏，灭绝定也！"

李秀成的一番泣血上奏却被洪秀全严厉拒绝："朕奉上帝圣旨、天兄耶稣圣旨下凡，作天下万国独一真主，何惧之有？不用尔奏，政事不用尔理，尔欲出外去，欲在京，任由于尔。朕铁桶江山，尔不扶，有人扶，尔说无兵，朕之天兵多过于水，何惧曾妖者乎？尔怕死，便是会死。政事不与尔干，王次兄勇王执掌，幼西王出令，有不遵幼西王令者合朝诛之。"

天京被围后，城内粮食锐减，李秀成向洪秀全报告城内的情况，洪秀全竟然答道："合城俱食甜露，可以养生。"洪秀全所称的"甜露"，不过是一种野草。李秀成不得不继续上奏："此物不能食。"洪天王却不信邪："取来做好，朕先食之。"

1864年6月1日，洪秀全在天京城内病逝。临死前，洪天王还对周围的人说："朕即上天堂，向天父、天兄领到天兵，保固天京。"李秀成等扶持幼天王洪天贵福继位。

曾国荃对于攻城有一套自己的办法，那就是挖壕围城，慢慢耗。7月19日，天京城被湘军攻破，随即遭到疯狂的屠杀。曾国荃令闭门封缺口，搜杀三日，杀太平军10余万，仅王以下大小头目就有3000余人。最后在城西北隅清凉山藏伏太平军数千人出与湘军死战，全部被歼。天王府妇女多自缢，及溺城河而死。"十年壮丽天王府"，就这样被烧个一干二净。漫天的火光中，席卷大江南北持续14年，给予清王朝重大打击的太平天国就此覆灭。作为起义发起者与宗教领袖的洪秀全，从一开始就沉迷于自己创造的宗教神话中不能自拔，天国的衰亡在他自称天王的那一刻就已决定了。

历史学家邢超在《失稳的帝国》一书中这样评价太平天国："在历史的长河中，农民起义的作用大致相当于一场洪水。太平天国起义也是如此。这场洪水过后，清帝国一片狼藉：整个社会遭遇严重破坏，5 000万以上的人口在战争中消失；满洲贵族的统治遭到重大打击，不得已向汉族士绅让出部分权力；湘军集团、淮军集团产生；曾国藩、李鸿章等人感受到来自外部世界的巨大压力，这是洋务运动产生的动力。"

钱穆先生说："大家同情太平天国，认为是一个民族革命，但实际也不尽然。至少他们太不懂政治，他们占了南京十多年，几乎没有丝毫制度上的建树。""他们对下层民众，想推行均田制度，大抵是粗浅一些的社会主义，他们是有此想法的。但说到政治就太低能了。""他们国号太平天国，早可预示他们的失败。这样一个国名，便太违背了历史传统。正因为这一个集团里，太没有读书人。""若太平天国成功了，便是全部中国历史的失败了。当时洪杨不是推不翻满清，但他们同时又要推翻中国全部历史，所以他们只有失败。"

冯友兰讲："假如太平天国统一了中国，那么中国的历史将倒退到黑暗时期。"梁启超更是毫不留情地指出："所谓太平天国，所谓四海兄弟，所谓平和博爱，所谓平等自由，皆不过外面之假名。至其真相，实与中国古来历代之流寇毫无所异。"

无论怎样评价太平天国，它的兴起对当时的政局产生了重大影响，将绿营兵的畏战腐朽展露无遗，而这一结果又直接导致了以湘军为代表的汉族地主武装的崛起。虽然清政府对地方汉族武装并不信任，但正规军八旗与绿营早就连根子都烂掉了，不得不倚重于湘军。湘军的组建为后来淮军的兴起开辟了道路。中央集权权力开始下移，地方督抚力量逐渐强化。钱穆说："太平天国是失败了，而满清政权，也就从此逐渐转移到中国人（汉族）手里。中国人（汉族）出任封疆大吏的也多了，军队变成湘军与淮军，便逼出满清政府以后之变法。"

归根结底，太平天国是一场落后、失败的"乌托邦试验"，如同历次王朝末期的大规模民变一样，太平天国本就是"秦制"下周期性危机中专制朝廷与民间社会的一次冲突。洪秀全梦想着建立一个"普天之下皆兄弟""有田同耕，有饭同食，有衣同穿，有钱同使，无处不均匀，无人不饱暖"的人间天国，然而他却在打下南京，建立太平天国政权后，大修宫殿，广纳美女，带头搞特权，搞腐败。南京被围时，洪秀全也许早就意识到了天国不过是一个虚幻的愿景，大梦即将就要结束，索性不睁眼，让天国之梦伴随着自己一同毁灭吧……

第四章　洋务运动：传统王朝的『洋跃进』

鸦片战争后，『康乾盛世』已经成为爱新觉罗王朝的一个回忆，吏治腐败、财政枯竭、外交疲软，改革势在必行，先行者们开始踏上了漫长的改革道路，他们能成功吗？

1861 年的紫禁城，寒风萧萧。

就在前一年，英法联军攻入北京城，在紫禁城点燃了一把火。当浓烈的火光冲天而起，重重烟雾遮蔽了天空，两个强盗带着辉煌战果，臂挽着臂回到了欧洲。漫天火光中，一个古老民族的伤口在滴血。

鸦片战争后，"康乾盛世"已经成了爱新觉罗家族的一个回忆，腐朽与没落成了王朝的代名词。眼下的大清帝国内忧外患不断，南有太平军步步紧逼，北有捻军肆意蹂躏。帝国的八旗军和绿营已丧失战斗力，一次次将无能展现在世人面前。面对英法联军的长驱直入，咸丰皇帝在和谈破裂的情况下，独自逃往热河行宫，将北京城的烂摊子扔给

总理衙门老照片

了恭亲王奕訢。

奕訢是道光帝第六子，咸丰帝同父异母兄弟，一度曾是皇位的有力竞争者。虽然后来咸丰在立储之争中胜出，但心中对奕訢的提防之心从来没有松懈过。咸丰十年（1860 年）英法联军攻陷北京，奕訢奉命以亲王身份被留在京城独撑危局，分别与英、法、俄签订了《北京条约》。在与洋人的交涉谈判中，奕訢逐渐得到了洋人的认可，并在北京拥有了自己的政治精英盟友。

英法联军退出北京城后，奕訢会同桂良、文祥，给远在热河的咸丰皇帝上了一道奏折，这就是那道著名的《统计全局酌拟章程六条呈览请议遵行折》。

亲历京师横遭英法血洗之痛的奕訢，开始深入思考清帝国面临的种种困局，以及解局之策。他用三国旧事做比较："是今日之御夷，譬如蜀之待吴"，"今该夷虽非吴、蜀与国之比，而为仇敌则事势相同。""发捻（太平军、捻军）交乘，心腹之害；俄国壤地相接……肘腋之忧；英国志在通商……肢体之患也。"面对危如累卵的时局，奕訢开出的药方是："灭发捻为先，治俄次之，治英又次之。"攘外必先安内，只有彻底解决国内的太平军与捻军，才能腾出手来应对不怀好意的洋人。

为了挽救时局，奕訢提出了六条措施：

一、京师请设立总理各国事务衙门，以专责成也；

二、南北口岸请分设大臣，以期易顾也；

三、新添各口关税，请分饬各省就近拣派公正廉明之地方官管理，以期裕课也；

四、各省办理外国事件请饬该将军督抚互相知照，以免歧误也；

五、认识外国文学，通解外国语言之人，请饬广东、上海各派二人

恭亲王奕䜣

来京差委，以备询问也；

六、各海口内外商情并各国新闻纸请饬按月咨报总理处，以凭核办也。

当然，奕䜣自己也承认，这六条章程仅为治标之策，"探源之策，在于自强；自强之术，必先练兵"。故这六条加练兵，便构成了洋务自强之总纲。

这是一道在近代史上起过重要作用的奏折，由此揭开了晚清洋务运动的序幕，以恭亲王奕䜣为首的改革派也踏上了挽救国家危亡的艰难探索历程。

1861 年 1 月 20 日，咸丰皇帝下谕，批准成立了"总理各国事务衙门"，由奕䜣、桂良、文祥担任总理衙门大臣，办公地点选在了东堂子胡同 49 号，原为清大学士赛尚阿的宅邸。

众所周知，古代中国有着一套根深蒂固的"华夷秩序"观念，中原王朝与周边藩邦属国以"朝贡制度"为媒介，直到晚清，帝国统治者仍然是从"朝贡体系"出发开展各类外交事务，这种结构体现了天朝大国居中驭外的政治理念，体现了"上国"与"夷狄"之间的不平等。鸦片战争前，清政府认为同外国的关系仅仅是"理藩而已，无所谓外交也"！

当时的清政府对外交往事务全部交由理藩院和礼部共同处理，二者的分工大致是这样的：由东、南海路来的外交事务由礼部处理，从西、北陆路来的外交事务由理藩院负责。即便如此，受华夷观念的影响，理藩院和礼部都算不得平等往来的外交机构。

对当时的中国来说，外交近代化已是一个迫在眉睫的重大课题。

1843年，为了管理新形势下的外交事务，清政府被迫设立"五口通商大臣"，驻广州，由两广总督兼任，后来又改为两江总督兼任。这种做法有很多弊端，就拿广州和上海为例，这一职务虽然设在广州，但在具体操办过程中却互不统属，除广州外，其他口岸的外交事务均由当地的督抚、道台处理，最终的结果是各口岸的外交政策不一致，出现了一定程度上的混乱。

另一方面，由于地方督抚们在外交上缺乏最高决策权，使得一些外交事务经常出现皇帝和地方督抚们互相踢皮球的情况。御史陈庆松就曾直言这种弊端："向来办理夷务，本来通盘筹划。不过来到天津，支应回广东去，而广东亦不过搪塞了事，故事终不了。夷人机警，窥破此情，故于我全用劫法。不独叶名琛被劫去，近日抚局亦系劫成。"

奕䜣等人自然明白这些弊端，为了应对新的国际形势，亟需一种平等的专门负责外交事务的国家机构，总理各国事务衙门应运而生。这原本只是一个临时性的机构，接管以往礼部和理藩院所执掌的对外事务，后来成为一个常设机构。随着洋务运动的不断深入，总理衙门的职权也不断扩大，由最初的通商和外交延伸到学堂、关税、铁路、矿务、海防、传教、火器、轮船、电报等等。总之，总理衙门的设立是一个标志性事件，政府职能开始转化，从这里开始，国人逐渐摒弃了华夷观念，被动地去接触外部世界。

鸦片战争后，林则徐、魏源等人提出了"师夷长技以制夷"的思想，而在奕䜣看来，只有"知夷"，才可以"师夷"进而"制夷"。洋务派要学习西方先进的科学技术，与洋人打交道，必须要有一批优秀的翻译人才，而这恰恰是当时的清帝国急缺的。

有这么一则故事：1862年，日本著名的教育家福泽谕吉在伦敦和一个中国朋友闲聊，两人谈起两国当时能教洋书的有多少人时，福泽谕吉估计日本大约有五百人，中国朋友预计只有十一个人。数字虽未必精确，但当时的清朝缺乏翻译人才也是不争的事实。

由于不懂翻译，清政府在签订屈辱条约时处处受制。当初奕䜣在北京时，让被俘的英国人巴夏礼写信给英法联军，协商议和事宜。巴夏礼用中文写了一封信，末尾加了几行英文。奕䜣和身边的人不知何意，不敢把信发出去，后来听说天津有一名叫黄惠廉的广东人识得英文，于是急忙请黄惠廉来京识别，最后得知那几行英文不过是巴夏礼的英文签名及年月日。这个不大不小的事件让奕䜣深受刺激，和议成后，奕䜣痛定思痛，在给朝廷的奏折中说："查与外国交涉事件，必先识其性情，今语言不通，文字难辨，一切隔膜，安望其能妥协？"

为了配合总理衙门办理外交事务并培养中国的翻译人才，奕䜣准备在北京设立一个洋务学堂。1862年7月17日，奕䜣的想法终于变成了现实，京师同文馆在北京正式开课，它的成立，算得上是中国近百年来教育现代化的开端。

同文馆创办之初，只有英文馆，后来陆续开设了俄文馆和法文馆，全部学员仅有30人，学习时间为三年。这些学生大多来自八旗子弟，"天资聪慧，年在十三四以下者"。

此后，同文馆从过去单纯的外语教学变成以外语为主、兼习多门西学的综合性学校，还建成了近代中国最早的化学实验室和博物馆。同时，同文馆还设了印书处和翻译处，先后编译、出版了西方自然科学及国际

同文馆中的中国学生

法、经济学方面的书籍 20 余种。

1867 年，同文馆增设天文、算学馆，学员从正途人员中选拔，年龄放宽到 30 岁，举人、优贡生及科举出身的五品以下京外各官都可以来同文馆学习数学、天文等西方基础科学知识。当时著名的洋务思想家冯桂芬也认为："一切西学皆从算学出。"单纯的学习外语意义不大，要想"师夷长技"，造出洋枪洋炮，就必须去学习洋人机器的制造原理，就必须要懂各类知识。

奕䜣的想法是："开馆求才，古无成格。惟延揽之方能广，斯聪明之士争来。因思洋人制造机器火器等件，以及行船行军，无一不自天文算学中来，现在浙江上海等处，讲求轮船各项，若不从根本上用着实功夫，即学习皮毛，仍无俾于实用。"

可是这样一来，却大大地刺激了道学先生们的敏感神经，引发了一场轩然大波。奕䜣的意见遭到了朝中众人的反对，当时的人认为入天文算术馆学习，是一件非常丢脸的事，"以中华之儒臣而为丑夷之学子"，简直等同于认贼为父。御史张盛藻上疏抗议："朝廷必用科甲正途者，为其读孔孟之书，学尧舜之道，明体达用，规模宏远也，何必令其学为机巧，专明制造洋枪之理乎？……天文算法，宜令钦天监天文生习之；制造工作，宜责成工部督匠役习之。文儒近臣，不当崇尚技能，师法夷裔。"他认为天文、算学这些东西招一些钦天监的学生来学习就行了，而制造技术找些工匠去学习就可以了，怎么能让朝廷的进士、科班出身的官员去学习这些西洋玩意儿呢？

张盛藻的奏折被皇帝谕旨严厉驳回："朝廷设立同文馆取用正途学习，原以天文、算学为儒者所当知，不得目为机巧，正途人员用心较精，则学习自易，亦于读书学道，无所偏废，是以派令徐继畬总管其事，以责专成，不过借西法以引证中法，并非舍圣道而入歧途，何至有碍于人心士习？"

奕䜣也针锋相对回应道："若夫以师法西人为耻者，其说尤谬。此说甚谬，夫天下之耻，莫耻于不若人。查西洋各国，数十年来，讲求轮船之制，互相师法，制作日新，独中国狃（意为拘泥）于因循积习，不思振作，耻孰甚焉！……今日之学，学其理也，乃儒者格物致知之事，并非强学士大夫以亲执艺事也，又何疑乎？"

同文馆增设天文算学馆，表面看来只是学校的发展问题，背后体现的却是西学东渐的进一步深入。张盛藻轻易地败下阵来了，这时保守派另一位重量级人物出马了，身为帝师的大学士倭仁当时发表了一句名言：

立国之道，尚礼义不尚权谋；根本之图，在人心不在技艺。……天下之大不患无才，如以天文、算学必须讲习，博采旁求必有精其术者，何必夷人？何必师事夷人？……议和以来，耶稣之教盛行，无识愚民，半为煽惑，所恃读书之士，讲明义理，或可维持人心。今复举聪明隽秀、国家所培养而储以有用者，变而从夷，正气为之不伸，邪气因而弥炽，数年以后，不尽驱中国之众成归于夷不止！

倭仁认为，天文、算学乃夷人之学问，仇人之学问，且没多大用途，以中国之大，何患无有人才，就算要学习天文算学，中国也有精通此道者，又怎能以仇人为师呢？长此以往，祸患无穷，恐会有亡国灭种的危险。

倭仁是道光朝的进士，同治帝师，晚清著名的理学大师，同时也是曾国藩的老师，在士人中威望极高。他的话一出，立刻被很多守旧派奉为经典，广为传诵。在研究晚清这段历史时，许多人都认为倭仁在这个大变局中扮演了顽固的守旧角色。然而，如果我们去研究当时的情势，则会发现，倭仁不过是中国传统文化的最后捍卫者。他对国家命运深切忧虑，面对西学东渐对中国传统文化造成的强大冲击，倭仁痛切地感受到"华夏之大防已溃"，他将中国传统文化作为救国的唯一法宝，他担心"变夏为夷"，如果士人都"奉夷为师"，那么他们就不可能"尽力报国"，反而会"为夷人用"，为此，他不惜将问题的严重性夸张到有亡国灭种危险的地步。

奕䜣毫不示弱，以守为攻，抓住倭仁奏折中的"天下之大不患无才，如以天文、算学必须讲习，博采旁求必有精其术者，何必夷人？何必师事夷人？"一句，反诘倭仁：既然你说"中国天下之大不患无才，必有精通天文算学者"，那么何不立即"酌保数员，择地另设一馆，与同文馆互相砥砺，共收实效"呢？你不是说中国之大不患无才，那你就找几个有才之人，另办一馆，与我们的同文馆比试一下，看看效果嘛。

这下子倭仁傻眼了，他哪懂什么洋务？不得不上奏称"并无精于天文算学之人，不敢妄保"。倭仁之前主张"以忠信为甲胄，礼义为干橹"，抵御外侮，而仅凭儒家的忠信礼义这些道德思想，又怎么可能和"夷人"的洋枪洋炮对抗呢？

几经折腾，倭仁脸面上终于挂不住了，他申请辞职，不准，再辞职，仍不被批准，干脆称病不去上班。慈禧太后无可奈何，只好答应他"准开一切差使，仍以大学士在弘德殿行走"，才算了结了此次纷争。

表面上看，奕䜣在此次纷争中胜出，但这么一闹，北京城中对同文馆的各种流言蜚语不胫而走。倭仁的举动虽然遭到朝廷的压制，却得到不少保守派人士的声援与支持。不少好事之徒到处贴纸条，甚至有人做出了这样一幅对联："诡计本多端，使小朝廷设同文之馆；军机无远略，诱佳弟子拜异类为师。"更有甚者拿"同文馆"的"同文"二字大做文章，说它"未同而言，斯文将丧"，又曰："胡闹胡闹！教人都从了天主教！""孔门弟子，鬼谷先生。"候补直隶知州杨廷熙呈递条陈道："西学"乃"西洋数千年魑魅魍魉横恣中原"之学，甚至认为"同文馆"三字是宋代奸臣蔡京残害忠良的狱名，"非美名也"，他以"久旱不雨""灾异"等天象之变为由奏请撤销同文馆。

在不明事理的社会舆论面前，奕䜣只能感叹："是臣等未有失人心之道，人心之失，倡浮言者失之也！"

历时半年之久的同文馆之争虽然结束了，但却给同文馆的招生带来很大的困难。奕䜣指出："当御史张盛藻条奏此事，明奉谕旨之后，臣衙门投考者尚不乏人；自倭仁倡议以来，京师各省士大夫聚众私议，约法阻拦，甚且以无稽谣言煽惑人心，臣衙门遂无复有投考者。"

结果，报考同文馆的仅有 98 名，其中只录取了 30 人，很快又淘汰了 20 人，剩下 10 人，最后也只有 5 人毕业。由于遭到士子们的集体抵制，算学馆名存实亡。

虽然遭受着"以夷变夏"的谴责，但以奕䜣为首的改革派几乎别无选择。和任何改革一样，洋务运动也有不容涉及的禁区，比如海军的统领问题。

在一系列对外战争中，清军吃够了洋人坚船利炮的亏，太平军长期从他们的"洋兄弟"手中高价购入洋枪洋炮。庙堂上的奕䜣自然也深知此理，邀请代理中国海关总税务司赫德用海关税银购买炮舰。赫德得到命令后，通知在英国养病的海关总税务司李泰国，委托他就近代为办理。李泰国于是从英国购买了炮艇 6 艘、供应船 1 艘、快艇 1 艘，又自作主张地为中国的海军设计好了军旗，招募皇家海军官兵 600 余人，组成了舰队，聘任英国海军上校阿思本为舰队指挥官。李泰国和阿思本还私自制定了一份《英中联合舰队章程》，将舰队控制权牢牢握在自己手中。

李泰国强调："我对中国人的态度是这样的：如果我帮助你们征税，只要外国人的质疑是对的，你们必须去做。如果你们不做的话，我就停止帮助你们……中国政府太腐朽了，不能依靠。我正努力要建造的结构的基础，得人工来创造。我的地位是作为一个外国人受中国政府雇佣来替他们执行某些工作，而不是受他们的差遣。我根本不需要说，一个高贵的人受亚洲野蛮人差遣的想法是非常荒谬的。我不是中国官员，而是一个没有头衔但有很高的地位和影响力的外国顾问。因为我受到信任，受到尊重。"

清政府当然不答应。总理衙门惊呼："其意竟思借此一举，将中国兵权、利权全行移于国外。"奕䜣在接到这份合同后，大吃一惊："原来英国人想借此一举将中国兵权、利权全夺走"，拒绝在合同上签字；曾国藩声称，如果阿思本舰队不听从指挥，则拒绝该舰队进入两江地区；洋务派重臣文祥也放出狠话——"清廷宁可退到长城以外"，也不接受这一结果。当时清军已将南京团团包围，剿灭太平军的胜利就在眼前，李鸿章也明确表示："金陵已成合围之势，可勿庸外国兵船会剿。"

最终，为避免领导权旁落，清政府以"中国费数百万之帑金，竟不得一毫之权柄"和"中国兵权不可假于外人"为由，退回了这支舰队。这一举动不但导致 67 万两白银的损失，而且把中国海军的现代化进程推迟了十几年。

细心的读者也许会发现，上文中提到的中国海关总税务司竟然是一名外国人！

鸦片战争失败以后，随着通商口岸的开辟，清政府对外贸易不断扩大，在不到 20 年的时间里，海关已成为帝国最重要的经济机构和财政来源之一。与之形成鲜明对比的则是清朝海关衙门极度腐化，效率低下，他们使用传统的税收办法，而且偷税漏税十分严重，管理相当混乱。受上海小刀会起义的影响，上海海关甚至瘫痪停摆。

为了协助地方当局恢复上海海关，英、美、法等国开始参与中国海关事务，他们带来了一套全新的西式管理办法，建立了一整套科学、严密、高效的管理制度，彻底改变了中国海关腐败混乱的面貌，让海关成为贪腐盛行的清政府中唯一一抹亮色，同时也为清政府上缴了巨额海关税银。1861 年，海关税收为 496 万两，到 1887 年，海关税收达到 2 000 万两，占清政府财政收入的 24.35%；1903 年，海关税收总额超过了 3 000 万两白银，关税成了清政府最稳定、最可靠的财源。

中国海关的健康运行离不开李泰国和赫德等洋人。李泰国因阿思本舰队一事与清政府关系不洽，由赫德接任。1863 年，不到 30 岁的赫德被任命为海关总税务司。赫德性格平和，很清楚自己的位置，在工作中尽心尽力，他上任之初便对雇员们说，必须时刻谨记在心，海关税务司署是中国衙门，不是洋机构，每位职员必须按照中国人的意志行事。有人用"三不停"概括他勤奋而繁忙的工作状态：脑不停、手不停、腿不停。因为能够上缴巨额海关税款，赫德成了清政府的"财神爷"，备受关注，一

赫德

干就是 50 年，期间还拒绝了英国聘任其为驻华公使的邀请。恭亲王奕䜣对赫德就颇为满意："赫德虽系外国人，察其性情，尚属驯顺，语言亦多近礼。于中外撮合之处，为力居多"，并亲切称之为"我们的赫德"。

如果说奕䜣是洋务运动的领袖，那么李鸿章等人则算得上是洋务运动的主将。在率领淮军进驻上海时，李鸿章就被洋枪洋炮深深吸引，他在给恩师曾国藩写信时说："洋兵数千枪炮并发，所当辄靡。其落地开花炸弹真神技也！"又说："若火器能与西洋相挣，平中国有余，敌外国亦无不足。""中土若于此加意，百年之后，长可自立。"

曾国藩

1861年，曾国藩在安庆创设了第一个仿制西式武器的近代军事工业，清军攻陷南京后，该厂由安庆迁到南京，改名为金陵机械制造局。1862年，李鸿章在上海、苏州先后建立了洋炮局，左宗棠在福州相继办起了福州船政局，并把新兴的洋务产业推进到了边远地区，在西安、兰州等地创办了一批军事及民用企业；张之洞也步李鸿章的后尘，相继创办了广东水陆师学堂及汉阳炼铁厂，并主持修筑了京汉铁路。我们先从李鸿章说起。

李鸿章

李鸿章自称"少年科第，壮年戎马，中年封疆，晚年洋务"，梁启超曾慨叹道："李鸿章所以为一世俗儒所唾骂者，以洋务；其所以为一世鄙夫所趋重者，亦以洋务。"李鸿章的洋务思想启蒙于太平天国运动时期，他的后半生是和洋务紧紧联系在一起的，可谓是成也洋务，败也洋务。在走向近代化的路上，李鸿章屡开先河，我们来简单捋一下李鸿章在洋务运动中具体兴办了哪些大事：

1863 年，开设外国语学馆（广方言馆）于上海。

1865 年，与曾国藩开设江南制造局于上海。

1870 年，开设机器制造局于天津。

1870 年，筹办通商日本并派员往驻。

1871 年，拟在大沽设洋式炮台。

1872 年，与曾国藩派遣幼童赴美留学。

1872 年，开设轮船招商局。

1872 年，奏请开设煤铁矿。

1875 年，筹办铁甲兵船。

江南机器制造局

1875 年，奏请遣使日本。

1875 年，奏请在各省设立洋学局，分格致测算、舆图、火轮机器、兵法、炮法、化学、电学诸门，择通晓时务大员主之，并于考试功令稍加变通，另开洋务进取一科。

1876 年，派遣下级军官赴德国学习陆军，派遣福建船政学校的学生赴英、法学习造船、驾船。

1880 年，开始购进铁甲船。

1880 年，开设水师学堂于天津。

1880 年，开设南北洋电报局，请修建铁路。

1881 年，开设开平矿物商局。

1881 年，创设公司船赴英贸易。

1881 年，招商接办各省电报。

1882 年，筑旅顺船坞，建设军港。

1882 年，开设商办织布局于上海。

1885 年，开设武备堂于天津。

1887 年，开办黑龙江漠河金矿。

1888 年，成立北洋海军。

1894 年，开设医学堂于天津。（梁启超：《李鸿章传》）

李鸿章洋务思想的核心可以归纳为两个字：求强，主要体现在军事上。在与洋枪队的联合作战中，李鸿章还发现洋人不仅火器犀利，而且部队纪律严明。他认为，清军之所以无法战胜洋人，不仅仅是武器太落后，差距还体现在兵制上，眼下朝廷的军队"靖内患或有余，御外辱则不足"，因此他希望通过购买西方的坚船利炮，同时变易兵制，裁撤绿营，建立新军。

淮军是李鸿章发家的基础，因此他首先从自己的淮军入手彻底整顿部队的武器和训练问题。在淮军的示范和引领下，其他军队也纷纷效仿，清军的战斗力得到了极大的提升，这在此后的中法之战中得到了充分验证。

19世纪60—70年代，中国的边疆与海防同时出现了巨大危机。阿古柏势力入侵新疆占领了大部分地区，俄国居心叵测，打着替清廷讨伐阿古柏的旗号夺取伊犁；东南海疆，日本以弱旅入侵台湾，清政府无力东顾，不得不承认日军侵台为"保民义举"，以白银50万两换取日军撤离台湾了结。于是在1875年，朝堂之上爆发了一场海防与塞防之争。李鸿章上了那道著名的《筹议海防折》：

历代备边多在西北，其强弱之事，主客之形，皆适相持，且犹有中外界限。今则东南海疆万余里，各国通商传教，往来自如。阳讬和好，阴怀吞噬，一国生事，诸国构煽，实为数千年来未有之变局。轮船电报，瞬息千里，军火机器，工力百倍，又为数千年来未有之强敌。而环顾当世，饷力人才，实有未逮，虽欲振奋而莫由。

易曰："穷则变，变则通。"盖不变通，则战守皆不足恃，而和亦不可久也。近时拘谨之儒，多以交涉洋务为耻，巧者又以引避自便。若非朝廷力开风气，破拘挛之故习，求制胜之实际，天下危局，终不可支；日后乏才，且有甚于今日者。以中国之大，而无自强自立之时，非惟可忧，抑亦可耻。

左宗棠则对此提出了相反的意见，他主张"东则海防、西则塞防，二者并重"，上奏说："重新疆者，所以保蒙古；保蒙古者，所以卫京师。"慈禧太后受到触动，最终同意了左宗棠的西征，左宗棠也不负众望，成功收复了新疆。

由此，后世史家在论及"海防与塞防"之争时，给李鸿章扣了一顶卖国贼的大帽子，而高度褒赞左宗棠为民族英雄。事实上，李鸿章从未公开宣扬过"放弃新疆"，左宗棠称无论重塞防还是重海防，都是爱国之举："今之论海防者，以目前不遑专顾西域，且宜严守边界，不必急图进取，请以停撤之饷习济海防；论塞防者，以俄人狡焉思逞，宜以全力注重西征，西北无虞，东南自固。此皆人臣谋国之忠，不以一己之私见自封者也。"

李鸿章将"练兵"与"制器"放在同等重要的位置，"制器与练兵相为表里。练兵而不得器，则并无用；制器而不得其人，制器必无成。西洋军火日新月异，不惜工费而精利独绝，故能横行于数万里之外。中国若不认真取法，终无以自强。"早在1862年，李鸿章就开始请人制造西洋武器，并把李善兰制造的两尊大炮和几发炮弹送给了曾国藩。1865年，曾国藩、李鸿章等人在上海创办了江南制造局，这是洋务派开设的规模最大的近代军事企业。

江南制造局初期主要生产武器弹药，然而由于缺乏相应的技术和人员，生产效率低下，导致产品质量低劣。不得已，李鸿章只得从国外购买轻武器。随后，江南制造局转产，在1868—1875年间建造了6艘木质轮船，同样的，由于成本远高于国外轮船，李鸿章不得不叫停造船项目，继续从国外购买军舰。

在此后的几年间，江南制造局陆续设置了火药厂、枪厂、炮弹厂、水雷厂、熟铁厂、木工厂、轮船厂、码头等，但其建造的重炮、轮船等已远远落后于西方国家，连李鸿章的淮军都不再使用制造局生产的武器弹药。更严重的是，由于制造局长期依赖国外的人员和技术，加上官办企业的管理混乱、任人唯亲、效率低下、虚报费用、贪污浪费严重，江南制造局的制造成本居高不下，无法同国外的产品进行竞争。

江南制造局的管理有多混乱？有这么一个例子：郭嵩焘曾出使英国，回国的船上，郭嵩焘和在江南制造局工作的英国人傅兰雅交谈，傅兰雅告诉郭嵩焘这么一件事：

一次，傅兰雅前往江南制造局铸枪厂，见一童工"开通内膛"的方式不对，傅兰雅告诉他这样做不行："此当开通内膛，舍长用短，是不求通也。"童工反而回答自己工资太少，"不过挨延岁月而已"，反正上面的人又不会知道，要傅兰雅别多管闲事。傅兰雅虽是英国人，但他毕生的梦想都是希望中国"多兴西法，推广格致，自强自富"，面对此情此景，不由得感叹，洋务改革也"不过挨延岁月而已"。

即便如此，李鸿章依然不言放弃，曾有人借口福建造船厂制造轮船花费太多而主张放弃时，李鸿章坚决反对："臣愚以为，国家诸费皆可省，惟养兵、设防、练习枪炮、制造兵轮之费万不可省，求省费则必摒除一切，国无兴立，终不得强矣。"

李鸿章在"自强"的同时，也承担着"求富"的责任。既然纯粹官办的项目行不通，那就试试官督商办，于是，李鸿章引入了民间资本，首采股份制，开办了轮船招商局。

沙船运输业在咸丰道光年间一度空前繁荣。鸦片战争后，中国诸多港口对外开放，西方轮船的涌入，多家洋行垄断了轮船运输生意，将中国传统的沙船客货运输业逼到了溃灭的地步。

事情着落在李鸿章身上，他开始组织华商开办轮船招商局。1872年8月，招商局第一个正式章程《轮船招商节略并各项条程》出炉，明确规定企业的性质是"官商合办"，因其中没有涉及到公司具体的股权分配问题，胡雪岩等巨商对此并不感冒。唐廷枢曾一针见血地批评道："商人只有出钱的义务，却没有经营的权力。生意赚了还好说，做赔了可找谁去理论？"

随后招商局又进行了改组，重拟了《招商局条规》。在李鸿章的运作下，轮船招商局聘请了两位"职业经理人"唐廷枢和徐润为责任人，引入西方的管理模式进行企业运作。1873 年 7 月，两人开始负责轮船招商局工作，他们坚持"局务由商任不便由官任"，通过市场经济原则进行招股。有了朝廷"官督"层面的政策支持，又有经验丰富的"职业经理人"之间的通力合作，招商局迅速打开局面，其股票深受私人投资者欢迎，出现求过于供局面，逐年盈利，一举成为当时中国民用企业乃至亚洲国家自办企业的佼佼者。李鸿章也欣然自称："招商轮船，实为开办洋务四十年来最得手文字。"

然而好景不长，随着 1883 年上海的金融风潮袭来，以及次年春清军在中法战争中的失利，再加上李鸿章一系列错误的人事调整，使得招商局民间资本最终无法逃脱被官僚体系吞没的命运。为了保证轮船招商局运营的独立性，唐、徐等人早就提出尽量避免官方干预，"依期分还，币息陆续缴官，嗣后商务由商任之，盈亏商认，与官无涉，请免派员"。然而，李鸿章还是强行将自己的得意门生盛宣怀塞了进来，民营资本被剥削压榨，招商局被视同"官产"，"官督商办"进入"官办"的阶段。曾积极入股招商局的郑观应在《商务叹》中慨叹道："轮船招商开平矿，创自商人尽商股"，"办有成效倏忽变，官夺商权难自主"，"名为保商实剥商，官督商办势如虎。"

此后的轮船招商局开始走上下坡路，经营形势每况愈下。

与此同时，与清帝国隔海相望的日本在明治维新期间大力扶持民间私营企业，将官营工厂出售给民间，不与民争利，甚至将官船无偿交给"三菱"公司使用，才有了日本经济的腾飞。

随着工商业的发展，李鸿章在国内开办了大量的实业，如矿务、铁路、医学，等等。虽然西方的坚船利炮打开了中国的大门，然而保守陈旧的思想观念却依然强大，受观念和利益的影响，洋务派几乎每做一件事，都会遭到反对派的攻讦与抵制。在李鸿章主导的洋务事业中，争议最多、阻力最大的非修建铁路莫属。

铁路进入中国之初，老百姓担心其破坏风水，视其为洪水猛兽，竭力阻碍。要想在这个传统古老而封闭的帝国修建一条铁路，又何尝是一件容易之事？1863 年，以英商怡和洋行为首联络英、法、美三国 27 家洋行向李鸿章提出建议，允许他们修建一条自上海至苏州的铁路。李鸿章当时对铁路还不太了解，他担心洋人利用铁路深入内地，果断拒绝了洋人的建议。"三国所觊觎者，在苏州未通商地方，竟以开路为主；其用意似有深浅之殊，其关系亦有轻重之别。"后来的发展表明，李鸿章的担心纯属多余。

1864 年，怡和洋行又邀请了在印度从事铁路建筑的英人斯蒂文生来到中国，规划了数条纵横内地的铁路网，结果再次被朝廷拒绝。

1865 年，英国商人杜兰德在北京永定门外铺设了一条长约一华里的铁路，被京城百姓视为妖物，引起轰动。步军统领随后紧急将其拆除。

1876 年，英国商人索性采取了欺骗的手段，对外宣称是要修筑一条上海至吴淞的普通马路，以此获得了地方政府的支持，暗地里却在最短的时间内修建了一条铁路，待上海道台发现时，机车升火鸣笛开始试运行，生米已经做成了熟饭。这条铁路通车后，每天往返六次，路边观者云集，乘客天天爆满。据《申报》的记述，火车启动时，"先闻摇铃之声，盖示众人已必就位，不可再登车上。坐车者尽面带喜色，旁观亦皆喝彩，注目凝视，顷刻间车便疾驶，身觉遥遥如悬旌矣。"

不想，铁路投入运营一个多月后，火车轧死了一名行人，引发轩然大波。经过反复交涉后，两江总督以 28.5 万两白银的价格买下了这段铁路，次年将其拆除，轨条被运往台湾，火车则被扔进了长江。

与朝中顽固的反对派不同，李鸿章很快就认识到了铁路的军事作用。1872 年，李鸿章给丁日昌写信说："电线由海至沪，似将盛行。中土若竟改驿递为电信，车为铁路，庶足相持。闻此议者勘不咋舌。吾谓百数十年后，舍是莫由。公其深思之！……俄人坚拒伊犁，我军万难远役，非开铁路则新疆、甘陇无转运之法，即无战守之方。俄窥西陲，英未必不垂涎滇蜀，但自开煤铁矿与火车路，则万国蹜伏，三军必皆踊跃，否则日蹙之势也。"

为了争取朝廷对修建铁路的支持，李鸿章不断向朝廷强调铁路运兵、防备俄国的作用："中国与俄接壤万数千里，向使早得铁路数条，则就现有兵力，尽敷调遣。如无铁路，则虽增兵增饷，实属防不胜防。盖处今日各国皆有铁路之时，而中国独无，譬犹居中古以后而屏弃舟车，其动辄后于人也必矣。"即便如此，反对的声音依然占据了大多数，李鸿章于是发誓再也不提修建铁路之事。

然而形势逼人，作为一名实干家，李鸿章骨子里的忧患意识和担当意识不容许他沉默下去。1880 年 12 月，清廷召赋闲在家的前台湾巡抚刘铭传进京，商议应付日趋严重的边疆危机。刘铭传进京之后，上了一道奏折：《筹造铁路以求自强折》，呼吁朝廷大修铁路，以巩固国防。他提出：

用兵之道，贵审敌情。俄自欧洲起造铁路，渐近浩罕，又将由海参崴开路以达珲春。此时之持满不发者，非畏兵力，以铁路未成故也。不出十年，祸且不测。

若铁路造成，则声势联络，血脉贯通，裁兵节饷，并成劲旅，防边防海，转运枪炮，朝发夕至，驻防之兵即可为游击之旅，十八省合为一气，一兵可抵十数兵之用，将来兵权、饷权俱在朝廷，内重外轻，不为疆臣所牵制矣。

若一旦下造铁路之诏，显露自强之机，则气势立振，……不独俄约易成，日本窥伺之心亦可从此潜消矣。

刘铭传奏折背后的操纵者正是李鸿章。慈禧太后接到奏折后，让各位督抚议一议。翰林院侍读学士张家骧上奏表示反对修筑铁路，他提出了三条弊端：影响民间田亩、房舍、坟墓，百姓平添纷扰；洋人会借机深入内地，借端生事；一旦铺设铁路，由上海、汉口入京者，大半归于陆行，天津码头将从此而衰。

李鸿章随后具折声援刘铭传，他写了一封4 000余字的长折，对张家骧的"三弊"逐一予以驳斥，阐述了欧美各国富强的原因："有轮船以通海道，复有铁路以便陆行"，并列举了集兵、运输、军饷、通讯、救灾、拱卫京师等九条修建铁路的好处。

顽固派说，修建铁路会给民间车马及往来行人带来不便。李鸿章提出两种解决办法，一种是"旱桥"即今天的立交桥，一种是在铁道两边设立栅门，火车通过时暂停行人通过。

最后，这位为洋务运动操劳了大半生的老者吐露了自己的心声："鸿章老矣，报国之日短矣，即使事事顺手，亦复何补涓埃！所愿当路大君子务引君父以洞悉天下中外真情，勿徒务虚名而忘实际，狃常见而忽远图，天下幸甚！大局幸甚！"

然而，近十年过去，朝堂内的保守派势力依旧强大，朝廷做出如下批示："铁路断不宜开，刘铭传所奏，着无庸议。"

这次铁路大讨论又以洋务派的失败而告终。李鸿章在失望之余，采取迂回策略，他在自己创办的开平矿务局偷偷修建了一条唐山至胥各庄的铁路，全程 9.7 公里。为避免引起朝廷非议，这段铁路不设火车头，用骡子拉车皮。铁路建成剪彩那天，李鸿章登上火车，面无表情地与众人合影。马拉火车，看似一个笑话，可李鸿章笑不起来，他的心里满是感伤。

唐胥铁路

1888 年，慈禧太后收到了李鸿章送来的一件小玩意儿——一条长约 1.5 公里小铁路，有 6 节车厢，由法国人全额赞助，建在慈禧太后居住的北中南海里。李鸿章的意图很明显，就是要先改变慈禧对修建铁路的态度，进而推动铁路政策的实施。

坐惯了轿子、马车的慈禧老佛爷头一次坐火车，大为好奇兴奋，在铁路上绕了一圈，除了要面对司机屁股感到一丝不快外，她对火车大加赞赏，这可比坐轿子平稳舒适多了，由此也对火车有了亲身体验和全新的认识。

即便如此，反对派依然叫嚣着反对修建铁路，让李鸿章很是窝火。这一次，慈禧老佛爷终于发话了，称修铁路是"系为自强起见"，下发谕旨同意兴办铁路。而此时距离李鸿章首次提出修建铁路已经过去了整整 17 年！

李鸿章虽然是个实干家，有时却过分注重时效。1887 年，英国传教士李提摩太向李鸿章建议进行教育改革，希望清朝每年能在教育上投入 100 万两白银。对于李提摩太的这个建议，李鸿章的答复是："中国政府承担不了这么大一笔开销。"

李提摩太说："这可是'种子钱'，必将带来百倍的收益。"

李鸿章问："什么时候能见成效？"

李提摩太回答："需要 20 年才能看到实施现代教育所带来的好处。"

"噢！"李鸿章回答，"我们等不了那么长时间。"

就在李鸿章为洋务事业奔波操劳时，同为洋务运动主将的左宗棠也没闲着，他在福州搞起了福州船政局，被李鸿章

李提摩太

赞其为"开山之祖"。后在继任船政大臣沈葆桢的苦心经营下，福州船政局成为当时远东最大的造船厂。

左宗棠被看作"晚清四大中兴名臣"之一，一直与曾国藩、李鸿章、张之洞并论，其个性颇为自负，敢说敢做，年轻时得罪了不少人。他年轻时自称"今亮"，即当代诸葛亮，自许"文章西汉两司马，经济南阳一卧龙"。早在第一次鸦片战争后，左宗棠就认识到了西方的新式轮船的重要性，因此他极力主张创建一支不受洋人控制的海军。他说："自海上用兵以来，泰西各国火轮兵船直达天津，藩篱竟成虚设……欲防海之害而收其利，非整理水师不可；欲整理水师，非设局监造轮船不可……彼此同以大海为利，彼有所挟，我独无之。譬犹渡河，人操舟而我结筏；譬犹使马，人跨骏而我骑驴，可乎？"

"轮船成则漕政兴，军政举，商民之困纾，海关之税旺，一时之费，数世之利也。"

很显然，他把建设船厂看成是富国强兵、得民惠商不可缺少的要务。

左宗棠时任闽浙总督，在平定太平军后，他向朝廷提出了创办福州船政局的主张，很快就得到了朝廷的批准。

1866 年，福州船政局正式成立。左宗棠兴奋地发下宏愿："不越十年，

海上气象一新，鸦片之患可除，国耻足以振矣。"

福州船政局的特殊之处在于，它既是一个军舰制造企业，又担负着培养军事人才的重任。船政局内设有船政学堂，分为前学堂（制造学堂）和后学堂（驾驶学堂），前学堂主要培养造船人才，后学堂则注重教授驾驶技术。此后根据培养人才的需要，又添设了管轮、练船、绘画、电报、匠首和艺徒等六所学堂。学堂施行严格的淘汰制度，定期组织考试，成绩优异的赏以银元，几次考试均落后的则令其退出，学而优者甚至可以赴英、法等国观摩学习。

在这样的新式教育下，船政学堂培养出了一大批优秀学员，他们几乎都成为晚清新式海军将领，北洋海军中有近一半的将领和主力舰管带都出自福州船政学堂，如"济远"号管带方伯谦、"定远"号的刘步蟾、"靖远"号的叶祖圭、"镇远"号的林泰曾、"经远"号的林永升等人，他们在此后的甲午海战中以身报国，在历史上留下了浓墨重彩的一笔。

而此时，清廷调左宗棠为陕甘总督，为了保证船政局的建设不受影响，左宗棠再三邀请丁忧在家的原江西巡抚沈葆桢为船政大臣，负责船政局的一切事宜。同时，为了加强船政局的管理，左宗棠聘请了法国人日意格和德克碑为正副监督，总揽一切船政事务。此外，左宗棠还与日意格、德克碑商订合同，自铁厂开工之日起，五年内由他们监造大小轮船16艘，并保证教会中国工人掌握技术。

1869年，福州船政局造出了第一艘轮船"万年青"号，排水量是1 370吨，首次试航成功。从建厂到1895年，船政局共建造了轮船36艘，是远东最大的造船厂。

在此后的几年中，福州船政局陆续造出了一系列舰船，并且取得了不错的成就，但跟西方国家相比，还是差了好几个档次。1876年生产"威远"号以前，福州船政局制造的轮船仍然使用木制船壳，依照欧洲的标准，这种船只早就该被淘汰了。1884 年的中法马江之战中，清军之所以惨败，与自造军舰的落后状况有很大关系。同一年，法国舰队侵入了船厂，大部分舰船都被法国炮舰击沉，使船厂受到了极大的破坏。甲午战争后，随着洋务运动的失败，福州船政局也难以为继，陷入了半停顿的状态。

与曾国藩、李鸿章、左宗棠等实干派相比，张之洞是从"清流派"中分化出来的洋务派"新贵"。作为朝廷实际掌权者的慈禧太后，她的学识和经历在决定了她不具备现代政治理念的同时，却是一个极其擅长玩弄政治权术的高手。湘军和淮军的兴起，让大批汉族官僚掌握了地方实权，为了平衡政局，慈禧太后在支持李鸿章等人搞洋务的同时，也扶持起了一批"清流派"，让大臣们相互掣肘。因此，清流派作为洋务派的对立面应运而生了。

这些"清流"们在晚清政坛上十分活跃，他们在思想上守旧，在政治上保守，以维持名教为己任，排斥西方的一切新鲜事物，但在个人操守及道德上却挑不出一丝瑕疵，是中国传统士大夫的代表，所以深得执政者的信任。

"清流派"的领头人物是李鸿藻，直隶高阳人，当时既是帝师，又是大学士兼军机大臣，这是一个性格耿直、认死理的传统官僚，在大臣中颇有威望，深得慈禧太后的信任。当时京师士人"呼李鸿藻为青牛（清流之谐音）头，张佩纶、张之洞为青牛角，用以触人；陈宝琛为青牛尾，宝廷为青牛鞭，王懿荣为青牛肚，其余牛皮、牛毛甚多"，这些人轻言好战，不识时务，身处高墙深院，缺少实践经验，处处掣肘洋务派，其言说不但左右了朝中舆论，而且还引领了士林风尚，是一股不容忽视的政治力量。正如唐才常所说的："数十年来之主持清议相议以忠义奋发者，不曰用夏变夷，即曰闭关谢使，且动以本朝海禁之开相诟詈。"

李鸿章对这种流于空谈的清议深有体会，他说：

言官制度，最足坏事。故前明之亡，即亡于言官。此辈皆少年新进，毫不更事，亦不考究事实得失、国家利害，但随便寻个题目，信口开河，畅发一篇议论，藉此以露头角；而国家大事，已为之阻挠不少。当此等艰难盘错之际，动辄得咎，当事者本不敢轻言建树；但责任所在，势不能安坐待毙。苦心孤诣始寻得一条线路，稍有几分希望，千盘百折，甫将集事，言者乃认为得间，则群起而讧之。朝廷以言路所在，又不能不示加容纳。往往半途中梗，势必至于一事不办而后已。

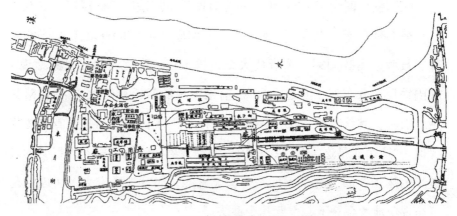

1909 年汉阳铁厂地图

张之洞原本是"清流派"中的一员骨干。他是直隶南皮人，生于道光十七年（1837 年），自幼即博闻多识，文才出众。张之洞是位公认的学霸，16 岁顺天府乡试中解元，慈禧太后钦点探花。1882 年，张之洞被任命为山西巡抚，完成了从"青牛角"到实干派的华丽转身。

1876 年至 1879 年，华中、华北大部分地区发生了严重灾荒，史称

"丁戊奇荒"，山西民生凋敝，饿殍千里，让初来乍到的张之洞深受刺激。在英国传教士李提摩太的协助下，张之洞采取了整饬吏治、休养生息、禁戒烟毒等一系列政策，并在山西设了一处洋务局，开始了他的洋务生涯。他说："经国以自强为本，自强以储材为先。方今万国盟聘，事变日多，洋务为最当务之急。"并提出了中西结合的理论，提倡"中学为体，西学为用"。

此后的张之洞历任两广总督及湖广总督。在此期间，张之洞开办了一系列项目，他在广州创立枪弹厂，生产火药、炮弹；设立广东水陆师学堂，教授近代军事知识；开办汉阳铁厂、大冶煤矿，设立了织布、纺纱、制麻、缫丝四局，创办了制砖、印刷、水泥等工厂，值得一提的是创办汉阳铁厂和建造京汉铁路。

汉阳铁厂诞生于1890年，共有铸铁厂、打铁厂、机器厂、造钢轨厂和炼熟铁厂等6个大厂、4个小厂，两座钢炉，3000名工人，40名外国技师，是我国第一个近代大型钢铁工厂。张之洞不无自豪地说：汉阳铁厂"开东亚未有之大局"。前来参观的朝廷官员也说："目睹其制度宏阔，成就昭然，叹为各行省所未有。"美国驻汉口领事查尔德赞叹道："这企业是迄今为止，中国以制造武器、钢轨、机器为目的的最进步的运动，因为这个工厂是完善无疵的，而且规模宏大，所以就是走马观花地参观一下，也要几个钟头。"

汉阳铁厂的建成，标志着中国近代钢铁工业的兴起，为我国重工业开了先河。

紧接着，张之洞将枪炮厂也搬到了武汉，用于生产"七九"式步枪、过山快炮等较为先进的武器，其中最著名的是"汉阳造"步枪。汉阳造这款步枪大名鼎鼎，在中国几乎是家喻户晓。该枪作为主力武器之一，从袁世凯的新军到辛亥革命，从北洋军阀的混战到抗日战争的爆发一直到抗美援朝的战场，这个枪型都是中国军队的主要装备，成为了中国战争史上的一个传奇神话。说它是中国枪王，毫不为过。

早在 1889 年，张之洞就上奏朝廷分析修筑铁路的好处，他提出芦汉铁路是"干路之枢纽，枝路之始基，而中国大利之萃也"。朝廷准奏，并要求南北分段修筑。为了修筑这条铁路，张之洞选中了"于中国无大志"的比利时人承揽下这笔业务。1906 年 4 月 1 日，一列火车发出一阵长鸣，缓缓驶离汉口站，向北京出发，全长 1 200 公里的京汉铁路全线正式通车。

张之洞先后创办了汉阳铁厂、湖北枪炮厂、大冶铁矿、汉阳铁厂机器厂、钢轨厂、湖北织布局、缫丝局、纺纱局、制麻局、制革厂等一批近代工业化企业，居全国之冠，堪称我国重工业的奠基人。此外，他还致力兴办教育，改造旧式书院、创办新式学堂。上世纪 60 年代，毛泽东在谈到近代工业发展史时对张之洞给予极高的评价："讲到重工业，不能忘记张之洞；讲到轻工业，不能忘记张謇。"

与曾国藩、李鸿章、左宗棠、张之洞等成就了赫赫事功的洋务实干派相比，还有一人也属于洋务派，但其经历却不那么顺心遂意，后世声名也无法跟曾、李、左、张等人相比，然而随着时光的流逝，他的重要性将愈发凸显。在我看来，两百年以后的人们回望洋务运动时，能记起的也许只有一个李鸿章，300 年以后的人们再次回顾这段历史时，能记住的只有一个人——郭嵩焘！

郭嵩焘出生于湖南湘阴一个富商家庭，与左宗棠是同乡。与曾国藩、李鸿章等人的仕途生涯相似，郭嵩焘的官场生涯基本上与太平军活动的时间相始终，但却比其他人多了一层思考。僧格林沁曾说过这样一段话："其初杀洋人，人皆歌颂之，（郭）独力争以为不可。其后炮石如雨之中，无肯来营者，又独渠（他）一人驰至。见利不趋，见难不避，天下要有此人！吾深愧当时之不能相察也。"

1875 年 2 月，英国驻华使馆翻译马嘉理等人到云南考察，与当地民众发生冲突而被杀，酿成严重的外交事故，这就是轰动一时的"马嘉理事件"。最后，清政府被迫与英国签订《烟台条约》屈辱了结，并被要求派遣钦差大臣前往英国"致歉"。

郭嵩焘时任广东巡抚,当时李鸿章等人正大办洋务,追逐兵器、实业、学馆,郭嵩焘虽然也热心洋务,但他不迷信洋人的坚船利炮,认为洋务派只着眼于生产武器装备、制造轮船属于本末倒置,西洋各强国的根本在于"政教",即社会制度,商业属于末节,而造船制器更是末节中的末节。洋务派却倒了过来,想要依靠练兵、造船、制器而让国家富强起来,根本行不通。为此，郭嵩焘还给朝廷上了一道《条议海防事宜》，论述他的洋务思想。

郭嵩焘

当时的清廷正在为派谁出使英国而头疼，接到郭嵩焘的这道奏折后，随即诏他进京。恭亲王奕訢盛赞郭嵩焘"此人洋务实是精透"，将这个苦差事交给了郭嵩焘。

在当时的观念下，"出使番邦"是遭万人唾弃的事情，需要莫大的勇气——比牺牲性命更大的勇气。当郭嵩焘将要出使英国的消息传出后，立刻被当时汹汹舆论围攻，湖南士人将其看成湖南人共同的耻辱，两江总督刘坤一指责郭嵩焘："何面目以归湖南？更何以对天下后世？"湖南籍考生群情激奋，商议捣毁郭嵩焘住宅，甚至有人写了一首讽骂郭嵩焘的对联："出乎其类，拔乎其萃，不容于尧舜之世；未能事人，焉能事鬼，何必去父母之邦！"李慈铭在日记中记载："夷人至长沙，将建天主教堂，其乡人以嵩焘主之也，群欲毁其家。"

面对汹汹群议，郭嵩焘也打起了退堂鼓，想要借病引退，但总理衙门坚决不准。半年之后，慈禧太后召见郭嵩焘，温言安抚："此时万不可辞，国家艰难，须是一力任之，我原知汝平昔公忠体国，此事（出使）实无人任得，汝须为国家任此艰苦。……旁人说汝闲话，你不要管他。他们局外人随便瞎说，全不顾事理。你看此时兵饷两绌，何能复开边衅？你只一味替国家办事，不要顾别人闲说，横直皇上总知道你的心事。……你须是为国家任此一番艰难。"

在慈禧的一番安慰下，郭嵩焘才打消了辞职之意，踏上了出使的道路。

1876 年 12 月，郭嵩焘作为中国第一个外交大使离开上海，前往英国，继而又受命出使法国。在海外的日子里，郭嵩焘广泛考察英国社会生活，从政治、经济、文化、科技、军事等方面探究英国兴盛的原因。他旁听英国下议院的辩论，访问了学校、博物馆、银行、工厂、图书馆、报社等，结识了众多专家学者，和众多政界人士交流，并以六十高龄潜心学习外语。

郭嵩焘还将自己的考察日记寄给总理衙门，详细记录了他眼中的西方世界，名为《使西纪程》，希望能刻版印行。孰料这本书却在满朝士大夫群体中引起了极大的愤慨，翰林院编修何金寿参劾他"有二心于英国，欲中国臣事之"。梁启超在其《五十年中国进化概论》里还提起此事：

光绪二年，有位出使英国大臣郭嵩焘，做了一部游记。里头有一段，大概说，现在的夷狄和从前不同，他们也有二千年的文明。哎哟！可了不得。这部书传到北京，把满朝士大夫的公愤都激起来了，人人唾骂……闹到奉旨毁版，才算完事。

随郭嵩焘一同出使的副使刘锡鸿此时也跳了出来，公然扬言："这个京师之内都指名为汉奸的人，我肯定不能容下他"，并指责郭嵩焘有"三大罪"：

1."游甲敦炮台披洋人衣，即令冻死亦不当披。"——居然穿了外国衣服。

2."见巴西国主擅自起立，堂堂天朝，何至为小国主致敬？"——见了外国国王居然站起来。

3."柏金宫殿听音乐屡取阅音乐单，仿效洋人之所为。"——听音乐居然学洋人拿音乐单。

在士大夫们的一致呼声下，此书被总理衙门申斥毁版，严禁流行，郭嵩焘本人也在出使海外不到两年后被撤职，黯然归国。伦敦《泰晤士报》对郭嵩焘的离职深表惋惜，写道：

郭去曾（纪泽）继，吾人深为惋惜。郭氏已获经验与良好之意见，此种更调实无必要，对于其国家将为一大损失。

正是因为这次出访，郭嵩焘看到了西方富强的本质，将李鸿章等人远远抛在身后。当曾国藩、李鸿章、左宗棠等洋务派官员醉心于西方"坚船利炮"的制造而自鸣得意时，郭嵩焘却站在更高的起点上，批评洋务派一味仿造船器是徒袭洋人的皮毛，提出了"政教""商贾"为本，而"造船""制器"为末的理念。他的眼界更宽广，探索更深入，思想更成熟，对洋务的思想认识始终处于领先地位，甚至远远超出同时代人的认知水平。如果要选出晚清最懂洋务的第一人，不是曾国藩，不是李鸿章，而是郭嵩焘！

然而，也正是因为郭嵩焘超前激进的思想，使其不为当世所容。回国后，家乡士人指责他"勾通洋人"，阻止他回湘阴老家；地方官员对其"傲不为礼"，此后的十二年间，虽有封疆大吏屡屡推荐，却再未得朝廷起用，其内心的愤懑和孤寂可想而知！

是执政者不理解郭嵩焘的能力和苦楚吗？显然不是！1878 年 9 月，慈禧太后召见即将接替郭嵩焘担任英国公使的曾纪泽（曾国藩次子），其间曾有如下对话：

旨（慈禧太后）："办洋务甚不容易。闻福建又有焚毁教堂房屋之案，将来必又淘气。"

对（曾纪泽）："办洋务，难处在外国人不讲理，中国人不明事势。中国臣民当恨洋人，不消说了，但须徐图自强，乃能有济，断非毁一教堂，杀一洋人，便算报仇雪耻。现在中国人多不明此理，所以有云南马嘉理一事，致太后、皇上宵旰勤劳。"

旨："可不是么。我们此仇何能一日忘记，但是要慢慢自强起来。你方才的话说得明白，断非杀一人、烧一屋就算报了仇的。"

对："是。"

旨："这些人明白这理的少。你替国家办这等事，将来这些人必有骂你的时候，你却要任劳任怨。"

……

对："李鸿章、沈葆桢、丁宝桢、左宗棠均系忠贞之臣。"

旨："他们都是好的，但都是老班子，新的都赶不上。"

对："郭嵩焘总是正直之人，只是不甚知人，又性情偏急，是其短处。此次亦是拚却名声，替国家办事，将来仍求太后、皇上恩典，始终保全。"

旨："上头也深知郭嵩焘是个好人。其出使之后，所办之事不少，但他挨这些人的骂也挨够了。"

对："郭嵩焘恨不得中国即刻自强起来，常常与人争论，所以挨骂，总之系一个忠臣。好在太后、皇上知道他，他拼了名声，也还值得。"

旨："我们都知道他，王大臣等也都知道。"

然而，即便慈禧太后理解郭嵩焘又能如何？郭嵩焘思想的超前性必然与传统文化机制的保守性发生冲突，使得他难为世人所容，受到庸众的迫害；他逝世后，李鸿章上奏朝廷请国史馆为郭立传并请赐谥号，遭到朝廷的拒绝；义和团运动高涨之际，还有京官上奏要求开棺鞭戮郭嵩焘的尸身，以谢天下！

正如郭嵩焘挽左宗棠的联语"世需才，才亦需世"，郭嵩焘的思想已超出那个时代太远，走在了时代思想的前列。令人叹息的是，这位原本可以做时代弄潮儿的洋务先知阴差阳错，最终成了时代的旁观者。每一个思想的先行者都是孤独和不被理解的，如同铁屋子里的呐喊，竭力想要唤醒众人却被视为异类，却遭到群体的排斥与驱逐。

这也许正是梦醒者的痛苦！

郭嵩焘崎岖坎坷的政治生涯是一面镜子，映照出了中国走向近代化的艰难坎坷。即便如此，郭嵩焘坚持认为自己是对的，历史将为他正名："流传万代千龄后，定识人间有此人！"

然而，有这种清醒认识的人又有多少呢？放眼望去，满朝文武皆浑浑噩噩，还做着"天朝上国"的美梦，还抱着"中国文武制度，事事远出西人之上，独火器不能及"的认识。相似的开头，却在仅仅 20 余年后就形成了如此巨大的差别结局，而很快，清帝国的这场"洋跃进"就将迎来史上最严峻的一次考验。

第五章 甲午国殇：四千年大梦之觉醒

一场实力悬殊的战争，改变了两个国家的命运。一头大象被蚂蚁绊倒，还惹来了一群蛇虫虎豹垂涎分食。群议汹汹，李鸿章眼睁睁将自己最后的底牌送上他自己明知必输的赌局。

1853 年 7 月 8 日，日本东京湾迎来了四艘冒着黑烟发出骇人轰鸣声的黑色军舰，舰上的大炮瞄准了岸上的炮台，300 名全副武装的士兵登陆，引发了日本民众强烈的震撼。

上岸后才知道，这是美国海军准将佩里奉美国总统之命，率领舰队前往远东，与日本、琉球等国商谈开港通商的。自负的佩里对日本人说："你们最好不要抵抗，如果抵抗，结局只有一个，日本必败！"并要求日本第二年给予答复，停留一周后扬长而去。由于这四艘军舰都是通身漆黑，且航行中冒着滚滚黑烟，所以历史上把这次事件叫做"黑船事件"。

当时的日本跟清政府一样，也是实行闭关锁国的国策，这种黑色的近代铁甲军舰，是日本人生平第一次见到，佩里送给日本人的显示工业文明的火车机车模型和电报机更是日本人前所未见。为表感谢，日本人翻来覆去，结果发现只能给美国人送点大米，这让日本人深受刺激，深切感受到了日本与外国的巨大差距。

美国人把铁甲战舰停在了港口，某天夜里，有两个日本人偷偷爬上了军舰，想随船到美国去，看看美国究竟为什么强大，结果上去就被发现了，而这种做法在当时的日本是要被杀头的。佩里大为感动，在日记中写道："这两个日本人的求学精神，令我感动，如果日本人都像他们一样，日本一定会变得和美国一样强大。"

虽然这两个年轻人最后还是被送下了船，但此次"黑船事件"却促使日本人产生了高度的危机感和忧患意识。日本近代著名思想家福泽谕吉更是写道："美国人跨海而来，仿佛在我国人民的心头上燃起了一把烈火，这把烈火一经燃烧起来便不会熄灭。"

明治天皇

第二年，佩里又来了，这次带来 7 艘军舰，装备更为精良。在更多"黑船"的威逼下，德川幕府接受了美方的条件，签订了《日美亲善条约》，放弃了 200 多年的锁国政策，被迫开放了下田、箱馆两个通商口岸，给予美国最惠国待遇等等，这也是日本与西方签订的第一个不平等条约。其他列强也纷纷效仿美国，向日本提出通商的要求，于是日本又相继与荷兰、俄国、英国、法国签订了类似的条约，被迫打开了国门。

当时的日本政府由德川幕府掌控，已经历了 250 年，幕府下有 200多个领主（大名），领主有自己的武士，15 岁的天皇只是隐居在京都，不参与国家大事。"黑船来航"以后，日本国内普遍意识到国家要维新改革，由此分成"幕府派"和"倒幕派"。"幕府派"掌握着国家的实际统治权，自然希望维持现有的政治结构，而"倒幕派"则是希望推翻幕府，他们发起了"尊王攘夷"运动，在得到天皇的密诏后，倒幕派发动政变，宣布"王政复古"，废除了幕府统治，逼迫德川幕府将日本大政还给了天皇，成立了新政府。

此后的日本政府也开始走上了变革的道路。1868 年，明治天皇发布了《五条誓文》：

一、广兴会议，万机决于公论；

二、上下一心，盛行经纶；

三、官武一途以至庶民，各遂其志，人心不倦；

四、破旧有之陋习，基于天地之公道；

五、求知识于世界，大振皇基。

睦仁天皇更是提出了"开拓万里波涛，布国威于四方"，紧接着，日本从上至下全面推行国家政体改革，与一海之隔的清国先后踏上了改革之路，历时 30 年的"明治维新"就此拉开了序幕。

日本是一个岛国，四面环海，陆地狭小，资源匮乏，危机感更强，因此自明治维新伊始，日本就确定了对外扩张的军国主义国策，其目标自然瞄向了一衣带水的中国，并提出了所谓的"大陆政策"。"大陆政策"最早是由吉田松阴提出来的，早在 1855 年，吉田松阴就指出，日本暂时不能与英、法、德、俄等西方列强抗衡，而应该把朝鲜和中国作为征服对象。"一旦军舰大炮稍微充实，便可开拓虾夷，晓谕琉球，使之会同朝觐；责难朝鲜，使之纳币进贡；割南满之地，收台湾、吕宋之岛，占领整个中国，君临印度。"1868 年明治天皇登基后便发布了《御笔信》，正式确立了"大陆政策"，向北，越过朝鲜半岛进入中国东北；

向南，越过琉球进犯台湾，进一步征服中国的东南沿海及南洋诸国，试图挑战以中国为核心的东亚朝贡体系。

1870 年 9 月，日本政府派遣外务权大丞柳原前光来到天津，面见直隶总督李鸿章和通商大臣成林，请求通商立约，"通情好，结和亲"。信上说："我邦维新之始，即欲遣公使修盟约，因国内多故，迁延至今，深以为憾。兹特遣外务权大丞柳原前光、外务权少丞花房义质、文书权正郑永宁等来贵国预商通商事宜，以为他日遣使修约之地。伏冀贵宪台下，款接各员，取裁其陈述。谨白。"

收到此国书后，总理衙门起初以"大信不约"为由，准许日本通商，但不同意立约。柳原前光哪肯罢休？再三恳请，声称"英法美诸国，强逼我国通商，我心不甘，而力难独抗，……惟念我国与中国最为邻近，宜先通好，以冀同心合力。"

面对这份言辞恳切的请求，李鸿章萌生了将日本联为外援的想法，他上书总理衙门陈述自己的看法，总理衙门于是也同意与日本订立条约。

1871 年，日本大藏卿伊达宗城、柳原前光再次来到中国，要求仿照西方与中国的签约，把日本置于和欧美各国同样的地位。李鸿章大吃一惊，对柳原前光说："去年送来的约章，均以两国立论。此次章约，全改为一面之辞，而且综合西方各个条约择优采用。这岂非自相矛盾，将前稿作为废纸不成？未订交先失信，以后的事怎么办呢？教我如何向皇上复命？"

柳原前光解释道："此次约稿，大致与西方各国的条约相同，但相异之处也不少。交际之道，万国只可划一，不可有轻有重。重了则会遭西人妨忌，轻了则会遭西人侮辱诋毁。现在两国均有西客，旁观出入，颇生枝节；倘有参差，非但不能通行，而且会说使者不出力气，有何面目回国复命？"伊达宗城也在旁插嘴说："当今之计，我们两国惟有内求自强，外御其侮。诚能心照，不妨按照西洋成例立约，毋须更动，不露声色为好。"

清方的应宝时、陈钦驳斥道："贵国特派大臣前来，原为通两国之好，若怕西方各国猜忌，干脆不来中国，忧虑皆无，更能照应西人，岂不更好？"伊达宗城被驳得哑口无言。

随后，李鸿章提出了自己的草案："自主之国，应有自主之权，何必遵循他人呢？何况条约中无可使西人生疑之处。两国有来有往，与有来无往的西方不同，故立约绝不可与西方完全相同；而且西人所得之利，还没有单单不给日本的。今送去草约，请与西约比较，不知何重何轻，希一一指开茅塞。"随后与日方签订了中日《通好条约》。伊达宗城因为没有达成最终目的，回国后即被罢免。第二年，日方再一次派出了副岛种臣，提出了换约要求。名为换约，但其真实目的却是窥探中国的虚实。

1871年11月30日，琉球宫古岛民的两艘进贡船（实际上是以进贡为名的商船）在驶往中国的途中不幸遭遇飓风，漂流到台湾，与台湾高山族人发生冲突，54人被杀死，12人死里逃生回到了琉球，史称"牡丹社事件"。事件发生后，日本以琉球的"保护国"自居，向清政府兴师问罪，清廷严词拒绝，总理衙门大臣毛旭熙态度强硬："夫二岛（琉球、台湾）俱我属土，属土之人相杀，裁决在我。我恤琉人，自有措置，何预贵国事？"日本人随后向台湾派兵。

在清政府的斡旋下，日本同意达成和解，但要求清政府支付200万两白银。总理衙门大臣文祥则表态不给一分钱。但在英国公使威妥玛的调停下，清政府迫不得已支付日方50万两，奕䜣在给朝廷的奏折中这样解释道：

臣等权衡利害轻重，揣其情势迫切，若不稍予转机，不独日本铤而走险，事在意中，在我武备未有把握，随在堪虞，且令威妥玛无颜而去，转足坚彼之援，益我之敌……今则明知彼之理曲，而苦于我之备虚，不能不姑示羁縻。

奕䜣之所以做出让步，并非是人们所说的"卖国求荣"，而是担心日本铤而走险，导致事态进一步恶化，何况这中间又有洋人调停，不得不给洋人一个面子。如果威妥玛这次失了面子，转而跟日本人走到一起，形势将更加不利。

经此一事，奕䜣等改革派更加看到了加强军备的重要性和迫切性。1874年，日本侵犯台湾，虽以和谈告终，但朝堂上经历了一次"海防"与"塞防"之争，李鸿章上了洋洋万言《筹议海防折》，竭力倡言海军海防的重要作用，并痛切地指出："洋人论势不论理，彼以兵势相压，我第欲以笔舌胜之，此必不得之数也……正值海防吃紧之际，倘仍议而未成，历年空言竟成画饼，不特为外人所窃笑，且机会一失，中国永无购铁甲之日，即永无自强日！"

1875年5月，清廷发布上谕，让李鸿章负责组建北洋水师，沈葆桢负责组建南洋水师。当时清廷能用于筹建海军的经费少得可怜，仅有400万两白银，此时的沈葆桢表现出了君子风度，以大局为重，认为"外海水师以先尽北洋创办为宜，分之则难免实力薄而成功缓"，待北洋水师完善强大后，再"以一化三，变为三洋水师"，由此李鸿章的北洋水师得以优先发展。

为了订购舰船，李鸿章通过海关总税务司赫德在英国购买了四艘阿姆斯特朗公司生产的小型军舰"伦道尔"式炮艇，这种炮舰的特点是以其很小的舰体装载巨炮，因此被人称为"蚊子船"。几个月后，北洋水师订购的四艘"蚊子船"全部交工,李鸿章在经过验收后,对这种"蚊子船"很满意:"蚊子船防守海岸最为得力,赫德所购,尤为各国罕有之新式。"在李鸿章的大力推荐下,清廷先后订购了11艘"蚊子船",耗费白银150万两左右,算得上是一笔巨资。可是很快,李鸿章就发现了这种船的弊端:"蚊子船炮大船小,船浅底平",不适宜大洋作战,且不经风浪。后来的历史证明,"蚊子船"航速慢、大炮不能转向,对争取制海权基本没起到多大作用。

这之后,李鸿章又托赫德订购了"超勇""扬威"两艘巡洋舰,造价共计65万两白银。两舰为木身外包钢板,马力2 400匹,航速为15节,排水量1 350吨,算得上是"蚊子船"的改进放大型,由大清帝国海军军官驾驶回国。

1880年,李鸿章派李凤苞出使德国,以340万两白银,向伏尔铿船厂订购了两艘巨型铁甲舰"定远"号和"镇远"号。这两艘战舰为同级姊妹舰,由伏尔铿船厂集中了当时世界上各类铁甲舰的优点,装甲坚固,火力强大,是当时亚洲罕见的巨型战舰,其中"定远"舰成为北洋水师的旗舰。

紧接着,李鸿章又接连购买了四艘巡洋舰,分别为"致远"号、"经远"号、"靖远"号、"来远"号。1888年,北洋水师正式成军,在威海择地建造水师公所,同日颁布施行《北洋水师章程》,主要军舰大小共有25艘,辅助军舰50艘,运输船30艘,官兵4 000余人,并一举摘得了亚洲第一、世界第七的海军桂冠。如果再算上南洋水师、福建船政水师和广东水师,这一时期的中国海上力量无疑更为可观。1891年,李鸿章与山东巡抚张曜在校阅北洋海军之后,在奏折中洋洋自得地写道:"综核海军战备,尚能日异月新。目前限于力,未能扩充。但就渤海门户而论,已有深固不摇之势。"

当时北洋海军各舰的舰长及高级军官几乎全为福州船政学堂毕业生，有不少人都有到英国海军学院留学实习的经历，另有一部分中层军官为当时的留美幼童。因此，北洋舰队的军官多能操英语，内部指挥命令也是以英语发号。为了将这支实力雄厚的海军牢牢掌握在自己手中，李鸿章任命淮军出身的丁汝昌担任北洋水师提督。丁汝昌是安徽庐江人，早年参加太平军，后来投降清军，加入了李鸿章的淮军队伍。

从这里不难看出李鸿章在用人方面的弊端，丁汝昌虽然骁勇善战，但他原本只是一名骑兵军官，仅有过短暂的"水师"经历，无法承担起领导这样一支新式海军的重任。尽管如此，李鸿章对其仍然抱着观望、考察的态度，对他委以重任。

由于丁汝昌对海军事务并不熟悉，为了帮助北洋水师开展日常训练，李鸿章聘请了不少外国军官担任顾问和教习，其中之一就是英国海军中校琅威理，北洋水师的日常训练多由其主持。琅威理毕业于英国皇家海军学校，又在英国海军服役多年，经验丰富，在担任北洋水师总督察时，琅威理治军严格，阵容严整，令行禁止，表现出了很强的职业操守和责任感。他在军中日夜操练，"刻不自暇自逸，尝在厕中犹命打旗传令"，官兵们忌惮他的严厉，舰队中流传着"不怕丁军门，就怕琅军门"的说法，平时没人敢请假，也没人敢出差错。在琅威理的严格要求和训练下，北洋水师军容顿为整肃，一时令各国刮目相看。丁汝昌本人也认为："洋员之在水师最得实益者，琅总查为第一。"1886年，醇亲王奕譞巡阅北洋，对琅威理的训练颇为满意，特授其二等第三宝星，并赏给提督衔。此后，李鸿章在电文中经常以"提督衔琅威理"或"丁琅两提督"称之。

1890年，北洋舰队停泊在香港，3月6日，丁汝昌离舰上岸，"定远"舰管带刘步蟾命令旗舰"定远"降下五色提督旗，升起三色总兵旗，表明自己是舰上的最高长官。琅威理不服气，质问刘步蟾："丁提督离舰，我尚在，为何降下提督旗？"刘步蟾答："按海军惯例应当如此。"琅威理对此非常愤慨，致电李鸿章，要求明确自己在北洋水师的地位。

撤旗事件发生后的次日，李鸿章电告"镇远"舰管带林泰曾："琅威理昨电请示应升何旗，《章程》内未载，似可酌制四色长方旗，与海军提督有别。"琅威理无法接受，愤然辞职，李鸿章随即照准。就这样，琅威理愤怒而又委屈地离开了他任职 8 年的北洋水师。

李鸿章为什么会同意琅威理的辞呈？我们或许可以从他给驻英公使薛福成的电报中看出一些端倪："琅威理要请放实缺提督未允，即自辞退。向不能受此要挟。"清廷对洋人历来是不信任的，李鸿章虽然热心洋务，追逐西方器物，但对洋人同样心存戒备。一句话，李鸿章不会让一名外国人掌握大清海军的实权。

没了琅威理的督导，北洋水师的训练日益松弛，逐渐没了章法。赫德曾说："琅威理走后，中国人自己把海军搞得一团糟。琅威理在中国的时候，中国人也没有能好好利用他。"李鸿章却不以为意，觉得"武人好色，乃其天性，但能贪慕功名，自然就我绳尺"，得过且过。

在大力发展海军的同时，李鸿章也没忘记对日本保持警惕。1886年 7 月，李鸿章接到驻守朝鲜的袁世凯的报告，说朝鲜有人谋划联俄防英，而俄国正在觊觎元山口外的永兴湾。当时的朝鲜还是清政府的藩属国，一旦落入别国，必将危及清政府自身的安全，李鸿章于是决定派遣丁汝昌率"定远""镇远"等六舰前往朝鲜的永兴湾一带巡防操演。

操演结束后，由于海上长途航行需要上油修理，而当时旅顺军港尚未完工，当时远东最大的船坞是日本长崎的三菱造船所，李鸿章于是让丁汝昌率"镇远""定远""威远""济远"四舰前往日本长崎进行检修，并进行所谓的"亲善访问"，实则有"震慑吓阻"之意。

8 月 1 日，北洋舰队抵达长崎港，立刻在当地引发了轰动，不少长崎市民纷纷涌上码头围观。望着龙旗高扬的巨舰，日本人内心受到了极大的震动，震惊、嫉妒、羡慕、恐惧混杂在一起，很不是滋味。日本海军看了以后，那种感受可以说是"畏之如虎"。当时担任海军少将的伊东祐亨在参观了"定远"舰后承认："如果现在和清国开战，没有胜利的可能，只要'定远'和'镇远'两舰就能把全部常备舰队送到海底。"

8月13日，在日本人的邀请之下，北洋水师上岸购物，有几个水兵们一上岸就直奔妓院，排了老半天的队，却发现有一些日本人不经排队便径直入内。这下子水兵们可不干了，与妓院老板大打出手，并将闻讯赶来的日本警察打成重伤。当时《长崎快报》报道说："有一群带有醉意的水兵前往长崎一家妓馆寻乐，因为发生纠纷，馆主前往警察局报告。一日警至，已顺利将纠纷平静，但由于中国水兵不服，不久乃有六人前往派出所论理，非常激动，大吵大闹，引起冲突。日警一人旋被刺伤，而肇事的水兵也被拘捕，其他水兵则皆逃逸。"

日本人在自己的国土上吃了亏，自然不肯罢休，15日，北洋水兵再次上岸，被早有准备的日本警察和浪人围住，双方再次发生激烈冲突，混战中，北洋水兵吃了大亏，死伤数十人。

事件发生后，北洋水师群情激奋，李鸿章也紧急召见了日本驻天津领事，强硬表态。然而，当时的清政府刚刚结束中法战争，财政困难，无法撑起一场战争。最终在各国的调停下，中日双方签订协议，对各自的死伤者互给抚恤，日本赔付中国52 500元，中国赔付日本15 500元，长崎医院的医疗救护费2 700元由日方支付，算是和平了结。

"长崎事件"原本只是一起国际间的冲突，然而它的意义却是深远的，与"定远"舰的"亲密接触"极大地刺激了日本官方和民众的心理，大力发展海军成为所有人的共识。在日本当局的挑动下，民间的反华、排华、仇华情绪被煽动起来，日本朝野的军国主义思想也越来越浓厚，当时日本的一些小孩子也玩起了打"定远""镇远"的游戏。

"长崎事件"结束后不久，日本动员全国之力，大力建设海军力量。为了筹措海军经费，日本明治天皇颁布敕令："立国之务在海防，一日不可缓。"，捐出皇室费用 30 万元作为海军经费。他说："朕以为在建国事务中，加强海防是一日也不可放松之事。而从国库岁入中尚难以立即拨出巨款供海防之用，故朕深感不安。兹决定从内库中提取三十万元，聊以资助，望诸大臣深明朕意。"在伊藤博文的演说下，日本各界纷纷捐款捐物，皇后变卖了部分首饰，连天皇的母亲也捐出了她仅有的两件首饰，为海军建设尽一份力。不到三个月，海防捐款总额竟达 103 万之多，按照日本学者井上清的说法："在天皇制的最初十年中，军事费恐怕要占全部经费的百分之八十以上。"

这之后，日本政府更是不顾财政困难，逐年发行巨额公债。1886年，日本政府发行了 1 700 万日元的海军公债。1893 年，明治天皇再次颁发诏书，允诺在未来六年中每年捐出 30 万元作为海军经费，并令文武官员每年也要抽出十分之一的月薪上交国库。他恨不得将"圣岳"富士山变成钢山、铁山，把濑户内海的每一块礁石都变成战舰，以备海军之用。甲午战争前夕，明治天皇更是节衣缩食，据说他甚至用饿肚子的方法，给他的文臣武将做表率作用："帝国海军一日不强，朕一日不再食矣！"当时有人去日本，带回了日本天皇靠牙缝里抠肉来供养海军的传闻，在京城里居然被传为笑谈："毕竟是东洋小夷，这么干，也不怕让人笑话！"

在积累经费的同时，日本开始了大规模的购舰、造舰过程。1889年至 1891 年间，日本订购的三艘军舰"严岛"号、"松岛"号、"桥立"号先后下水，之后又建造和购买了四艘新型军舰："千代田"号、"吉野"

号、"秋津洲"号、"八重山"号。值得一提的是"吉野"号，此舰购自英国，排水量高达 4 150 吨，舰长 109.73 米，甚至超过了当时中国体形最大的"定远"号铁甲舰，舰上装有最新式的 4 门 150 毫米口径的速射炮、8 门 120 毫米口径速射炮，军舰的甲板宽度为 14.17 米，吃水 5.18 米，是当时世界上火力最猛、航速最快的巡洋舰。

到甲午战争爆发之前，日本基本上完成了海军军备计划，成为拥有 31 艘军舰、炮舰 17 艘、24 艘鱼雷艇，总吨位数超过 6 万吨的近代海军。这支由天皇节衣缩食，带领文武百官举全国之力造就的海军，不仅在总体吨位上略胜北洋舰队，而且在舰队的齐整配置程度和机动灵活的攻击能力上都远远优于北洋舰队。

在日本全力追赶的同时，中国却停滞不前。同样是到欧洲考察，中国和日本代表的表现却截然相反。德国"铁血宰相"俾斯麦曾分别接待过中国和日本两个代表团，他预言，中国和日本的竞争，日本必胜，中国必败。他说："日本到欧洲来的人，讨论各种学术，讲究政治原理，谋回国做根本的改造；而中国人到欧洲来，只问某厂的船炮造得如何，价值如何，买回去就算了。"

北洋海军成军后，大清帝国便停止了继续外购战舰的海军经费。清政府虽然答应每年拨给 400 万两白银作为海军经费，但这笔钱却无法足额到账，常常被克扣挪用。1891 年，户部突然决定："南、北两洋购买洋枪、炮舰、机器事，暂停两年，所省银子解部充饷。"北洋水师提督丁汝昌极力反对："我国海军实力远逊于日本，添船换炮刻不容缓。""济远"舰管带方伯谦上书李鸿章说："谓当速筹添战舰，倭之敢轻我中国者，以我海军战舰无多，且皆旧式，不及其新式快船、快炮之利。倘我添行速率之船多艘，并各船上多添快炮，则彼自闻而震慑。"李鸿章也亲自出马，上奏道："方蒙激励之恩，忽有汰除之令，我恐怕这不是慎重海防，激励士气的做法吧！"上谕却回道："以饷力极拙，仍尊旨照议暂停。"

朝廷不肯拨款，李鸿章也束手无策，叹息道："凡事非财不行，而北洋三省财力最窘，无别可筹之款……适当兹经费支拙之地，彷徨无错，展布何从？"

当时执掌户部的是李鸿章的死对头——帝师翁同龢。此人乃光绪时期的协办大学士、军机大臣、总理大臣，又是两朝帝师，权势可谓炙手可热。两人由于太平天国时期的一桩恩怨，结下了不解之仇。翁同龢的哥哥翁同书做安徽巡抚，因失职被曾国藩上奏劾疏，捉刀之人正是李鸿章。翁家本是名门望族，翁父翁心存也是帝师，照理说仅凭一纸弹劾恐怕难以办到，但李鸿章可是个写奏折的高手，劾词措词激烈，使皇帝和太后也无法为之说情。其中说："臣职分所在，理应纠参，不敢因翁同书之门第鼎盛，瞻顾迁就。"朝廷只好判了翁同书斩刑，翁父听到后气急身亡。李鸿章的老辣权谋之术，由此可见一斑。翁同龢因此怀恨在心，伺机报复，终于在军费问题上攥到了李鸿章的七寸，处处与李鸿章作对。因此，翁同龢克扣北洋海军军费的事实确实是存在的，只要是李鸿章找户部要钱，户部的回答永远只有两个字："没钱！"北洋海军战备物资奇缺，又怎能不败？

对此，在中日甲午战争开始后的 1894 年 10 月，户部有一个"完美"的解释：

查光绪十七年（1891 年）四月间，臣等因部库空虚，海疆无事，奏明将南北洋购买枪炮船只机器暂停二年，籍资弥补。前此既未尝议停，后此亦未阻购办。况自限满，迄今业已一年有余，新疆甘肃福建安徽湖南等省，皆有购办大批外洋枪械之案。湖北则有添购外洋链铁机鑪之案，而北洋独未购办，是必该省船械足用，无待外求，非因部章为之限制，亦可知矣。

是北洋不想买进口武器么？显然不是！李鸿章有一幕僚名为周馥，他曾记载了这么一件事：

一日，余（周馥）密告相国（李鸿章）曰："北洋用海军费已千余万，只购此数舰，军实不能再添。照外国海军例，不成一队也！偶一旦有事，安能与之敌？朝官皆书生出身，少见多怪，若请扩充海军，必谓劳费无功，追至事穷力绌，必归过北洋。彼时有口难诉，不如趁此闲时，痛陈海军宜扩充，经费不可省、时事不可料、各国交谊不可恃，请饬部枢通筹速办。言之而行，此乃国家大计幸事也；万一不行，我亦可站地步，否则人反谓我误国事矣。"

然而，李鸿章何尝不为北洋海军的现状担忧？听到属下这番肺腑之言，李鸿章唯有长叹："此大政，须朝廷决行，我力止于此。今奏上，必交部议，仍不能行，奈何？"

1894年，中日之战爆发后，翁同龢受命前往天津查问李鸿章的战守布置，两人之间曾有过如下见面情景：

同龢见鸿章，即询北洋兵舰。鸿章怒目相视，半晌无一语。徐掉头曰："师傅总理度支，平时请款辄驳诘，临时而问兵舰，兵舰果可恃乎？"同龢曰："计臣以樽节为尽职，事诚患，何不复请？"鸿章曰："政府疑我跋扈，台谏参我贪婪，我再哓哓不已，今日尚有李鸿章乎？"同龢语塞。

当然，我们不能把责任全都归到翁同龢的身上，因为当时清廷户部确实是没钱。在此，我们有必要来翻一翻清帝国的账本。

清朝自入关以来，其财政收入主要为田赋、盐课、常关、杂赋等四项，而自太平天国运动之后，清政府被迫发掘了两项新的重要财源——海关税和厘金（即商业税）。即便如此，清政府的财政一直都是入不敷出的，南、北洋水师筹备阶段，李鸿章就对沈葆桢诉苦："户部所拨海防额款，本为搪塞之计。各关四成，惟粤海、浙海可稍匀而为数无几，其余各有紧饷。各省厘金，惟江西、浙江可稍匀拨，亦断不能如数，其余皆无指望。统计每年实解不过数十万。"

长期以来，史学界流传着这样一种说法，认为慈禧太后修建颐和园挪用了海军经费3 000万两，导致北洋海军在甲午一战中全军覆没。事实上，挪用海军经费的事是一笔糊涂账，很难算得清楚。1885年，清廷设立了"海军衙门"，由醇亲王奕譞为总理大臣，奕䜣、李鸿章为会办。虽然冠以"海军"的名字，但海军衙门的权限极广，不仅管理海军建设，还负责矿务、铁路、电报这些事务。醇亲王负责的海军衙门担起了筹集修建颐和园的重任，这也许就是后世所谓颐和园花费了海军军费的由来，然而实际情况是这笔巨款的确与北洋海军无关，挪用于颐和园工程的，是海军衙门经费，而非北洋海防协饷。很显然，北洋海军军费和海军衙门经费不能混为一谈。

修颐和园挪用北洋海军经费的说法从哪里来的呢？其实这个说法最早出自梁启超的文章中："群臣竞奏请练海军，备款3 000万……颐和园工程大起，举所筹之款，尽数以充土木之用。"众所周知，戊戌变法失败后，康有为和弟子梁启超曾制造了许多谣言，编造了很多虚假的史实，梁启超这种说法没有任何数字考证，他的说法不可信。

也许有人会提出质疑：即便慈禧没有挪用北洋海军军费，但修建颐和园是一项大工程，如果将这笔钱投入到海军建设中，也许就不会失掉整场战争了。

　　这种说法同样过于主观臆断。据保守估算，修建颐和园的费用至少在 1 000 万两白银以上，这些资金预计可以购买 6 艘"定远"号级别的铁甲舰，仅凭多出来的这几艘铁甲舰就一定能够打赢日本吗？在我看来未必！战争是军力的较量，同时也是国力的比拼，如果不从根本上改变清帝国的体制，真正走向近代化，大清帝国依然不是日本的对手，日后的日俄战争证明了一切。

　　1884 年，朝鲜爆发"甲申政变"，日本支持"开化党"，劫持国王，试图驱逐驻朝清军。袁世凯果断出击，带领军队冲击王宫，粉碎了日本的阴谋。事后，日本遣伊藤博文来天津，与李鸿章进行交涉，这是李鸿章与伊藤博文初次见面。双方经过多轮谈判，签订了中日《天津条约》，约定日后朝鲜发生变乱等重大事件，中日两国或一国要派兵，要先行文知会，事后要撤回不再留防。对于局势，李鸿章还比较乐观："以后彼此照约撤兵，永息争端。俾朝鲜整军经武，徐为自固之谋，并无伤中、日两国和好之谊，庶于全局有裨也。"

　　而实际上，这份条约中李鸿章没有强调清朝对朝鲜的宗主权，是一次外交上的重大失败。从 1886 年到 1892 年，日本在朝鲜贸易的急速增长，这也从侧面显示出清朝对朝鲜的宗主国地位发生

李鸿章

伊藤博文

动摇，日本对朝鲜的渗透从此变得顺理成章。

抛开条约不谈，李鸿章对伊藤博文十分欣赏，在一份给朝廷的秘密奏折中指出："伊藤久历欧美各洲，极力模仿，实有治国之才，专注通商睦邻、富国强兵之政，不欲轻言战事、吞并小邦。大约十年内外，日本富强，必有可观。"

伊藤博文也向日本政府报告，有人担心三年后中国必强，此事可不必虑，"中国以时文取文，以弓矢取武，所取非所用；稍为更变，则言官肆口参之。虽此时外面于水陆军俱似整顿，以我看来，皆是空言。缘现当'法事'（即中法战争）甫定之后，似乎发奋有为，殊不知一二年后，则又因循苟安，诚如西洋人形容中国所说又'睡觉'矣。倘若此时日本与中国作战，是催其速强也。若平静一二年，言官必多参更变之事，谋国者又不敢举行矣。即中国执权大官，腹中经济，只有前数千年之书，据为治国要典。此时只宜与之和好，我国速节冗费，多建铁路，赶添海军，发行纸币，三五年后，我国官商皆可充裕，彼时再看中国情形，惟现时则不可妄动。"

1894年2月，朝鲜爆发了"东学党"起义，迅速蔓延全国。东学党又称东学道，创始人为崔济愚，是一个带有宗教色彩的民间组织，以对抗传入朝鲜的西方文化，并致力于帮助穷困农民争取权益，口号为"惩治贪官污吏"和"斥倭斥洋"。6月1日，东学党占领了朝鲜重镇全州，朝鲜国王只得向当时的宗主国清政府请求派兵援助。李鸿章在接到袁世凯的奏报后，令北洋水师提督丁汝昌派遣"济远""扬威"两艘军舰前往朝鲜，同时派直隶提督叶志超带领2 400名清军由海道赴朝，驻扎于牙山。依照中日《天津条约》中的要求，清政府就向朝鲜出兵一事照会日本政府。蓄谋已久的日本终于等来了这个机会，遂以保护使馆为名陆续向朝鲜出兵。

在国内外各方政治军事压力下，6月10日，东学党人与朝鲜政府议和，起义军退出全州城，朝鲜局势已趋于平静，然而日本却毫无撤兵之意，并提出了共同改革朝鲜内政的要求，有意挑起中日双方的纷争。6月22日，日本政府向清政府发出"第一次绝交书"，声称："设若有与贵政府所见相违，我政府断不能饬撤现驻朝鲜我国之兵也。"

李鸿章惯用的应付国际局势的策略就是"以夷制夷"，看到朝鲜局势日益严重，李鸿章寄希望于英国和俄国的外交干预，然而在国际社会的丛林法则中，没有永远的朋友，只有永恒的利益。俄国不愿深度介入，在日本人的暗中拉拢下，英国也倒向了日本这一方，双方签订了《日英通商航海条约》，英国外交大臣金伯理勋爵曾说："这个条约的性质，对日本来说，比打败清国的大军还远为有利。"

就这样，李鸿章寄希望于英俄调停的幻想破灭，即便如此，李鸿章依然坚持主和，他在给总理衙门的电报中解释说：

> 汪（凤藻）、袁（世凯）皆请添拨重兵。鸿思倭兵分驻汉（城）、仁（川），已占先着。我分兵逼处，易生事；远扎，则兵多少等耳。叶（志超）驻牙山，距汉（城）二百余里，陆续添拨已二千五百，足可自固，兼灭贼。我再多调，倭亦必添调，将作何收场焉？今但备而未发，续看事势再定。

李鸿章认为，中日继续向朝鲜派兵，只能导致局势继续恶化下去，不如看后面的形势再说吧！

李鸿章不同意出兵，是因为身为甲午战争中清朝军队的实际总管家，他比谁都清楚自家的家底，清帝国虽然号称拥有"百万大军"，但在八旗和绿营的69万人中，真正可以被清廷调上甲午陆战战场的，只有绿营"练军"中的一小部分。八旗和绿营的主体都已经糜烂不堪使用，淮军与绿营兵力分散，难以集结；北洋海军平时疏于备战，难与日本一战。甲午战争前，日本可是做足了情报工作，根据日本的情报估算，清朝可用之军仅5万，这就是清朝陆军中真正能调用对日作战的全部家底！

7月4日，李鸿章在奏折中说：

沿海陆军，除胶州台工经始未成外，山东威海卫则绥巩军八营、护军两营；奉天大连湾则铭军十营，旅顺口则四川提臣宋庆毅军八营，又亲庆军六营；山东烟台则嵩武军四营；直隶北塘口仁字两营，大沽口炮队六百七十名。臣前折所谓分布直隶、东、奉三省海口把守炮台合计二万人者指此。其分驻天津青县之盛军马步十六营，军粮城之铭军马队两营，芦台之武毅两营，皆填扎后路，以备畿辅游击策应之师。

至绿营兵丁，疲弱已久，自前督臣曾国藩及臣创办练军较收实用。无如直隶地面辽阔，与东、奉、晋、豫接壤，北界多伦、围场，皆盗贼出没之区，经年扼要巡防，备多力分，断难抽调远役。

……现在倭兵备调者实有五万，必须力足相持，至少亦须二三十营。若移缓就急，调出一营，即须添募一营，以补其缺，方免空虚无备，为敌所乘。

日本人在朝鲜半岛磨刀霍霍，朝堂之上却还在为是否出兵一事争吵不休。有人主战，有人主和，单从这事来说，主战的，并不一定是英雄，主和的，也并不一定是汉奸。李鸿章是深知中日爆发战事的利害所在的，然而朝中"清流"可不管这些，他们"只讲是非，不论利害"，纷纷慷慨陈词，极力主战。主战派们不知兵，但却个个自认为胸中暗藏十万兵，纸上谈兵的想象力极为丰富。有人提出，不如派兵到日本本土，围魏救赵，以解朝鲜之围，以"十万水师游弋于各个海口，作为疑兵。又分五万人到琉球，伺隙而攻，相机而进"，使日军"首尾不能相顾，然后胜算可以独操"。都察院史科给事中褚成博认为日本"岛夷小丑，外强中干"，"我中华讲求海防已三十年，创设海军亦七八年"，北洋海陆军"技艺纯熟，行阵齐整，各海口炮台轮船坞一律坚固"，面对"区区一日本"，应"决意主战，大加驱剿"；礼部侍郎说，"如清国一战扫平日本，则可因此刷新格局，振奋精神，以图自强，从此昂首迈向强国之路"；编修曾广钧也认为，"中国可趁此机会，剿灭日本，建立奇功。"甚至有人建议征发东南民风剽悍之地的"凶悍徒卒"，以高官厚禄赏赐之，命令他们从福建、广东一带渡海，到日本横滨上岸，或者绕道东北，由本州岛东北部的新潟登陆，分几路骚扰。但得数万人登岸，直指东京，彼即"全局震动"。

给李鸿章上点眼药，哪能少得了户部尚书翁同龢？他的得意门生王伯恭在《蜷庐随笔》记载了这么一件事：

甲午战前，王伯恭劝翁同龢不要主战，翁同龢说："李鸿章治军几十年，扫平了多少坏人呀！现在北洋有海军陆军，正如火如荼，难道连一仗都打不了吗？"

王伯恭说："知己知彼，才能百战百胜。现在已经知道自己不如人，怎么可能胜利呢？"

翁同龢说："我正想让他李鸿章到战场上试一试，看他到底是骡子是马，将来就有整他的余地了！"

在主战派们的鼓噪下，年轻气盛的光绪皇帝也跃跃欲试，倾向于主战，慈禧太后随后也发下谕旨，严厉斥责李鸿章犹豫不定：

现在倭韩情事已将决裂，如势不可挽，朝廷一意主战。李鸿章身

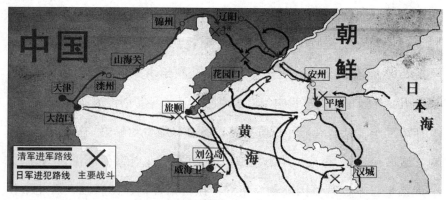

甲午战争风云图

膺重寄，熟谙兵事，断不可意存畏葸。著懔遵前旨，将布置进兵一切事宜迅筹复奏。若顾虑不前，徒事延宕，驯致贻误事机，定惟该大臣是问！

在一片狂躁的开战声中，李鸿章的声音被湮没了。

史学家唐德刚曾说，道光、咸丰和光绪祖孙三人分别应对两次鸦片战争和甲午战争时，其心态如出一辙："开战之初，三位万岁爷总司令都意气风发，坚决主战。臣民有畏缩主和者，简直是杀无赦。可是迨战争爆发，洋兵把清兵打得一败涂地，万岁爷又惊惶失措，抱怨当初主战者欺君罔上，误国误民，要他们提头来见！"

所谓当局者迷，旁观者清，当时的大清海关总税务司赫德向英国政府报告清国政情时说："现在中国除了千分之一的极少数人以外，其余999人都相信大中国可以打垮小日本。"

在满朝文武的口诛笔伐中，李鸿章只得派遣南北两路大军入朝增援，北路是由陆路入朝的盛军、毅军、奉军等四路大军，总兵力13 000多人，堪称清军精锐，南路部队由"高升"等运输船运送至牙山，主要是为了接应、援助驻扎在那里的叶志超、聂士成部。在将"爱仁"与"飞鲸"

138

两舰安全护送到朝鲜牙山后，"威远"号先期返回，"广乙""威远"两舰随后返回准备去接第三艘运兵船"高升"号，不料在黄海的丰岛海面与日本的三艘军舰相遇。

这三艘军舰分别为"吉野""浪速"和"秋津洲"号，火力及航速远超老旧的"济远"和"广乙"，甫一接战，两舰就被打散，"广乙"受重伤，在烟雾的掩护下退出战斗，在朝鲜西海岸附近搁浅，为防止落入日本人之手，管带林国祥下令纵火烧毁了军舰。"广乙"舰离开后，"济远"舰以一敌三，更是支撑不住，管带方伯谦见势不妙，慌忙向西

日本"吉野"号巡洋舰

撤退。日本三舰哪肯罢休？在后面紧追不舍。追逐途中，前方又驶来两艘船，正是第三艘运兵船"高升"号和运输舰"操江"号，日本三舰于是分开追击。

"高升"舰原本是英国商船，被李鸿章拿来租用，上面载有清军1 116人。日舰在逼停"高升"舰后，强行上船检查，"高升"舰舰长高惠悌拿出证照表明这是英国商船，日舰无权检查，"浪速"舰舰长东乡平八郎认为，"高升"舰违反了日本政府向清国政府发出的最后通牒期限，宣布"高升"舰被俘。"高升"舰舰长则表示：本船出港于7月25日之前，不在日本政府通牒期限之内，有权返回大沽港。与此同时，"高升"舰上的清军拒绝投降，纷纷拿起枪械与日舰对峙。两舰相距300米，用旗语对话达四小时之久，没有任何进展。

"浪速"舰于是向"高升"舰开炮，船体下沉，清军水兵纷纷落水

逃难，日舰非但不营救落水者，还向已经失去战斗力的清兵射击，除245人被路过的其他中立国船只施救外，其余871名清军将士全部壮烈殉国。

除了"高升"舰被击沉外，"操江"舰很快也被日舰追上俘虏，"济远"舰舰长方伯谦下令挂白旗临阵脱逃，并用尾炮击伤"吉野"舰，侥幸逃回旅顺。

丰岛海战爆发后，中日双方同时宣战，光绪皇帝发布宣战诏书，以宗主国的身份说：

朝鲜为我大清藩属二百余年，岁修职贡，为中外所共知。乃倭人无故派兵，突入汉城，嗣又增兵万人，迫令朝鲜更改国政，种种要挟，难以理喻。各国公论皆以日本师出无名，不合情理，劝令撤兵，和平商办，乃竟悍然不顾，反更陆续添兵……该国不遵条约，不守公法，任意鸱张，专行诡计，衅自彼开，公理昭然，用特布告天下，俾晓然于朝廷办理此事实已仁至义尽，而倭人渝盟肇衅，无理已极，势难再予姑容。

明治天皇睦仁则从国家利益视角说道：

朕此对清国宣战，百僚有司，宜体朕意。海陆对清交战，努力以达国家之目的。苟不违反国际公法，即宜各本权能，尽一切手段，必期万无遗漏……讵料清国之于朝鲜事件，对我出于殊违邻交有失信义之举……于其内乱，借口于拯救属邦，而出兵于朝鲜……清国之计，唯在使朝鲜治安之基无所归。查朝鲜因帝国率先使之与独立国为伍而获得之地位，与为此表示之条约，均置诸不顾，以损害帝国之权力利益，使东洋平和永无保障。就其所为而熟揣之，其计谋所在，实可谓自始即牺牲平和以遂其非望。事既至此，朕虽始终以平和相始终，以宣扬帝国之光荣于中外，亦不得不公然宣战……

就在丰岛海战爆发同日，日军从汉城派出大岛混成旅团4 000余人向南往牙山进发。李鸿章当初派出"高升"号等运输船就是为了接应、援助驻扎在那里的叶志超、聂士成部，如今丰岛海战失败，援军已无可能，且牙山不易防守，清军移师到了东面的成欢驿，太原镇总兵聂士成带着武毅军约2 000人驻防成欢，直隶总督叶志超率1 000多人驻扎聂军以北的天安。然而，日军在火力和人数上占了优势，清军很快就溃败了下来，狼狈行军一个多月，穿越大半个朝鲜半岛退到了平壤。

叶志超从牙山溃退平壤后，却在给朝廷的战报中谎报战功，将千里溃逃描写成屡战屡胜："廿三叶军与倭开仗，倭兵三千死一千余，我兵伤亡百余。倭兵已往北退。闻叶军要往水原府。"

当时的平壤有左宝贵、马玉昆、卫汝贵、丰升阿等四路大军驻守，共32营13 500人，加上从成欢退下来的人数，总兵力约有15 000余人。日军则集结了16 000余人，于9月15日开始进攻，经过一整日激战，马玉昆在船桥里击退日军大岛义昌部。

城北战场，日军投入了7 000余人，以炮火猛轰平壤北边的战略要地牡丹台和玄武门，守军将领左宝贵激励官兵："进则定有异常之赏，退则加以不测之罚，我身当前，尔等继之"，最终战死，血染征袍。

城西南战场，野津道贯率领的第五师团本队向清军堡垒冲锋，几次都未能得手。野津道贯忿忿地说："我今率兵于千里之外与敌作战，蕞尔此城，竟不能陷之，有何面目归谒我天皇陛下？我意已决，明日之战，举全军以进逼城下，冒敌弹，攀胸墙。胜败在此一举！我军幸得陷城，

"致远"舰水兵在舰上合影

我愿足矣；如若不幸败绩，平壤城下即我葬身之处！"

中日双方激烈交锋多日，互有胜负，平壤保卫战进入异常艰难时刻。清军弹药及粮食尚足以守城 1 个月，而日军粮食弹药即将告罄，冒雨露宿，处境极为困难。如果清军坚持下去，尚有转圜的时机，然而此时的清军主帅叶志超早已丧失了斗志，他对部众说："北门咽喉既失，弹药不齐，转运不通，军心惊惧，若敌兵连夜攻击，何以御之？不若暂弃平壤，令彼骄心，养我锐志，再图大举，一气成功也！"

就这样，叶志超以统帅身份下令弃城逃走，由于命令不通，指挥不利，清军在突围途中遭到日军埋伏，据亲历此役的人回忆，当时"阴云密布，大雨倾盆。兵勇冒雨西行，恍似惊弓之鸟，不问路径，结队直冲。而敌兵忽闻人马奔腾，疑为劫寨，各施枪炮，拦路截杀。各山口把守严密，势如地网天罗，数次横冲，无隙可入。且前军遇敌击，只好回头向后；而后兵平壤战后被日军俘虏的清兵欲逃身命，直顾奔前。进退往来，颇形拥挤。黑夜昏暗，南北不分。如是彼来兵不问前面是敌人抑是己军，放枪持刀，混乱相杀，深可怜悯。前行士卒，既遭敌枪，又中己炮，自相践踏，冤屈谁知？当此之时，寻父觅子，呼兄唤弟，鬼哭神号，震动田野。"

　　叶志超从平壤逃脱后，因谎报军情被查办。就在平壤之战后的第三天，9月17日，中日双方又在大东沟爆发了大规模海战。开战时，北洋舰队拥有大小舰艇10艘，日本联合舰队由海军中将伊东祐亨率领，拥有12艘军舰。当天上午，日本联合舰队司令伊东祐亨从望远镜中看到中国军舰上"头上盘着发辫，两臂赤裸而呈浅黑色的壮士，一伙一伙地伫立在大炮旁，正准备着这场你死我活的决战"，他下达了第一个命令："吃饭！"看到北洋舰队阵势严整，伊东祐亨担心日本官兵临阵畏缩，还特别下令："随意吸烟，以安定心神。"

　　日本舰队排成纵队向北洋舰队高速靠近，北洋舰队排出"雁形阵"队形迎战。12时50分，双方舰队相距5 300米，北洋水师旗舰"定远"舰首先开炮，3分钟后，日方还击。日舰装有大量的速射炮，火力凶猛，交战初始，丁汝昌即受伤，北洋舰队失去指挥，其部下"定远"舰管带刘步蟾毅然"代为督战，指挥进退"。连亲身参加海战的"定远"舰副管驾英国人泰莱也承认："众士兵均狞厉振奋，毫无恐惧之态。当予巡视时，一兵负重伤，同侣嘱其入内修养；及予重至此炮座，见彼虽已残

"致远"舰官兵合影（居中双手交叉者为邓世昌）

甲午海战中的定远号

废，仍裹创工作如常。"

北洋舰队的火炮是老式后膛炮，射击时操作繁琐，射速极慢，日本舰队却已用上新式速射炮，这种火炮采用驻退复进机，已具备现代火炮雏形。北洋舰队火炮从5分钟一发至每分钟一发不等，日方火炮则高达每分钟6—10发。北洋海军的炮弹主要为开花弹和实心弹，前者弹头中填充火药或炸药，击中目标后会发生爆炸；实心弹的弹头内则很少装药或不装药，而是填充泥土、沙石，这种实心弹击中目标不会爆炸，只能借重力击穿敌舰引起进水。所以在炮弹中填沙子，是当时的国际惯例，跟清政府的腐败无能关系不大。

下午3时许，北洋舰队旗舰"定远"舰不幸舰首中弹，燃起大火，烟雾笼罩，危急之时，邓世昌指挥"致远"舰为掩护"定远"舰冲到前面，被日舰包围，舰体严重倾斜，最终沉没，邓世昌不幸落水。写到这里，想必大家都熟悉了，邓世昌誓与军舰共存亡，不顾爱犬的相救，毅然按犬首入水，一同沉没在黄海中。

很不幸，这段记载是根据历史需要被包装出来的。

关于这段记录有很多种说法，其中最可靠的当属北洋舰队中美籍军官马吉芬，当时是"镇远"舰雇员，他回忆道：

> 舰内幸存者只有七名海军士兵，他们依靠舰桥上的救生圈，被海潮冲向岸边，被一只帆船救出。他们所说各不相同，难以置信。但唯有一点说法一致，据说邓舰长平时饲养一头大狗，性极凶猛，常常不听主人之命。"致远"沉没后，不会游泳的邓舰长抓住一块船桨木板，借以逃生。不幸狂犬游来，将其攀倒，手与桨脱离，惨遭溺死。狂犬亦为主人而殉死。想来义犬救主之说，自古以来屡有所闻，但为犬舍命者恐邓舰长首创先例，实乃不幸之人。

　　这是最接近真相的历史，长期以来却不被人关注，人们宁愿相信一个义犬救主的感人故事，也不愿意相信爱犬帮了倒忙令其溺毙。究其原因，是因为朝廷需要塑造一个忠君报国的英雄形象，而民众也更愿意相信忠仆救主的故事。

　　浮名皆拜他人赐，说破英雄惊煞人！

　　"致远"舰沉没后，"济远"舰、"广甲"舰临阵脱逃，"经远"等舰也因起火陆续撤离，随后，"定远"舰一发炮弹命中日方旗舰"松岛"号，将左舷炮架全部击毁，引起甲板上弹药爆炸，一侧火炮全部损坏。经过5个小时的海上激战，日本联合舰队主动撤出战场，无一沉没，大清则痛失5艘巡洋舰，"定远"等4舰重伤，由此失去制海权，中日历史的走向也彻底被改变。

　　暮色苍茫的海面上，海风吹过，尽是刺鼻的硝烟和死亡的气息。

　　黄海海战失利后，李鸿章在朝堂之上迅速成为众矢之的，被拔去三眼花翎，褫去黄马褂，以示薄惩。日方则携胜利之威，横渡鸭绿江，分路向辽东半岛的纵深地发动攻势。与此同时，日军在辽东半岛东侧的花园口登陆，一路过金州，向旅顺进逼。在日军猛烈的炮火下，仅仅过了一天，号称"东亚第一要塞"的旅顺即陷入日军手中。日军在攻陷了旅顺要塞后，实施了惨无人道的大屠杀，短短4天，2万多无辜中国平民死于日军屠刀之下。英国牛津大学国际法学教授胡兰德在《中日战争之国际公法》中曾愤怒地谴责道："日本是披着文明的外衣，实际是长着野蛮筋骨的怪兽！日本于今摘下了文明的假面具，暴露了野蛮的真面目！"

　　威海卫之战是保卫北洋海军基地的防御战，也是北洋舰队对日本的最后一战。一直以来，在提及威海卫保卫战的时候，众人纷纷批评李鸿章的"避战保船"策略，而事实上，李鸿章并未避战，一再命令北洋水师主动出击，避战者是提督丁汝昌。丁汝昌之所以避免出海作战，不是懦弱，实在是没有本钱单挑日本联合舰队了。黄海海战之后，北洋舰队元气大伤，"镇远""定远"各伤千余处，丁汝昌在给盛宣怀的一封信中说："查此四舰，固在日夜赶修，但靖、济两艘备炮钢底钢圈皆已破损，无能复用，平远请领之炸弹迄未接到，广丙速射炮弹现在只有六十发。钳制敌军，本为吾侪素责，倘遭遇敌队，速力难及，不惟夺我士气，抑且增彼声威，殊非计之得也。军器不完不备，岂可滥事交绥哉？我海军力原较敌方单薄，鹿岛（黄海）之役复失四舰、废一舰，现在勉强差堪战斗者，仅定、镇、济、靖、来、平六艘而已。平远速力迟钝，修理工程非至十月中旬不能完竣，各舰炮身多被破损，军器弹药何时可到尚不能预知，心中焦灼之至。苟以补充不足，再失一、二舰，不其更损国威耶。"

北洋舰队受伤战舰始终没能修复，更糟糕的是全舰官兵军心溃散。日军大举正面强攻威海湾之时，清军鱼雷艇队出逃，大批海军官兵齐聚海军公所门前，哀求丁汝昌给条生路，"雷艇既逃，军心更乱，纷纷直向丁统领求生路。统领恐军心有变，只得温言慰之，但告各军粮草已绝，炮弹垂尽，进无以战，退无以守。"

寒夜中，孤灯下，丁汝昌在交待完日常事务后，摊开了日方送来的劝降书：

威海卫失陷（日本人拍摄的甲午战争）

夫大厦之将倾，固非一木所能支，苟见势不可为，时机不利，即以全军船舰，权降于敌，而以国家兴废之大端观之，诚以微微小节，不足拘泥。仆于是乎以声震宇内日本武士的名誉，请阁下暂游日本，以待他日贵国中兴之际，切愿真正需要阁下报国时节到来，请阁下听纳友人诚实之一言。

闭上眼，丁汝昌心中五味杂陈。伊东祐亨的这份劝降信一针见血指出了清帝国的弊端，19世纪是个弱肉强食、适者生存的时代，古老的中华大地却还处在一片浑浑噩噩之中，墨守成规，以八股取士；其后清朝与日本先后迈出了近代化的第一步，然而清帝国把洋务当作衣服穿，日本却把它当作饭来吃，其结果高下立见。

作为一名传统军人，丁汝昌的人生字典里没有"投降"二字，有的只是"舰在人在，舰毁人亡"的决然和勇气。踌躇良久，丁汝昌拿出一包鸦片，和着酒吞了下去。

1895年2月12日，北洋海军提督丁妆昌殉国，时年59岁。

磅礴大雨中，载着丁汝昌、刘步蟾等人灵柩的"康济"舰汽笛长鸣，飘着孤独的龙旗离开了刘公岛。

千古艰难唯一死！丁汝昌之死堪称甲午战争史上最为悲壮、苍凉的一幕。

朝廷的旨意很快就下来了，丁汝昌有罪，将丁汝昌的棺材涂以黑漆，用三道铜箍箍住，送回安徽老家，不许下葬，搁在村口临时搭建的茅草房中。荒草萋萋几度秋，这一放，就是15年！直到1910年，经海军大臣贝勒载洵及萨镇冰等人力争，清廷才以"力竭捐躯，情节可怜"为丁汝昌平反昭雪。一个为国家为民族为尊严战至最后一刻，最后以身殉国的民族英雄，最终却换来这样一个结果，可悲！可叹！可恨！

经此一战，北洋海军全军覆没，李鸿章再一次被士论钉上道德耻辱柱，非议辱骂之声不绝于耳。然而，眼下这个烂摊子，总要有人去收拾的，重担自然而然又落到了李鸿章的身上。李鸿章不愿单独承担议和的骂名，要求翁同龢一同前往日本，但翁同龢却一口回绝："若余曾办过洋务，此行必不辞。今以生手办重事，胡可哉？"回复可谓冠冕堂皇。

1895 年 3 月，迎着潇潇暮雨，李鸿章受命前往日本马关谈判。李鸿章早就预感到了此行的艰难，一路上愁怨满腹，写下了一首诗：

晚倾波涛离海岸，

天风浩荡白鸥闲。

舟人哪知伤心处，

遥指前程是马关。

抵达马关后的第二天，李鸿章和日本首相伊藤博文在春帆楼见面。日本《朝日新闻》这样写道："李鸿章从门司港乘轿子来到春帆楼，其后跟随了一众随从，还有日方给他派出的宪兵护卫。下轿后的李鸿章，戴着一顶圆帽，身穿深蓝色上衣，浅茶色下衣，白色胡须非常显眼。"

简单寒暄过后，李鸿章道："你我东亚两国，最为邻近，同文同种，今暂时相争，总以永好为事。如寻仇不已，则有害于华者，也未必于有益贵国也。试观欧洲各国，练兵虽强，不轻起衅，我中东既在同洲，亦当效法欧洲。如我两国使臣彼此深知此意，应力维亚洲大局，永结和好，庶我亚洲黄种之民，不为欧洲白种之民所侵蚀。"

伊藤博文回应道："中堂之论，甚惬我心。十年前我在津时，已与中堂谈及，何至今一无变更，本大臣深为抱歉。"

李鸿章叹道："我国之事，囿于习俗，未能如愿以偿。今转瞬十年，依然如故，本大臣自惭心有余力不足。贵国兵将，悉照西法训练，甚精；各项政治，日新月盛。此次本大臣进京与士大夫谈论，也深知我国必须改变方能自立。"

第一天谈判双方还算客气，第二次谈判时，北洋海军虽然覆没，但辽东战场战争还在继续，李鸿章提出了停战请求，伊藤博文则提出了包括占领天津等地在内的四项苛刻条件，李鸿章据理力争，二人之间曾有如下对话：

李鸿章：日军并未到达大沽、天津、山海关，为何条款规定占据此三地？

伊藤博文：议和停战乃中方要求，为体现诚意，日军需占领三地作为抵押。

李鸿章：驻扎此三处的中国士兵很多，日军占据后他们到哪里去？

伊藤博文：随便去哪里，只须划定两军界限即可。

李鸿章：天津的官员怎么办？

伊藤博文：这个问题以后再谈。此议案你能照办吗？

李鸿章：这个问题关系重大，不能不谈。天津的通商口岸，日本也要占领吗？

伊藤博文：可暂时归日本管理。

李鸿章：三地均为险要之所，如停战期满议和不成，日本先行占据，岂不是反客为主？

伊藤博文：停战期满，合约签订，日军马上撤离。

李鸿章：中日两国一衣带水，贵国所定条款未免欺人太甚，是否还有其他解决办法？

伊藤博文：别的办法我们还没想到。现在两国相争，中国忽然要求停战，对日军士气大有妨碍，所以要先占据险要之地作为抵押，才不会吃亏。

李鸿章强压心头怒火，回应道：我之来此，实系诚心讲和，我国家亦同此心。乃甫议停战，贵国先要踞有三处险要之地。我为直隶总督，三处皆系直隶所辖，如此于我脸面有关。试问伊藤大人，设身处地，将何以为情？我两人忠心为国，亦须筹顾大局，中国素未准备与外国交争，所招新兵，未经训练，今既到如此地步，中日系切近邻邦，岂能长此相争！久后必须和好。但欲和好，须为中国预留体面地步。否则我国上下伤心，即和亦难持久。如天津山海关系北京门户，请贵国之兵，不必往攻此处，否则京师震动，我国难堪，本大臣亦难以为情。

第三轮谈判中，日方不经意间提及了台湾，引起了李鸿章的警觉，李鸿章表示如日本侵占台湾，英国将会干涉。伊藤博文微笑道："岂止台湾而已！不论贵国版图内之何地，我倘欲割取之，何国能出面拒绝？"

第三轮谈判结束后，李鸿章在随员陪同簇拥下返回住处，不料在返回途中，一名日本愤青举枪朝李鸿章开了一枪，李鸿章被击中左颊骨，血流不止。

消息传出后，国际舆论一片哗然，纷纷指责日本而同情中国。日方极为被动，伊藤博文得到消息后勃然大怒，咆哮道："宁将自己枪击，也不应加害中国使臣！"日方害怕国际社会趁机干涉，只得暂时无条件停战，但停战范围不包括台湾、澎湖。日本天皇派出御医前往查看，医生要为他取出子弹，李鸿章拒绝了："国步艰难，和局之成，刻不容缓，予焉能延宕以误国乎？宁死无刺割。"次日，李鸿章见血满袍服，又说道："此血所以报国也。"

此后，日本拿出了和约底稿，限期李鸿章三日内答复：

一、中国认明朝鲜国确为完全无缺之独立自主；

二、中国将盛京省南部地方、台湾全岛及澎湖列岛永远让与日本国；

三、中国赔偿日本军费库平银三万万两；

四、中国再开顺天府、沙市、湘潭、重庆、梧州、苏州、杭州七处为通商口岸，日本国臣民在各口岸可以自由通商设厂。

李鸿章无法接受，一面向朝廷汇报此事，一面继续向伊藤博文苦苦哀求，但伊藤博文始终不松口。今天当我们翻开尘封的历史档案，到处都是这样的谈判记录：

伊藤博文：中堂见我此次节略，但有允不允两句话而已。

李鸿章：难道不准分辩？

伊藤博文：只管辩论，但不能减少。

李鸿章：总请再减。

伊藤博文：无可减矣。

李鸿章：不许我驳否？

伊藤博文：驳只管驳，但我意不能稍改。贵大臣固愿速定和约，我亦如此。广岛有六十余只运船停泊，计有二万墩运载，今日已有数船出口，兵粮齐备，所以不即运出者，以有停战之约故耳。

李鸿章：赔款还请再减五千万，台湾不能相让。

伊藤博文：如此，当即遣兵至台湾。

……

李鸿章：无论如何，总请再让数千万，不必如此口紧。

伊藤博文：屡次说明，万万不能再让。

《马关条约》蜡像

李鸿章：又要赔钱，又要割地，双管齐下，出手太狠，使我太过不去。

伊藤博文：此战后之约，非如平常交涉。

李鸿章：讲和即当彼此相让，尔办事太狠。

伊藤博文：此非关办事之才，战后之效，不得不尔。

伊藤博文：换约后一月内两国各派大员办理台湾交接。

李鸿章：一月之限过促，总署与我远隔台湾，不能深知情形。最好中国派台湾巡抚与日本大员即在台湾议明交接章程，其时换约后两国和好，何事不可互商？

伊藤博文：一月足矣。

李鸿章：头绪纷繁，两月方宽，办事较妥，贵国何必急急，台湾已是口中之物。

伊藤博文：尚未下咽，饥甚！

李鸿章：两万万足可疗饥，换约后尚须请旨派员，一月之期甚促。

伊藤博文：可写一月内，奉旨派员云云。

春帆楼里，身为战败国代表的李鸿章苦苦哀求，受尽了日方的羞辱，他已经顾不得什么脸面了，然而强势的伊藤博文却不肯做丝毫退让，甚至一再以战争相威胁。经历了五个多小时的谈判，中日双方终于签订了《马关条约》。

走出春帆楼，李鸿章回天乏力，长叹一声，我不入地狱，谁入地狱？这"汉奸"的千古骂名自己怕是这辈子也洗不干净了！正如他自己所说，"七十老翁，蒙汉奸之恶名，几有求生不得，求死不能之势。"

甲午一战，淮军和北洋海军一败涂地，回到北京后，李鸿章从权力的巅峰跌落下来，住进了贤良寺中。一身承担了战败与议和两种责任的李鸿章顿时沦为千夫所指的"汉奸"，理所当然地成了众怒所归和众恶所归的渊薮。翁同龢等人达到了检验北洋海军成色的目的，但整个大清帝国却已是处在风雨飘摇之中。我们不禁要问，在这场关乎国运的大对决中，清王朝为何一败涂地？

我们不妨先来听听当事人李鸿章的解释：

十年以来，文恬武嬉，酿成此变，平日讲求武备，辄以铺张靡费为由，购械购船，悬为厉禁。一旦有事，明知兵力不敌，而淆于群哄，轻于一掷，遂一发而不可复收。战屈而后言和，且值都城危机，事机万紧，更非寻常可比。兵事甫解，谤书又腾，知我罪我付之千载，固非口舌所分析矣。

年轻冲动的光绪皇帝毫无治国才能，在其状元老师翁同龢的怂恿下，轻于一掷，逼着李鸿章开战，战败后却毫无方寸，只得请慈禧太后做主；朝中帝党清流不懂战却好战，一个个如同打了鸡血般争当"键盘侠"，喊打喊杀，为攻讦北洋集团而不惜夸大事实甚至造谣中伤。在强大的"爱国"声浪中，任何冷静的主张都会被斥之为卖国，为全社会所不齿，于是一场悲剧便在所难免。

甲午战败以后，李鸿章伤感地反省：

我办了一辈子的事，练兵也，海军也，都是纸糊的老虎，何尝能实在放手办理，不过勉强涂饰，虚有其表，不揭破尤可敷衍一时。如一间破屋，由裱糊匠东补西贴，居然成一间净室，明知为纸片糊裱，然究竟不定里面是何等材料。即有小小风雨，打成几个窟窿，随时补葺，亦可支吾应付。乃必欲爽手扯破，又未预备何种修葺材料，何种改造方式，自然真相破露，不可收拾，但裱糊匠又何术能负其责？

李鸿章的这席话，可谓"一语中的"，大清"犹如老屋废厦加以粉饰"，滔滔之势，岂能禁遏，岂能不漏？

赵朴初先生在一组《读史》为题的诗中，有一首诗这样写道："昔年甲午战，惟有直隶当。一省抗一国，寡弱敌众强。诸藩壁上观，独罪李鸿章。"

梁启超也在《李鸿章传》中奋笔疾书道："西报有论者曰：日本非与中国战，实与李鸿章一人战耳，其言虽稍过，然亦近之。只见各省大吏徒知画疆自守，视此事若专为直隶、满洲（东北）之私事矣。其有筹一策、出一旅以救难者乎？即有之，亦空言而已，乃至最可笑者，刘公岛之役，当事者致书日军，求放还广东一船，谓此船系属广东，此战与广东无关。各国闻之莫不笑之，而不知此语实代表各省疆臣之思想也。若是乎，日本果真与李鸿章一人战也，以一人战一国，合肥（李鸿章，合肥人），虽败亦豪哉！"

在前线将士为国卖命的时候，清政府官员却在等着看北洋水师的笑话，甚至一副事不关己高高挂起的态度，李鸿章"以一人敌一国"，试问这样的国家焉能不败？

清军到底败在了哪里？当时的人和现在的人对此展开了深入细致的讨论，我们尽可以从武器装备、官兵素质、战略后勤等方面给出解释，诸如"清政府腐败无能""李鸿章卖国避战""北洋海军军纪败坏""日本间谍猖獗""慈禧挪用海军军费导致战败"等等不一而足，然而这样的答案总是不能令我们完全满意；也有人将一切罪责全部归咎于清政府腐朽的体制。我们不能说这个解释不对，但将体制视为一切罪恶的根源，似乎是解气了，总觉得过于苍白。

我们都知道，甲午一役是对洋务运动的一次重大考验，显然，这次考验很不合格。在我看来，甲午战败，其根源在于当时的清政府没有完成现代化的转型过程。甲午战争中，中国还处于"国不知有民，民不知有国"的古代状态，从上到下都没有国家观念，国人没有独立的国家认同感和忠诚感，清政府社会动员与国家动员能力皆捉襟见肘。清政府不认为甲午战争是举国之战，更荒唐可悲的是，当北洋水师的舰船被围在威海卫港中濒临灭亡时，落入日本海军包围圈的鱼雷巡洋舰"广丙"号竟然向日方提出，本舰属于广东水师，北上黄海系拉练而非参战，所以日方"应予放行"，遭到日本人的惊愕和耻笑，恍若"不是与支那进行战争，而是与直隶省进行战争"。梁启超在一篇名为《中国积弱溯源论》的文章中说："是故吾国民之大患，在于不知国家为何物。"

国家观念、国民精神的缺乏与认同，才是导致甲午海战一败涂地的根本原因！

洋务运动开启了中国近代化的先河，但这种改革实际上是一种低层次的现代化改革，洋务派积极推动的这场变革是一次"非常肤浅的现代化尝试"。改革是一个系统性的工程，是一场新的利益重组，李鸿章等人一味追求器物层面的革新，试图通过局部经济层面的改革来化解社会矛盾，轻制度与思想，显然是走偏了方向。面对欧美西方国家的强势崛起，李鸿章知其然而不知其所以然，1876年，李鸿章在会见日本驻清公使森有礼时说："阁下赞赏模仿欧风，废弃旧来服制，犹如将自国的独立委身于欧洲的制度，岂不是遭人唾弃，羞耻之事？""我国决然不会进行如此变革，只是不得不在武器、铁道、电信等机械方面，积极吸收西洋的东西，因为这些东西正是那些国家最优秀之处。"

福泽谕吉说，一个民族要崛起，要改变三个方面：第一是人心的改变；第二是政治制度的改变；第三是器物的改变。这个顺序绝不能颠倒。如果颠倒，表面上看是走捷径，其实是走不通的。日本就是按照福泽谕吉这个顺序走的，而清朝则反着走，结果一个成功了，一个失败了。

甲午战争对清朝社会最大的冲击，是击破了晚清"天朝上国"迷梦，梁启超对此曾有过入木三分的评论："吾国四千年大梦之唤醒，实自甲午战败割台湾、偿二百兆始。"巨大的创痛，让国人开始重新认识自己、认识世界，士大夫骨子里的担当意识被激发出来，踏上了救亡与变革的道路。

百川东去，历史总是在变革中迸发前行的力量，晚清这艘破烂不堪在海上飘摇的舰船，又将驶向何方？

第六章　戊戌变法：知识分子的救国幻想

几百年积下的毛病，尤其要慢慢来治。康梁书生气太浓，做事太过强硬，不懂得妥协，短短百日就想把几千年的制度翻过来，希望毕其功于一役，这又怎么可能做得到？头颅滚动，漫天血雨中，知识分子的救国幻想也由此幻灭。

甲午一战，刺痛了中国人因循守旧和麻木已久的神经，一向以"天朝上国"自居的泱泱大国竟然败于日本这个"蕞尔小邦"，实实在在地震撼了当时的社会各阶层，每一个关心中国命运的人士心头几乎都笼罩着一种忧愤、耻辱和无奈的感觉。各地民众及官僚阶层生出一种前所未有的危机感，在这种情况下，"谈论新法成为一极时髦之妆"。

　　李鸿章赴日本马关签订和约之时，北京城聚集着大批各省举人，刚刚参加完对他们而言至关重要的会试，正在等待发榜。4月初，《马关条约》即将签订的消息传到京城后，在京城应试的举人犹如炸开了锅，个个群情激奋，大批知识分子奔走呼号，呼吁朝廷拒绝签约，迁都再战，朝廷之上反对议和的声音也不绝于耳。台湾籍举人罗秀惠在得知台湾即将割让给日本的消息后，在都察院外捶胸顿足，号啕大哭一整天，观者无不落泪。

　　在这批热血澎湃的学子中间，有两个广东籍的考生尤为活跃，他们就是康有为和弟子梁启超。

　　康有为在得知签约消息后，立即派了弟子梁启超去鼓动各省举人，

光绪皇帝

慈禧太后

梁启超先是联合了广东举人麦孟华、张寿波等100多人准备上陈，随后湖南举人也不甘落后，积极加入了他们的队伍，两省举人同时向朝廷联名上书，并提出"拒和、迁都、再战"三点要求。康梁等人在一封上书中无比激愤地写道："与日本议和，有割奉天沿边及台湾一省，补兵饷二万万两，及通商苏、杭，听机器、洋货流行内地，免其厘税等款，此外尚有缴械、献俘、迁民之说。……窃以为弃台民之事小，散天下民之事大，割地之事小，亡国之事大，社稷安危，在此一举！"

仅靠这些底层的读书人是无法成事的，与此同时，康有为又和梁启超分头去鼓动游说朝中官员，希望能向朝廷上书阻止议和。短短几天之内，各地举人的公呈犹如雪片般飞到都察院，让一向清闲惯了的都察院大老爷们惊诧莫名。

眼看各省举人们被鼓动起来，康有为认为士气可用，于是在4月22日联合在京会试的十八省举人共1 300多人在松筠庵召开会议，用了一天两夜时间起草了一份18 000字的"上今上皇帝书"，并提出以下四点要求：

一、下诏鼓天下之气；

二、迁都定天下之本；

三、练兵强天下之势；

四、变法成天下之治。

这份万言书写完后，由梁启超、麦孟华连日抄写，很快就传遍了京城，十八省举人群起相应，1 200多人署名。5月2日，在康有为、梁启超的带领下，十八省举人与京城市民带着这份联名上书齐集都察院，恳请都察院的大人们代为转递给皇帝。按规定，举人是不能直接给朝廷上书的，只能由都察院代为转递。

再说那些都察院的大人们收到举子们的上书后，却以皇上已在和约上用玺，事情无法挽回为由，拒绝接受举子们的上书。

康有为

这就是我们中学历史课本上的"公车上书"，被不少历史学家称为继12世纪宋朝太学生发动的知识青年救亡运动以来，绝无仅有的第二次学潮，维新派由此登上政治舞台。

这是我们一贯以来所接受的历史常识。

看起来，的确是气壮山河。然而很多时候，越是常识性的东西，越是需要考证和推敲。

以上"公车上书"的描述来源于康有为所撰的《康南海自编年谱》，长期以来被视为关于"公车上书"事件最权威的表述。自20世纪七八十年代起，黄彰健、孔祥吉等众多学者相继对"公车上书"提出质疑。

梁启超

孔祥吉先生于1988年发表《康有为变法奏议研究》中引用了中国第一历史档案馆所藏档案，证明了当时并无阻碍上书的政治背景，官员举子上书的途径十分通畅。康有为称五月初二日都察院不收上书的说法，其实未必可信。

历史的真相到底如何呢？

1895 夏，有一署名为"沪上哀时老人未还氏"出版了《公车上书记序》，为我们道明了所谓"公车上书"的真相：

各公车再联十八省举人同上一书，广东举人康长素（康有为）……主其事，草疏万八千余字，集公千三百余人……文既脱稿，乃在宣武门松筠庵之谏草堂传观会议……和款本定于四月十四日在烟台换约，故公呈亦拟定于初十日在察院投递，而七、八、九三日为会议之期。乃一时订和之使、主和之臣恐人心汹涌，于初八日（5 月 2 日）请将和款盖用御宝，发使赍行。是日……松筠庵座中议事尚数十百人，咸未用宝之举，但觉气象愁惨……是夕议者既归散，则闻局已大定，不复可救，于是群议涣散……概各省坐是取回知单者又数百人，而初九日松筠庵之足音已萧然矣，议遂中寝，惜哉惜哉！

也就是说：这些举人们原本是要准备上书的，结果书也写好了，还没递上去就听说"大局已定，不复可救"，于是大家只好草草散了。

按照茅海建先生的考证，"公车上书"其实有两个："一是由政治高层发动、京

公车上书记

官组织的上书，其数量多达 31 件，签名的举人多达 1555 人次，且上书已达御前；一是由康有为组织的 18 行省举人联名上书，那是一次流产的政治事件。"

在这次会试中，康有为实现了自己多年来为之奋斗的理想——第五名，高中进士，随后被授予工部主事，正式成为了中央部委的公务员。

随着《马关条约》的正式签订，士人们对于上书的热情渐渐散去，唯有考上公务员的康有为没有忘记自己最初的理想，就在他龙门一跃成为新科进士的5月，康有为第三次通过都察院上书光绪皇帝，阐述自己的变革思想。

在此，我们有必要回顾一下康有为此前的人生履历。

康有为字广厦，号长素，广东南海人，故又名"南海先生"。康有为的先祖是广东名族，高祖康辉曾任广西布政使，曾祖康健昌曾任福建按察使，祖父康赞修做过广州府的教育官员，同时也是一位知名的儒家学者，父亲也做过江西的知县。

出身于这样一个诗书官宦之家，康有为从小就接受了儒家传统文化的熏陶，好学敏锐，博闻强记。从他那掺满水分的《自编年谱》中，我们可以看到康有为的一些自我评价：四岁时能诵读唐诗数百首；六岁时跟从简凤仪读《大学》《中庸》《论语》和朱熹所注《孝经》，老师曾出"柳成絮"为题，康有为应声而答"鱼化龙"，获得祖辈"此子非池中物"的称赞；十一岁时父亲去世，跟随祖父接受严格的封建正统教育，攻读经史，"频阅邸报，觉知朝事，知曾文正、骆文忠、左文襄之业，而慷慨有远志矣"。十二岁观看龙舟竞赛，即席写出一首40句的长诗，从而获得"神童"的赞誉，被乡里人称为"圣人为"。据康有为自述，当时的他"相当狂妄，动辄以古人自拟。做某事往往自况张轼；撰某文又往往自况苏东坡；突然生出某个念头，则自以为是六祖慧能大师、邱处机道长。与同州诸生交往，大有霸视之气。"

如果只看康有为的这份自述，其俨然就是一个"天才少年"，然而就是这位"天才少年"却在科举的路上蹉跎许久。为了考秀才，康有为一共考了三次，十六岁才搞到秀才头衔；考举人更是艰难，共考了七次，耗费了二十年的光阴。

1876 年，19 岁的康有为第一次参加乡试，却名落孙山。祖父康赞修觉得不能再让康有为放任自流，于是将他送进了挚友朱次琦的礼山草堂。

朱次琦是岭南大儒，世称九江先生。朱次琦教学重四行五学，主张"扫去汉、宋之门户，而归宗于孔子。"狂妄自大的康有为一向眼高于顶，目中无人，却深深折服于朱次琦的学问。然而，以康有为的孤傲性格，注定无法与老师及同学和平共处，三年后和老师朱次琦分道扬镳。康有为后来这样解释离开的原因：整日埋头于故纸堆中，汩灭了自己清明的灵性，渐渐厌恶学习。每日里想到，戴东原这些考据家们写了那么多书，究竟有些什么用呢？所以辍学回家。

康有为是一个"天命观"极强的人，他曾在一首诗中提到了自己出生时的异兆："大火赤流星，子夜吾生始。"60 岁那年他写诗自承："吾生信天命，自得大无畏。"康有为坚信自己依附着某种神秘而伟大的天意，内心深处不免以圣人自我期许。在回顾自己早年心境时，他曾如此坦承写道："我年轻的时候希望自成一派，立足于孔子之外，于是每日里阅读孔子的著作，吹毛求疵，对其进行攻击。"

想要立足于孔子之外的康有为遁入了家乡西樵山的寺观之中，参禅悟道，"静坐时，忽见天地万物皆我一体，大放光明，自以为圣人"。

1879 年，康有为第一次到香港，当时香港已由英国人统治已近 40 年之久。看到城市中高楼大厦鳞次栉比，道路宽敞整洁，人来人往井井有条，康有为的内心受到了极大的震撼，"览西人宫室之瑰丽，道路之整洁，巡捕之严密，乃始知西人治国有法度，不得以古旧之夷狄视之。"此后他开始注意阅读和收集《海国图志》《瀛寰志略》等西学之书。

1882 年，康有为北上参加考试，回程路过上海，看到上海滩的繁华，愈发觉得"西人治术之有本"，并在上海江南制造总局翻译馆购买了大量的西学新书。据统计，当时上海江南制造局所译西学书籍，30 年间才卖出 12 000 本，其中康有为一人就买了 3 000 本，成为该局的头号大顾客。通过广泛阅读西学书籍、报纸及游记，康有为开始潜心考察西方的政治、经济、历史、文化。梁启超曾在《康南海先生传》说，康有为"及道香港，见西人殖民政治之完整，属地如此，本国之更进可知，因思其所以致此者，必有道德学问以为之本原，乃悉购江南制造局及所译出各书，尽读之"。

在接触西方文化之前，康有为研修儒学，参悟佛道，颇为自负，而在接触西学之后，康有为更觉眼界大开，他将自身的使命自述为："其来世也，专为而已，故不居天堂而故入地狱，不投净土而故来浊世，不为帝王而故为士人，不肯自洁，不肯独乐，不愿自尊，而以与众生亲。为易于救援，故日日以救世为心，刻刻以救世为事，舍身命而为之。以诸天不能尽也，无小无大，就是所生之地，所遇之人，所亲之众，而悲哀振救之，日号于众，望众从之，以是为道术，以是为行己。"

1888 年，康有为北上参加顺天府乡试，再次榜上无名，带给自己不小的打击。因为就在前一年，康有为自认为学术已然大成，他在一封给好友沈曾植的书信里也曾说到："到乙酉年（1885 年）的时候，我的学问已经大成，从此不再有进步。"

狂妄自负的康有为无法接受这个事实，他在《自编年谱》里这样自我安慰：

顺天府乡试本已名列第三，因我的文章瑰丽雄伟，考官大多能够分辨。侍郎孙诒经说："这份卷子当是康某人的"，主考官大学士徐桐记恨我此前写给他的那封信，遂说：“如此狂生，不能让他考中”，将我抑置副榜。考官王锡蕃替我争辩，徐桐更怒，再将我抑置誊录第一。

康有为的指责罔顾了一个基本的事实，1888年顺天府乡试的主考官不是徐桐，而是户部的满汉两位尚书福锟和翁同龢。

科举落第后，康有为写了一篇洋洋五千余字的《上清帝第一书》，节选部分如下：

……

夫法者，皆祖宗之旧，敢轻言变者，非愚则妄，然今天下法弊极矣。六官万务所集也，卿贰多而无所责成，司员繁而不分委任，每日到堂，拱立画诺，文书数尺，高可隐身，有薪炭数斤之微，银钱分厘之琐，遍行数部者，卿贰既非专官，又多兼差，未能视其事由，劳苦已甚，况欲整顿哉？故虽贤智，亦皆束手，以为周公为今冢宰，孔子为今司寇，亦无能为，法弊至此，求治得乎？

州县下民所待治也，兵、刑、赋、税、教、养合责于一人，一盗侠、一狱误、一钱用而被议矣，责之如是其重，而又选之极轻，以万余金而卖实缺焉。禄之极薄，以数百金而责养廉矣。其下既无周人虞、衡、牧、稻之官，又无汉人三老、啬夫之化，而求其教养吾民，何可得哉？以故外省奉行文书，皆欺饰以免罪；京朝委成胥吏，率借例以行奸。他若吏部以选贤才也，仍用签除；武举以为将帅也，乃试弓石；翰林以储公卿也，犹讲诗字；其他紊于法意，而迁于治道，舛乱有决，难遍以疏举。是以皇太后、皇上虽有求治之心，而无致治之效也。

今论治者，皆知其弊，然以为祖宗之法，莫之敢言变，岂不诚恭顺哉？然未深思国家治败之故也。今之法例，虽云承列圣之旧，实皆

165

六朝、唐、宋、元、明之弊政也。我先帝抚有天下，不用满洲之法典，而采前明之遗制，不过因其俗而已，然则世祖章皇帝已变太祖、太宗之法矣。夫治国之有法，犹治病之有方也，病变则方亦变。若病既变而仍用旧方，可以增疾。时既变而仍用旧法，可以危国。董子曰："为政不和，解而更张之，乃可以理。"《吕览》曰："治国无法则乱，守而弗变则悖。"《易》曰："穷则变，变则通。"设今世祖章皇帝既定燕京，仍用八贝勒旧法，分领天下，则我朝岂能一统久安至今日乎？故当今世而主守旧法者，不独不通古今之治法，亦失列圣治世之意也。

今之时局，前朝所有也，则宜仍之，若知为前朝所无有，则宜易新法以治之。夫治平世，与治敌国并立之世固异矣。昔汉臣魏相专主奉行故事，宋臣李沆谓凡人士上利害，一切不行，此宜于治平之世也。若孙叔教改纪，管仲制国，苏绰立法，此宜于敌国并立之世也。今但变六朝、唐、宋、元、明之弊政，而采周、汉之法意，即深得列圣之治术者也。皇太后、皇上知旧法之害，即知变法之利，于是酌古今之宜，求事理之实，变通尽利，裁制厥中，如欲采闻之，则农夫耕而君子食焉，臣愚愿尽言于后也。尤望妙选仁贤，及深通治术之士，与论治道，讲求变法之宜而次第行之，精神一变，岁月之间，纪纲已振，十年之内，富强可致，至二十年，久道化成，以恢属地而雪仇耻不难矣。

日本崎岖小岛，近者君臣变法兴治，十余年间，百废俱举，南灭琉球，北辟虾夷，欧洲大国，睨而莫敢伺，况以中国地方之大，物产之盛，人民之众，二帝、三王所传，礼治之美，列圣所缔构，人心之固，加以皇太后、皇上仁明之德，何弱不振哉？臣谓变法则治可立待也。今天下非不稍变旧法也，洋差、商局、学堂之设，开矿公司之事，电线、机器、轮船、铁舰之用，不睹其利，反以蔽奸。夫泰西行之而富强，中国行之而奸蠹，何哉？上体太尊而下情不达故也。君上之尊宜矣，然自督、抚、司、道、守、令乃下至民，如门堂十重，重重隔绝，浮图百级，级级难通。夫太尊则易蔽，易蔽则奸生，故办事不核实，以粉饰为工，疾苦不上闻，以摧抑为理。至于奸蠹丛生，则虽良法美意，反成巨害，不如不变之为愈矣。

今上下否塞极矣。譬患咽喉，饮食不下导，气血不上达，则身命可危，知其害而反之，在通之而已。古者君臣有坐论之礼，《大学》之美文王曰："与国人交"，《诗》曰："呦呦鹿鸣，食野之苹，我有嘉宾，鼓瑟吹笙。"言恩诚发乎中礼，群臣若嘉宾，故群臣尽心，下情既亲，无不上达，则奸消弊缩，虽欲不治，何可得哉？通之之道，在霁威严之尊，去堂陛之隔，使臣下人人得尽其言于前，天下人人得献其才于上。周有土训、诵训之官，掌道地图、地慝、方志、方慝，汉有光禄大夫、太中大夫、议郎，专主言议；今若增设训议之官，召置天下耆贤，以抒下情，则皇太后、皇上高坐法宫之中，远洞万里之外，何奸不照，何法不立哉？以皇太后、皇上明目达聪，宜通下情久矣。然今犹壅噎底滞者，得无左右皆宦官宫妾，壅塞聪明，而无学士大夫与论治耶？即有其人，亦皆谀谄面谀之人，而非骨鲠直亮之士耶？不然，以圣德之茂，何未能日缉熙于光明也？

古者师傅以傅德义，史官以记言动，侍御、仆从罔非正人，绳愆纠谬，格其非心，所以养之深而培之密者如此。故君德易成。暨于汉制，君臣犹亲，袁盎、汲黯入内燕见，而唾壶、虎子、执戟皆妙选良士，如东方朔、孔光、扬雄为之，犹有古义也。明年皇上大婚礼成，亲裁庶政，春秋鼎盛，宜慎声色之防；圣德日新，宜慎近习之选。所谓慎者，辨忠佞而已。伊尹曰："有言逆于心，必求诸道；有言逊于志，必求诸非道。"故承颜顺意者，佞臣也，弼违责难者，忠臣也；逢上以土木声色者，佞臣也，格君以侧身修行者，忠臣也；欺上以承平无事者，佞臣也，告上以灾危可忧者，忠臣也。《书》称："毋以侧媚，其惟吉士。"孔子称去谗贱货，所以修身。伏愿皇太后、皇上熟辨之，去谗慝而近忠良，妙选魁垒端方通知古今之士，日侍左右，兼预燕内以资启沃，则德不期修而自修矣。皇上正一身以正百官，正百官以正万民，士节自奋，风俗自美，余事何足为哉！

臣伏惟念祖宗辛苦经营，休养生息，有此天下，置之安危，在今日矣。今不筑金汤之，而筑丹腰之宫，不游勋华之世，而游薮圃之内，臣窃为皇太后、皇上惜之。故从臣之言，及今亟图，犹为可治，律朝廷益尊，宗社益固，令德神功，播闻后嗣。否则恐数年后，四夷逼于外，乱民作于内，于时乃欲为治，岂能待我十年教训乎？恐无及也。今皇太后、皇上即不自为计，独不为天下计乎？即不为天下计，独不为列祖、列宗计乎？即幸而天命眷顾，仅能图存，设令敌人割我尺土寸地，皇太后、皇上何以对列祖、列宗乎？《易》曰："其亡其亡，系于苞桑。"《孟子》曰："盘乐怠敖，是自求祸。"伏愿皇太后、皇上念列圣付托之重，答天心警示之勤，无忘庚申之变，震悼祖陵之灾，特下明诏，引咎罪己，誓戒群下，恐惧修省，求言图治，则宗庙幸甚，天下幸甚。臣草野愚贱，罔识忌讳，竭露愚诚，干冒宸严，不胜战栗惶悚之至。伏惟皇太后、皇上圣鉴，谨呈。

光绪十四年十一月初八日

这封上书气势恢宏，言辞犀利，康有为在分析朝廷面临的外患与内忧后，提出三点具体措施：变成法、通下情、慎左右。当时的康有为只是监生，不能直接给皇帝上书，须由国子监长官代递，而当时的国子监最高长官翁同龢在接到这封上书后，看到奏章言语太过讦直，于事无益，只会徒生衅端，遂拒绝代为转递。

1889 年 9 月，满怀愤懑的康有为在离开北京城时，写下了一首《出都诗》：

> 落魄空为梁甫吟，英雄穷暮感黄金。
> 长安乞食谁人识，只需朱公知季心。
> 海水夜啸黑风猎，杜鹃啼血秋山裂。
> 虎豹狰狞守九关，帝阍沈沈叫不得。

就在这一年，康有为回到了广州。离京之前，康有为在给好友沈曾植的书信中谈到了自己以后的打算："我无土地，无人民，无统绪，无事权，为之奈何？或者其托于教乎？"

回到广州后的康有为准备自立门户，收徒讲学。然而，当时开馆授徒的多是进士、翰林或学术大家，最差也得是个举人。康有为只是一个监生，自然受到了冷落。吴敬轩在《康圣人的故事》中有一段描述：

> 圣人初居广州，只是一个监生，名不出里巷。一日忽发奇想，贴广告"教馆"，见者嗤之以鼻，有人以淡墨书其旁曰："监生亦居然出而教馆乎？"悬贴半月，不见一个学生光顾，圣人虽气，亦无之如何。

一个偶然的机会，康有为替教馆先生石星巢代了一堂课，在讲台上"逞其海涵地负之才，悬河不竭之口，旁征博引，独出新解"，让学生们大开眼界，高材生陈千秋慕名拜访了康有为。一番交谈后，陈千秋为康有为广博的见闻和新奇的思想所折服，又引介了同门师弟梁启超来见。

梁启超是广东新会人，少年时代即以神童闻名于乡里，在当地颇具名声。更关键的是，当时的梁启超已经考取了举人，而康有为不过是个秀才，在"学历"上比梁启超还低一级。经不住陈千秋的一番吹捧和怂恿，年仅18岁的梁启超决定和这个33岁潦倒科场多年的老监生见一面。

然而，令梁启超没想到的是：初次见面，康有为即"以大海潮音，作狮子吼"（佛教用来形容佛祖说法时的词语），将梁启超精通的训诂辞章等传统旧学一律斥为无用，并表示这些不过是科举考试的敲门砖而已，根本算不上什么学问。少年梁启超的信心顿时崩溃了，他后来这样描述此次交谈的感受：

余以少年科第，且于时流所推重之训诂辞章学，颇有所知，辄沾沾自喜。先生乃以大海潮音，作狮子吼，取其所挟持之数百年无用旧学更端驳诘，悉举而摧陷廓清之，自辰入见，及戌始退，冷水浇背，当头一棒，一旦尽失其故垒，惘惘然不知所从事，且惊，且喜，且怨，且艾，且疑，且惧，与通甫联床，竟夕不能寐。明日再谒，请为学方针。先生乃教以陆王心学，而并及史学西学之梗概。自是决然舍去旧学，自退出学海堂，而间日请业南海之门，生平知有学自兹始。

"冷水浇背，当头一棒"，可以看得出这次谈话确实对梁启超有醍醐灌顶之效，康有为突破传统的思想为他打开了一扇门，让他看到了更广阔的世界，听到了更广博的见闻，这一切对于年少的梁启超是如此新鲜，以至于他第一次见识到什么是真正的大学问。

坦白来说，康有为对于西学的认知还不够深入，因为他只能从非常有限的图书和报纸上了解西方文明，但他非常善于思考，常常能够举一反三，从一个新的视角去观察和思考问题，建立自己的学术体系，这对当时的士大夫来说已经属于超前了。

经过一番深入思考后，梁启超决定正式拜康有为为师，并将其视为进入学问殿堂的起点。就这样，康有为与梁启超也成了中国近代史上有名的一对师徒，正所谓"秀才老师，举人学生"，梁启超后来曾说："启超之学，实无一字不出于南海。"

随后，康有为开设了自己的学堂，取名长兴书院。弟子陈千秋建议取梁鼎芬赠诗中"万木森森一草堂"一句，易名为"万木草堂"，意在："将倾之大厦，必须有万木扶持，而非一木所能胜任，故欲集天下英才而教之，冀其学成，群策群力，以救中国，以表达康之政治抱负"。康有为欣然同意，遂将其改名为万木草堂。

如前文所言，康有为一开始对孔子并不感冒，但在万木草堂成立后，康有为迅速转变为孔夫子最忠实的拥趸。我们都知道，素王是对孔子的尊称，康有为本人则自号"长素"，意为长于素王也，其内心深处的"圣人"意识再一次显现无遗。不仅如此，他还为他的学生起了各种别称：

陈千秋号"超回"——超越颜回；

梁启超号"轶赐"——"轶"，超车，"赐"，指孔子弟子端木赐；

麦孟华号"驾孟"——凌驾于孟子之上；

曹泰号"越伋"——超越孔伋（孔子之孙，孟子之师）；

韩文举号"乘参"——"把曾参当马骑也"（唐德刚先生戏称）；

在开设草堂培植"康党"骨干力量的同时，康有为也在积极构建自己关于变法图强的理论体系，并在不久后写出了影响巨大的《新学伪经考》和《孔子改制考》，由此也卷入了与另一位经学大师廖平的学术纠纷中。

廖平曾是张之洞的幕僚，曾师从经学大师王闿运。康有为曾得到过廖平的一篇《辟刘篇》手稿，对其赞赏不已。1889 年冬，廖平到广州谒见张之洞，康有为专程前往拜访，廖平拿出新作《知圣篇》赠予康有为。康有为看完后，对其中的一些观点并不认同，写了万言信驳斥廖平"好名鹜外，轻变前说"，并劝廖平应"急当焚毁"。廖平随后回访康有为，"两心相协，谈论移晷"，谈的很是融洽。

《知圣篇》与《辟刘篇》的观点相互交融，算的上是姐妹篇，一个是打击古文经学，一个是推崇今文经学，其中所述乃是中国跨越两千年的一桩公案：今文经学与古文经学之争。康有为早期尊崇古文经，但在读了廖平的两篇著作后，逐步接受了以公羊学为代表的今文经学。

一年后，康有为在其弟子梁启超、陈千秋的协助下，完成了三十万言的《新学伪经考》，并在七年后，又出版了《孔子改制考》，将孔子描述为"改制"的先锋。由于康有为的这两部书与廖平的《辟刘篇》《知圣篇》的不少观点有相似之处，后世不少人指责康有为剽窃廖平的成果。关于这段公

《新学伪经考》

《孔子改制考》

案，学术界至今尚有争议，但康有为在写《新学伪经考》与《孔子改制考》时，深受廖平的影响乃至启发却是不争的事实。

康有为的弟子梁启超就曾明确指出，康有为的一系列著作是深受廖平的影响："有为早年，酷好周礼，尝贯穴之著《政学通议》。后见廖平所著书，乃尽弃其旧说。……然有为之思想，受其影响，不可诬也。"（《清代学术概论》），又说："康先生之治《公羊》，治今文也，其渊颇出自井研（廖平），不可诬也。"（《中国学术思想变迁之大势》）

《新学伪经考》和《孔子改制考》一经出版，石破天惊，引起了全国轰动，梁启超在《清代学术概论》中评价康有为的《新学伪经考》是"思想界之一大飓风也"，《孔子改制考》犹如"其火山大喷火也，其大地震也"。在这两本书中，康有为试图用西学的观点重新注释传统儒学，引发了多方责难，反对者多，赞同者少，张之洞、叶德辉、黄遵宪、严复等人都持反对意见。

之所以有这么多反对的声音，实在是康有为的这两部著作确实离经叛道得离谱，他论证了今文经为孔子真传，而古文经为刘歆伪造，后世两千余年皆新莽之学，将儒家士大夫崇奉的古文经说成是伪造的，这如何能为士大夫所接受？另一方面，康有为的论证过程也是逻辑混乱、错讹百出，连弟子梁启超也看不过去，说老师罔顾客观事实，太过武断。帝师翁同龢在看过后这样写道："看康长素《新学伪经考》，以为刘歆古文，无一不伪，窜乱六经，而郑康成以下皆为所惑云云。真说经家一野狐也，惊诧不已。"

萧公权曾如此评价康有为：

康氏对经书的处理并不客观，但是这并不使他的努力毫无价值。因不客观，虽是史家所忌，并不影响一个哲学家的成就，康氏从未以史家自居，他从公羊学的传统，对事实并不重视，而认为追寻真理乃是最正当的学术目的。因此，批评康氏漠视或曲解证据，不过是显示他并未给孔子学说以正确的说明，但并不减少他"武断"解释的理论意义，因为我们不以"客观"为标准来估量它，而是从历史环境的逻辑来衡量。

不仅如此，康有为还宣扬"孔教救国论"，他建议改造儒教为孔教，把儒家按照西方宗教的样式组织起来，将孔子打扮成像耶稣一样的神，使孔教成为像"耶稣教"那样的现代宗教。

为什么选中孔子？

康有为在《孔教会序》中说："中国立国数千年,礼义纲纪,互为得失,皆奉孔子之经。"

为了达到这个目的，康有为在各地设立孔教会，将孔子塑造为供在神坛上的教主，"孔子为教主,为神明圣王,配天地,育万物,无人、无事、无义不范围于孔子大道中,乃所以为生民未有之大成至圣也。"

康有为还解释说："中国本来有一个现成的教主，那就是孔丘。西方各宗教的教主，都是靠迷信起家，而成为教主的；孔丘不以迷信起家，只靠他所作的六经，以得到人们的信仰，这才是真正的教主。"他认为，人类世界的文化日益进步，靠迷信起家的教主已逐渐不适宜为文明世界的教主了；只有不以迷信起家的孔丘，才真正是文明世界的教主。言外之意是说，以孔丘为教主的宗教，不但适合于中国，而且适合于全球的文明世界。（冯友兰：《中国哲学史新编》）

唐德刚在《晚清七十年》中不无惋惜的说："康有为不自量力，引学术入政治，也就从'迂儒'逐渐蜕变成'学阀官僚'，这把支持他变法改制最热心、最有力的张之洞、翁同龢等都摈之门外。以他这个小官，来独力抵抗那红顶如云的顽固派，那就是螳臂当车了……康有为当年犯了他那教条主义的绝大错误。"

回过头来，我们再来看看康有为在成为新科进士之后的举动。即便已经成了国家公务员，康有为依然没有直接给皇帝上书的权力，而且随着会试的结束，各地举人们各自散去。屡次上书被拒后，康有为深切体会到变法环境的艰难。为了提倡新学、开通风气，康有为在弟子梁启超、孟麦华等人的协助下决定创办《万国公报》，以开通知识、更新风气。

《万国公报》创立之初，经费和设备均无着落，康有为每日自掏腰包出白银二两维持；没有印刷机器，他们就在《京报》馆托用了一副旧的粗木板雕印；没有发行渠道，他们就和当时的京报捆绑免费派送。一月之后，每日发出的《万国公报》最高印量已达 3 000 张，康有为在《自编年谱》中说："报开两月，舆论渐明，初则骇之，继亦渐知新法之益。"

办报之余，康有为认为，"凡讲学莫要于合群，盖以得知识交换之功，而养国体亲爱之习。自近世严禁结社，而士气大衰，国之日屡，病源在此"。于是，他在京师的官僚士大夫群体中组织成立了一个社会团体，名曰强学会，梁启超等人"日攘臂奋舌，与士大夫痛陈中国危亡朝不及夕之故"。为了筹集资金，康有为在京城士大夫中间到处游说，频频发起"游宴"活动。在他看来，"变法本原，非自京师始，非自王公大臣始不可"。

经过两个月的宣传鼓吹，京城的官僚士大夫阶层逐渐认同了康有为组织团体、设立学会的一系列行为，不少朝中高官如翁同龢及孙家鼐等开始暗中支持这些活动，纷纷为强学会筹资，户部尚书翁同龢答应每年从户部拨款资助，直隶总督兼北洋大臣王文韶、署两江总督张之洞及刘坤一也各捐五千金，袁世凯一次就认捐了五百元，经费问题逐渐得到解决。李鸿章也深受感染，主动认捐两千金，却遭到了强学会主事诸人的拒绝，弄得李鸿章很没面子，他在奉命出使俄国前扬言说："若辈与我过不去，等我回来，看他们尚做得成官吗？"

尽管李鸿章因强学会的拒绝而含怒在心，但他对这个学会一开始还是抱有一线希望的，然而当他参加完一次强学会公饯后，无比失望地对驻俄公使许景澄说："欲变法自强，无人、无财、无主持者，奈何！"李鸿章有四十余年的洋务经验，看问题自然比康有为这些知识分子更透彻。很快，这位洞察世情的老臣对强学会的判断将一一得到应验。

强学会每十日集会一次，大家聚在一起轮流演讲，宣传维新思想，听取有关时事的演说。在康有为等人鼓吹活动下，强学会获得了迅猛发展，政治影响越来越大。康有为的一些激烈言辞也招致了大学士徐桐、监察御史褚成博等人的弹劾，逼得他不得不南下避风头，此后强学会内部矛盾逐渐激化，李鸿章的儿女亲家、监察御史杨崇伊随后上折弹劾强学会"私立会党，将开处士横议之风"以及"植党营私"，请求清廷予以查封。就这样，风光一时的强学会早早谢幕了。

经过打击之后，康有为深感变法的条件还不成熟，于是继续回到万木草堂开始了讲学的生活。

转眼就到了1897年，眼看西方列强掀起了瓜分中国的狂潮，民族危机日益严重，康有为心急如焚，于是第五次上书光绪皇帝："万国报馆，议论沸腾，咸以瓜分中国为言，若箭在弦，省括即发。海内惊惶，乱民蠢动……瓜分豆剖，渐露机芽，恐惧回惶，不知死所。……恐自尔后，皇上与诸臣虽欲苟安旦夕，歌舞湖山而不可得矣，且恐皇上与诸臣求为长安布衣而不可得矣。"

这一次的上书同样没能直达光绪皇帝手中，却在朝野间广为流传，逐渐传到了深宫之中的光绪皇帝耳中。光绪皇帝有意召见康有为，想当面听取康有为关于变法革新的思想，但恭亲王奕訢以"本朝成例，非四品以上官不得召见"为由，表态反对。无奈之下，光绪皇帝只得命五位朝中重臣代为"问话"。

1898 年 1 月 24 日，戊戌年大年初三。就在这一天，李鸿章、荣禄、翁同龢、廖寿恒及张荫桓等五大臣奉命在总理衙门找康有为问话。

荣禄首先发话："祖宗之法不能变。"

康有为马上驳斥："祖宗之法，以治祖宗之地也，今祖宗之地不能守，何有于祖宗之法乎？即如此地为外交之署，亦非祖宗之法所有也。因时制宜，诚非得已。"

廖寿恒问如何变法，康有为答："宜变法律，官制为先。"

李鸿章又问："然则六部尽撤，则例尽弃乎？"

康有为答："今为列国并立之时，非复一统之世，今之法律官制，皆一统之法，弱亡中国，皆此物也，诚宜尽撤，即一时不能尽去，亦当斟酌改定，新政乃可推行。"

翁同龢问他如何筹款，康有为答："日本之银行纸币、法国印花、印度田税，以中国之大，若制度既变，可比今十倍。"

问话结束后，翁同龢在日记中写道："康有为到署，高谈时局，以变法为主，立制度局、新政局，练民兵，开铁路，广借洋债数大端"，对康有为的评价只有两个字："狂甚。"即便如此，翁同龢还是在光绪皇帝面前将康有为夸赞了一番。

光绪皇帝听了更感兴趣，康有为随后写了《上清帝第六书》，呈送给皇帝，之后又呈送了《日本变政考》《俄彼得变政考》等文章。有了皇帝的指示，康有为的这次上书没有受到任何阻拦，很快就送到了光绪皇帝手中。在这封奏折中，康有为重点提了三条建议："一曰大誓群臣，以革旧维新，而采天下舆论，取万国之良法；二曰开制度局于宫中，征天下通才二十人为参与，将一切政事制度从新商定；三曰设待诏所，许天下人上书。"

在这三条建议中，我们重点来探讨一下设立制度局一事。

康有为想在中央设制度局，只负责议政而不负责行政，地方设十二专局，包括法律局、税计局、学校局、农商局、工务局、矿政局、铁路局、邮政局、造币局、游历局、社会局、武备局等，这十二专局负责新政在地方的落实执行。

中央制度局垄断了新政的决策权，地方十二专局垄断了新政的执行权，那么问题来了，如果依照康有为的构想，那还要军机处、总理衙门、六部干什么？架空军机处与六部衙门，朝廷重臣岂能答应康有为胡来？

康有为在上海设立强学会分会后，于1896年1月出版《强学报》，以倡言强学维新为主旨。图为《强学报》第一期

康有为显然也感觉到了巨大的阻力，他在自编《我史》里回忆：

"我请于京师开十二局，外省开民政局。于是流言纷纭，咸谓我尽废内阁六部及督抚、藩臬司道矣。……于是京朝震动，外省悚惊，谣谤不可听闻矣。军机大臣曰：'开制度局，是废我军机也，我宁忤旨而已，必不可开。'王文韶曰：'上意已定，必从康言，我全驳之。则明发上谕，我等无权矣，不如略敷衍而行之。'王大臣皆悟，成从王言，遂定议。"

然而，康圣人做事一向是自信心爆棚，他将开制度局作为自己"维新"的纲领和核心，显然不会顾及那些朝堂高官会怎么想。变法开始后的第十天，康有为又请人上了一道折子，折子里说："臣以为，皇上若不想变法图强，也就罢了；若想变法图强，那么要做的第一件事情，就是非开制度局不可。"

可以想见，这样一份奏书将会在朝野内外激起多大的反响！面对反对派的汹汹群议，康有为又策动学生在各地组织学会，一时之间，关学会、闽学会、蜀学会如雨后春笋般纷纷出现。这一年，康有为在各省学会的基础上，联合朝中一些大臣成立了以"保国、保种、保教"为宗旨的保国会，一时间激荡全国。而此时，维新派与保守派的斗争也日趋激烈，朝中的保守势力攻击保国会"保中国不保大清"，"僭越妄为，非杀头不可"。

这年 5 月份，朝中还发生了一件大事，恭亲王奕䜣去世了。

奕䜣原本是洋务运动的主导者，晚年思想却趋于保守，他离世后，光绪皇帝胸中重燃起维新图强的念头。

这一年，光绪皇帝已经 28 岁了，虽然名义上早已亲政，但大权仍然握在慈禧太后手里。面对朝廷面临的危机与困局，年轻的光绪皇帝对主持朝廷日常事务的庆亲王奕劻抱怨说："太后若仍不给我事权，我愿退让此位，不甘做亡国之君。"

听到奕劻的报告，慈禧太后勃然大怒："他不愿坐此位，我早已不愿他坐之！"

在庆亲王奕劻的劝说下，慈禧太后怒气渐消，说道："由他去办，俟办不出模样再说。"

奕劻回来复命时，并没有提及慈禧太后大怒的事情，只是淡淡地说："太后不禁皇上办事。"

年轻气盛的光绪皇帝以为慈禧太后同意放手让他去干一场，顿时意气勃发，于 1898 年 6 月 11 日颁布了《明定国是诏》，正式拉开了维新运动的序幕，原文如下：

数年以来，中外臣工，讲求时务，多主变法自强。迩者诏书数下，如开特科，裁冗兵，改武科制度，立大小学堂，皆经再三审定，筹之至熟，甫议施行。惟是风气尚未大开，论说莫衷一是，或托于老成忧国，以为旧章必应墨守，新法必当摈除，众喙哓哓，空言无补。试问今日时局如此，国势如此，若仍以不练之兵，有限之饷，士无实学，工无良师，强弱相形，贫富悬绝，岂真能制梃以挞坚甲利兵乎？

朕惟国是不定，则号令不行，极其流弊，必至门户纷争，互相水火，徒蹈宋明积习，于时政毫无裨益。即以中国大经大法而论，五帝三王不相沿袭，譬之冬裘夏葛，势不两存。用特明白宣示，嗣后中外大小诸臣，自王公以及士庶，各宜努力向上，发愤为雄，以圣贤义理之学，植其根本，又须博采西学之切于时务者，实力讲求，以救空疏迂谬之弊。专心致志，精益求精，毋徒袭其皮毛，毋竞腾其口说，总期化无用为有用，以成通经济变之才。

京师大学堂为各行省之倡，尤应首先举办，着军机大臣、总理各国事务王大臣会同妥速议奏，所有翰林院编检、各部院司员、大门侍卫、候补候选道府州县以下官、大员子弟、八旗世职、各省武职后裔，其愿入学堂者，均准其入学肄业，以期人材辈出，共济时艰，不得敷衍因循，徇私援引，致负朝廷谆谆告诫之至意。

从这份诏书中不难看出，光绪皇帝在此前已经陆续颁发了一系列改革变法的诏书，但却遭到了各地官员的阻挠和敷衍。因此，光绪皇帝厉声质问那些反对改革变法的王公大臣们："试问时局如此，国势如此，若仍以不练之兵，有限之饷，士无实学，工无良师，强弱相形，贫富悬绝，岂真能制梃以挞坚甲利兵乎？"

1898 年 6 月 15 日，这是变法第 5 天，慈禧太后连下三道谕旨，内容如下：

一、凡新任二品以上大臣必须到颐和园慈禧太后处谢恩；

二、免去翁同龢的军机大臣和一切职务，驱逐回籍；

三、任命荣禄为直隶总督。

这三道谕旨可谓是意味深长，一下子就将朝廷的人事任免权掌握在了自己手里，充分体现了慈禧太后作为一个政治家的老谋深算。事实上，慈禧太后一开始并不反对搞维新变革，不然她也不会放手让光绪皇帝去干，但光绪毕竟年轻冲动，为了保证他的维新变法不出格，慈禧必须将大局牢牢控制在自己手中。

后世史家常常将翁同龢的出局归咎于慈禧太后，事实却未必如此，因为翁同龢虽为光绪皇帝的师傅，但翁同龢对康有为很是看不惯，这就导致了他与光绪皇帝常常意见不合。有一次，光绪皇帝让翁同龢向康有为索要上书，翁同龢回答道："臣与康不往来"，光绪皇帝问："何也？"翁同龢回答："此人居心叵测。"光绪皇帝问道："此前何以不说？"翁同龢答道："臣近见其《孔子改制考》知之。"第二天，光绪皇帝再次要翁同龢去向康有为索要上书，翁同龢还是不肯，光绪皇帝再度"发怒诘责"，翁同龢坚持不肯代呈康有为的东西，两人矛盾日益加深。光绪皇帝由此对翁同龢不满："每于召对时咨询事件，任意可否，喜怒见于词色，渐露揽权狂悖情状"，随后将其驱逐回原籍。

次日，康有为被光绪皇帝安排召见，在朝房等待时，他遇到了新任的直隶总督荣禄。荣禄问他如何才能挽救危局，康有为随口答道："杀几个一二品的大臣，法就变了！"

这番话给荣禄留下了非常恶劣的印象，导致其彻底倒向了维新派的对立面，也为康有为后来的失败埋下了伏笔。

按照康有为在自编年谱中的记载，他与光绪皇帝的会谈内容如下：

光绪皇帝在询问了康有为的年龄出身之后，便切入正题。

康有为："四夷交迫，分割洊至，覆亡无日。"

光绪皇帝："皆守旧者致之耳。"

康有为："上之圣明，洞悉病源，则药即在此。既知守旧之祸败，则非尽变旧法，与之维新，不能自强。"

光绪皇帝："今日诚非变法不可。"

康有为："近岁非不言变法，然少变而不全变，举其一而不改其二，连类并败，必至无功。譬如一殿，材既坏败，势将倾覆。若小小弥缝补漏，风雨既至，终至倾压。必须拆而更筑，乃可庇托。然更筑新基，则地之广袤，度之高下，砖石楹桷之多寡，门槛窗棂之阔窄，灰钉竹屑之琐细，皆须全局统算，然后庀材鸠工，殿乃可成。有一小缺，必无成功，是殿终不成，而风雨中不能御也。"

光绪皇帝深表赞同。

康有为："今数十年诸臣所言变法者，率皆略变其一端，而未尝筹其全体。又所谓变法者，须自制度、法律先为改定，乃谓之变法。今所言变者，是变事耳，非变法也。臣请皇上变法。须先统筹全局而全变之。又请先开制度局而变法律，乃有益也。"

光绪皇帝深以为然。

康有为大受鼓励，继续侃侃而谈："臣于变法之事，尝辑考各国变法之故，曲折之宜，择其可施行于中国者，斟酌而损益之，令其可施行，章程条理，皆已备具，若皇上决意变法，可备采择，但待推行耳。泰西讲求三百年而治，日本施行三十年而强，吾中国国土之大，人民之众，变法三年，可以自立，此后则蒸蒸日上，富强可驾万国，以皇上之圣，图自强，在一反掌间耳。"

光绪皇帝："然，汝条理甚详。"

康有为："皇上之圣既见及此，何为久而不举，坐致割弱？"

光绪皇帝看了一眼帘子外面，长叹道："奈掣肘何？"

康有为瞬间就明白了光绪皇帝的顾虑，他畏惧的是慈禧太后，于是说道："就皇上现在之权，行可变之事，虽不能尽变，而扼要以图，亦足以救中国矣。唯方今大臣，皆老耄守旧，不通外国之故，皇上欲倚以变法，犹缘木以求鱼也。"

光绪皇帝黯然一叹："伊等皆不留心办事。"

康有为："大臣等非不欲留心也，奈以资格迁转，至大位时，精力已衰，又多兼差，安无暇晷，无从读书，实无如何，故累奉旨办学堂，办商务，彼等少年所学皆无之，实不知所办也。皇上欲变法，惟有擢用小臣，广其登荐，予以召对，察其才否，皇上亲拔之，不吝爵赏，破格擢用。方今军机总署，并已用差，但用京卿、御史两官，分任内外诸差，则已无事不办，其旧人且姑听之，惟彼事事守旧，请皇上多下诏书，示以意旨所在，凡变法之事，皆特下诏书，彼等无从议驳。"

光绪皇帝："然。"

康有为："昨日闻赏李鸿章、张荫桓宝星，何不明下诏书。"

光绪皇帝并不答话，微微一笑。

康有为："自割台后，民志已离，非多得皇上哀痛之诏，无以收拾之也。"

光绪皇帝："然。"

随后，康有为和光绪皇帝谈起了教育。

康有为："今日之患，在吾民智不开，故虽多而不可用，而民智不开之故，皆以八股试士为之。学八股者，不读秦汉以后之书，更不考地球各国之事，然可以通籍累致大官，今群臣济济，然无以任事受者，皆由八股致大位之故。故台辽之割，不割于朝廷，而割于八股，二万万之款，不赔于朝廷，而赔于八股，胶州、旅大、威湾、广州湾之割，不割于朝廷，而割于八股。"

光绪皇帝："然，西人皆为有用之学，而吾中国皆为无用之学，故致此。"

康有为："上既知八股之害，废之可乎？"

光绪皇帝："可。"

康有为："上既以为可废，请上自下明诏，勿交部议，若交部议，部臣必驳矣。"

光绪皇帝："可。"

……

召见完毕，光绪皇帝发下谕旨："工部主事康有为，著在总理各国事务衙门章京上行走"，可专折奏事。

康有为对这项任免显然很不满意，因为品级还是六品，丝毫没有升职，梁启超记录当时维新派对这一任命的态度："总署行走，可笑之至。"

失望归失望，改革的大幕已经拉开，只能硬着头皮继续走下去。在这之后，维新派陆续给皇帝上了一系列奏折，其中大部分都被光绪皇帝采纳，并以上谕的方式下发全国，主要分这么几个方面：

政治方面：广开言路，准许各级官员及民众上书言事，严禁官吏阻格；精减机构，撤销詹事府（主管皇后、太子家事）、通政司（主管内外章奏）等六个衙门；任用新人，维新派杨锐、刘光第、谭嗣同都被光绪皇帝任命为"军机衙门章京上行走"（秘书），参与新政；取消旗人的寄生特权，准其自谋生计；改革财政，创办国家银行，编制国家预决算；仿效康熙、乾隆时的旧制，在紫禁城内开"懋勤殿"。

经济方面：设立铁路矿务总局、农工商总局，开垦荒地；提倡私人办实业，奖励发明创造；在各地设立工厂，在各省设商务局、商会，保护商务；设立铁路、矿务总局；鼓励商办铁路、矿业；裁撤驿站，设立邮政局。

军事方面：遣散老弱残兵，削减军饷须支，实行团练；筹设武备大学堂；武科停试弓箭骑剑，改试枪炮；裁减绿营及冗兵，采用新法编练陆海军。

文教方面：改革科举制度，废除八股，改试策论；祠庙、义学、社学一律改为兼习中西学的学堂；鼓励地方和私人办学，创设京师大学堂；准许民间创立报馆、学会；设译书局，派留学生；奖励科学著作和发明。

这些政策好不好？当然好，但问题在于，改革是一个渐变的过程，不能一蹴而就。我们就拿科举考试而言，客观地说，科举制度在选拔人才上是具有一定历史优越性的，但随着时间的推移，其弊端也日渐暴露，但即便如此，也不能一句话就废除科举。正如唐德刚先生所言，科举考试是涉及到"数百翰林、数千进士、数万举人、数十万秀才和数以百万童生"的出身和仕途问题，在没有为读书人指明新的出路之前，你康有为凭什么一句话就轻易废除？

果不其然，废除科举的命令一出，天下读书人怨声载道，个个激愤异常，甚至还有人威胁要暗杀康有为，搞得康有为很是狼狈。

我们再来看一看康有为一直鼓吹的制度局。历史学家郭廷以这样概括道："废八股为变法第一大事，开制度局关系变法的根本。"如前文所言，康有为想在中央设立制度局，在地方设立"十二专局"，农工商学兵无所不包，这等于架空了军机处和六部衙门，这置朝中大臣于何地？士大夫能支持康有为才怪了。

在这短短的一百多天里，光绪皇帝下达了大量的谕旨，新政诏书连篇而下，臣民目不暇接，但因主次不分，贪多求全，遭到了绝大多数地方督抚的抵制，实际效果极差。康有为的胞弟康广仁曾在给友人的信中这样分析原因："伯兄规模太广，志气太锐，包揽太多，同志太孤，举行太大，当此排者、忌者、挤者、谤者盈衢塞巷，而上又无权，安能有成？"

正如近代史研究者金满楼所言，无论是改革还是革命，其变动的背后都意味着利益相关者的利益消长。任何一个新政策，在获取一部分人支持的同时，往往会伤害了另一部分人的利益。任何新政的变法改革措施，都必然要冲击到一部分守旧派的既得利益，任何的改革进程都会受到他们的重重阻力。就这一点而言，无论是商鞅变法、王安石变法或者戊戌变法，甚至上世纪 80 年代的改革开放，都绝无例外。

面对朝野内外的汹汹议论，光绪皇帝充耳不闻，大有不撞南墙不回头的精神。9 月 4 日，光绪皇帝在没有经过慈禧太后批准的情况下，擅自将阻挠变法的怀塔布、许应骙等礼部六官全部罢免，同时提拔杨锐、刘光第、谭嗣同、林旭为军机章京，"参预新政事宜"，引发朝野震动。被革职的礼部尚书怀塔布利用与总管内务府太监李莲英的特殊关系，不断向慈禧太后哭诉遭遇。慈禧太后得知后，提醒光绪皇帝即便怀塔布昏庸无能，也不能将这些老臣轻易罢免，因为如果举动过大，极有可能失去满洲贵族的信任，威胁到爱新觉罗家族的皇族统治。然而光绪皇帝的辩解却激怒了慈禧太后，她毫不客气地骂道："小子为左右荧惑，使祖宗之法自汝坏之，如祖宗何？"

光绪皇帝觉得满腹委屈，边哭边道："时事至此，敌骄民困，不可不更张以救，祖宗在亦必自变法。臣宁变祖宗之法，不忍弃祖宗之民、失祖宗之地，为天下后人笑，而负祖宗及太后之付托也。"

这之后，光绪皇帝又向慈禧太后提议开懋勤殿。所谓懋勤殿，按照梁启超的定义是这样子的："选集通国英才数十人，并延聘东西各政治专家，共议制度，将一切应兴应革之事，全盘筹算，定一详细规则，然后施行。"不难看出，所谓的"懋勤殿"不过是延续了"制度局"的思路，邀请东西方各国政治专家，以新名目再造权力体系。这里面提到的准备延请的东西方各国政治专家指的正是已卸任的日本前首相伊藤博文与英国人李提摩太。

开"懋勤殿"，动作不小，光绪只能去颐和园向慈禧太后请示。慈禧太后是何等精明之人，她一眼就看出了"懋勤殿"的本意，将光绪皇帝劈头盖脸地骂了一顿。

光绪皇帝这时已毫无方寸，只好求助杨锐，希望他能出个主意，却遭到杨锐的直接拒绝："此陛下家事，当与大臣谋之。臣人微言轻，徒取罪戾，无益也。"

或许是理解杨锐不敢在明面上干预皇族事务的苦衷，光绪皇帝特别向杨锐下了一道密诏，让杨锐找其他几位军机章京商议对策：

近来仰窥皇太后圣意，不愿将法尽变，并不欲将此辈老谬昏庸之大臣罢黜，而登用英勇通达之人，令其议政，以为恐失人心。虽经朕累次降旨整饬，而并且有随时几谏之事，但圣意坚定，终恐无济于事。即如十九日朱谕，皇太后已以为过重，故不得不徐图之，此近来之实在为难情形也。朕亦岂不知中国积弱不振至于阽危，皆由此辈所误。但必欲朕一旦痛切降旨，将旧法尽变而尽黜此辈昏庸之人，则朕之权力，实有未足。果使如此，则朕位且不能保，何况其他？今朕问汝，可有何良策，俾旧法可以渐变，将老谬昏庸之大臣尽行罢黜，而登进英勇通达之人，令其议政。使中国转危为安，化弱为强，而又不致有拂圣意？尔等与林旭、谭嗣同、刘光第及诸同志等妥速筹商，密缮封奏，由军机大臣代递，候朕熟思审处，再行办理。朕实不胜紧急翘盼之至。特谕。

荣禄

与此同时，康有为的一系列激进主张也招致了朝中多数官员的反感，他急于介入政治高层的野心也在高层引起相当震动。经过慎重考虑，光绪皇帝明降谕旨，让康有为暂时离开北京，避避风头，又让林旭向康有为口述御旨如下：

袁世凯

朕今命汝督办官报，实有不得已之苦衷，非楮墨所能罄也。汝可速外出，不可延迟。汝一片忠爱热肠，朕所深悉。其爱惜身体，善自调摄，将来更效驰驱，朕有厚望焉。特谕。

康有为虽然自诩为维新变法的领头人，但事实上，他与光绪皇帝只见过一次面，此后多用奏折往来沟通。面对这两份光绪皇帝的指示，康有为敏锐地觉察到了光绪皇帝所面临的危机，但他却无法证实到底发生了什么事。送走林旭后，康有为找来谭嗣同、梁启超等人一起商量应对之策。在康有为的煽动下，这些门徒决意不惜一切代价营救圣上，以武力来解决问题。谭嗣同原本是不同意围园劫后之举的，他说："此事甚不可，而康先生必欲为之，且使皇上面谕，我将奈之何？"然而，因为康有为的一再坚持，为了挽救维新事业，谭嗣同只得兵行险着，硬着头皮执行。

9月18日夜，谭嗣同受命夜访新任兵部侍郎袁世凯，希望袁世凯出于道义举兵勤王，杀荣禄，围颐和园，劫持慈禧太后，拯救光绪皇帝。在梁启超的《戊戌政变记》中，俩人之间曾有如下对话：

谭嗣同：君谓皇上何如人也？

袁世凯：旷代之圣主也。

谭嗣同：天津阅兵之阴谋（意即慈禧太后将把光绪骗至荣禄兵营宣告废黜），君知之乎？

袁世凯：固有所闻。

谭嗣同于是拿出密诏给袁世凯：今日可救我圣主者，惟在足下，足下欲救则救之。（用手摸了摸自己的脖子）苟不欲救，请至颐和园首仆而杀仆，可以得富贵也。

袁世凯正色厉声道：君以袁某为何如人哉？圣主乃吾辈所共事之主，仆与足下同受非常之遇，救护之责，非独足下，若有所教，仆固愿所闻也。

谭嗣同：荣禄密谋，全在天津阅兵之举，足下及董、聂三军，皆受荣所节制，将挟兵力以行大事，虽然董、聂不足道也，天下健者惟有足下。若变起，足下以一军敌彼二军，保护圣主，复大权，清君侧，肃宫廷，指挥若定，不世之业也。

袁世凯：若皇上于阅兵时疾驰入仆营，传号令以诛奸贼，则仆必能从诸君之后，竭死力以补救。……若皇上在仆营，则诛杀荣禄如杀一狗尔！

这就是我们中学所熟知的故事，可惜的是，这个故事是经过艺术加工的。

就在前几天，御史杨崇伊给慈禧太后上了一封密折，向慈禧太后控告了帝党文廷式和康有为、孙文等人相互勾结，讪谤朝廷，煽动人心的不轨行为，并攻击光绪皇帝"两月以来，变更成法，斥逐老成，借口言路之开，以位置党羽。"不仅如此，杨崇伊还特意提到了一条，光绪皇帝有意聘请伊藤博文做顾问，"伊藤果用，则祖宗所传之天下，不啻拱手让人。"因此他吁请老佛爷即刻训政，"救官民于水火之中"。

慈禧太后果然被彻底激怒了，立即回宫，疾声厉色地呵斥光绪皇帝："天下乃是祖宗的天下，你何敢任意妄为！这些大臣，都是我多年历选，留以辅佐你的，你竟敢任意不用！还敢听信叛逆蛊惑之言，变乱朝纲！康有为是个什么东西，能胜于我选用之人？康有为之法，能胜于祖宗所立之法？你难道昏头了，不肖竟至于此！"

随后，慈禧太后又转头责骂那些大臣："皇帝年少无知，你们这些人为何不加以劝阻，以为我真不管，听他亡国败家吗？我早就知道他不足以承大业，不过时事艰难，不宜轻举妄动，只得对他留心稽察管束。现在我人虽然在颐和园，但心时时在朝中。我惟恐有奸人蛊惑，所以经常嘱咐你们不可因他不肖，便不肯尽心国事；所幸我现在身体还好，到时必不负你们。早些时候奕劻还再三跟我说，皇上既肯励精图治，谓我也可省心，我因想外臣不知其详，并有不学无术之人，反以为我把持，不许他放手办事，今天总算知道这样是不行的。他是我立的皇帝，他要亡国，其罪在我，我能不问吗？你们不力诤，便是你们的罪过！"

军机大臣刚毅趁势道："微臣屡次苦谏，但每次都被谴斥，其余众臣，也有劝谏过的，也有不吭声的。"

慈禧太后又转身问光绪皇帝："如有臣下变乱祖法，你可知道该当何罪？是祖宗之法重要，还是康有为之法重要，背悖祖宗而行康法，你何以昏愦至此？"

光绪皇帝战栗答道："儿臣固然糊涂，但洋人逼迫太急，儿臣只想保存国脉，通融试用西法，并不敢听信康有为之法。"

慈禧太后厉声道："难道祖宗之法不如西法，鬼子反重于祖宗吗？康有为叛逆，图谋于我，你不知道吗？还敢回护他！"

此时的光绪皇帝早已被吓得魂飞魄散，脑子一片空白，不知所对。

慈禧太后的回宫训政意味着维新变法的彻底失败，传统的说法是戊戌变法因袁世凯告密而导致失败，事实真的是这样么？

显然不是！

戊戌政变并非因袁世凯告密而发生，其原因有二：

第一，时间上不成立。袁世凯是在八月初五日傍晚乘火车抵达天津的，假定他当日晚上即刻赶到荣禄处告密，荣禄也不可能连夜赶回北京，因为当时根本没有夜间的火车，而慈禧太后回宫训政却是在初六日上午，很显然，训政并非由袁世凯告密所引起，当时慈禧太后还不知道康有为等人有围园劫后之谋。

第二，如果是袁世凯告密导致政变，那么名单中肯定跑不掉谭嗣同，为何上谕中只命捉拿康有为、康广仁兄弟，没提谭嗣同？而且上谕中康

戊戌六君子：上排左起谭嗣同、杨锐、林旭，下排左起刘光第、杨深秀、康广仁

有为的罪名是"结党营私、莠言乱政"，与围园劫后相比，这条罪名简直不值一提，何以在上谕中避重就轻？

可惜的是，事实的真相被掩藏了上百年，而谎言重复千遍，就变成了真理。

不可否认的是，袁世凯在戊戌政变中确实告密了，但其告密发生在慈禧太后发动政变之后，而非之前，为了保全自己，袁世凯才不得已将维新派的围园劫后密谋和盘托出。慈禧太后得知此密谋后恼怒至极，立即下令捉拿康党，整个事件也发生了根本性的转变。

后来的事情我们都知道了，康、梁二人侥幸逃离京城，随后辗转到了日本。而谭嗣同、康广仁、林旭、杨深秀、杨锐和刘光第六人可就没这么好运了，他们被逮捕入狱，随后被杀。

如果我们仔细分析这"戊戌六君子"，还会发现一个现象，那就是这"六君子"并非都是康、梁的死党铁粉，实际上，"六君子"中厌恶康有为者大有人在。杨锐、刘光弟乃张之洞门下之人，对康党甚为厌恶和鄙视。政变发生时，二人认为没有出逃的必要，后被捕入狱，二人也认为事情没那么严重，自信经过审讯即可无罪出狱。林旭乃两江总督沈葆桢之孙婿，虽然深受康有为影响，但之后曾努力撇清与康党的关系；康广仁是康有为的亲弟弟，但对老兄的一些做法也不以为然，在狱中得知必死后，痛哭失声道："天哪！哥子的事，要兄弟来承当！"杨深秀被杀是因为他呈递了康党拟定的一份涉及武装政变计划的奏折，但当时康有为的许多奏折都是以杨深秀的名义递上去的，杨深秀对奏折中的玄机也未必全部知晓。

由此来看，或许只有谭嗣同清楚地了解自己因何而死，而且做好了赴死的准备。就义前，谭嗣同曾大声道："有心杀贼，无力回天，死得其所，快哉快哉！"

头颅滚动，漫天血雨中，知识分子的救国幻想也由此幻灭。

回望这段历史，我们能得到什么？

如果从整个晚清的历史纵轴来看，洋务运动算得上是晚清的第一次改革运动，戊戌变法是第二次改革尝试。不同的是，洋务运动是由清廷的执政精英们发起的试图通过经济层面的改革来化解社会矛盾的一次尝试，可惜失败了。以康有为为代表的知识分子显然看出了缺乏政治体制改革的变法是没有出路的，但他们书生气太浓，做事太过强硬，不懂得妥协，不懂得方法，不懂得积重难返，不懂得平衡，短短百日就想把几千年的制度翻过来，希望毕其功于一役，这又怎么可能做得到？

黄遵宪在分析戊戌变法失败的原因时曾说过："几百年积下的毛病，

尤其要慢慢来治。这次的失败就是新派人'求快'两个字的失败。""如有一班有学问、有办法、有经验、有涵养的老辈出来主持,一定可得相反效果的。"

改革是一个重新洗牌、重新分配利益的过程,需要成熟的政治经验和长远的政治规划,而这正是康、梁等人的短板。纵观戊戌变法的历史,康有为更像是一个政治投机者,最终在激越与轻率中失去了变革的机会。

第七章　庚子国变：民众的非理性排外运动

「义和团，起山东，不到三月遍地红。」1900 年的那个夏天，义和拳涌入北京城，外交官危在旦夕，清王朝命悬一线，伴随着愚昧、迷信、狂暴与杀戮，终于闯下了滔天大祸。谁该为这场民众的非理性暴动买单？

1897 年 11 月 1 日，山东巨野县发生了一起教案，牵动了地方官府和朝中重臣所有人的神经。

这一日深夜，十多人手持短刀跳进张家庄教堂，意图杀害这座教堂的德国神父薛田资。不料当晚薛田资邀请了两名神父到教堂小聚，并将自己的卧室借给二人，自己住在了院门耳房。黑暗混乱之中，这群人错将两名外来的神父杀害，目标人物薛田资则侥幸逃过一劫，这次事件也称之为"巨野教案"。

案件发生后，由于被害者是外国传教士，事态严重，官府立即展开了调查，之后逮捕了一些当地的土匪流氓，以"起意行窃、强盗杀人"为由，将其中两名处死抵罪。

对于这样的结果，当地人深表怀疑，就连薛田资自己都无法相信，

清末西方传教士

因为对于事情的缘由，他们自己心知肚明。

事实上，发起"巨野教案"的主要人物为刘德润，是巨野县独山镇小刘庄人。此人喜好舞枪弄棒，性格豪放，交游甚广，三教九流中都有朋友，绰号"刘大刀"。刘德润早年有一拜把兄弟叫魏培喜，投靠巨野知县许廷瑞做了一名捕役，其后两人关系日渐疏远。一次，刘德润被人告发，魏培喜不顾当年情谊，亲自带人前往逮捕，刘德润提前得知消息出逃。刘德润逃走后，官府将其 17 岁的女儿收监，后来在刘氏族众的请求下被放回。刘德润得知后极为气愤，纠集了一些拳友决意报复官府，他们的办法是除掉在当地民愤极大的德国神父薛田资，将官府置于难堪的境地，这才有了开头那一幕。

这里有必要讲一下故事的主角薛田资。此人乃德国传教士，1893年来中国，在巨野县磨盘张庄的天主教圣言会传教。薛田资对中国并无好感，在传教过程中，与当地百姓相处并不融洽，积怨甚多。当然，这主要是因为教会收留了不少地痞流氓和盗匪，据时人记载："大凡教会初开，群情未附，谨厚之士观望者居多。惟失业无赖之人，畏罪漏网之匪，希图小利，冀免刑诛，则首自入教，妄求保护。"

鸦片战争之后，清政府国门大开，传教士们纷纷涌入。为了扩大宗教版图，西方传教士在中国发展教徒时往往是来者不拒，山东巡抚张汝梅在给朝廷的奏折中说，"抢劫之犯入教者有之，命案之犯入教者有之，负欠避债因而入教者有之，自揣理屈恐人控告因而入教者有之，甚至有父送忤逆，子投入教，遂不服传讯者有之。"这些无赖教民借着教会的保护为非作歹，横行乡里，欺压贫民，屡生事端，民愤极大，加剧了教会名声的堕落，"平民饮恨吞声，教民愈志得意满。"由此，"民教"冲突在 19 世纪末的中国愈演愈烈。

除了教民良莠不齐之外，西方教会难以融入晚清的社会生活也是导致"民教"冲突的另一个重要原因。

作为一个在政治及思想上早熟的传统专制社会,儒家思想在中国社会中长期占据着主流,外来文化若要在中国这块土壤上扎下根来,必须融入当地社会甚至付出被传统文化同化的代价才能被人们广泛接受。基督教作为一个世界性的宗教,在世界各地广泛传播,历史上曾四次大规模传入中国。在当时,由于文化的隔阂,西方教会的教义很难吸引中国人,基督教教义、宗教形式与中国传统思想文化存在着明显的扞格,中国的士大夫素来以生于文明之邦自诩,在传统文化中熏陶了两千多年,不肯也不屑向其他外来文化低头。在他们心目中,这夷人的夷教简直就是异端邪说,犹如洪水猛兽,对西方教会表现出浓厚的保守性与排外性。再者,西方教会要求中国教徒不祭祖先,不祀孔子,不敬神佛,礼拜时男女混杂在一处,这在士大夫看来简直就是欺师灭祖,而且有伤风化,引起了中国官绅的恶感。正如当时的传教士自己所说的"所有的中国人,只要他违背了他们国家的传统宗教习惯,特别是祖先崇拜,他即将被认为是对祖国的背叛和对祖宗的忘恩负义。"

天津教案

再者,西方教会传入中国时,借着一系列不平等条约强行进入中国内地,这势必会引发民众的排斥行为,再加上部分传教士靠着诸如领事裁判权等特权恣意妄为,自然无法获得民众的好感。

1870年6月21日,天津爆发教案,堪称是中国近代史上最大的"教案"之一。这年夏天,天主教育婴堂中有三四十名儿童患病而死,传教士将他们入殓埋于坟地,不料夜间却被野狗扒出,"死人皆由内先腐,此独由外先腐，胸腹皆烂，肠肚外露"，由是浮言大起。与此同时，天津不断发生有人用药迷拐幼童事件，城内流传着一些谣言，说传教士买通了中国教徒诱拐婴孩至天主堂，将孩童害死，挖心剖眼，制作各种迷药。6月20日，一名被捕的人犯武兰珍供出与教民王三有牵连，群情哗然，众人去望海楼天主堂对质，发现并无王三其人，"遍传堂中之人，该犯并不认识，无从指证"。

然而，此时民众群情激奋，已经无从分辨真假，他们将教堂团团围住，且冲突有逐渐扩大的趋势。法国驻津领事丰大业携枪冲入三口通商大臣崇厚的衙门，在争执中怒而开枪，幸而未打中人，但在返回途中路遇天津知县当面劝阻，丰大业"又向其放枪，未中，误将刘杰之家人打伤"。愤怒的民众当场将丰大业击毙，随后鸣锣聚众奔赴望海楼，将法领事馆、天主堂、仁慈堂等焚毁，并从仁慈堂地下室查出幼童百五十余人，英国四处礼拜堂、美国两处礼拜堂被毁，又被杀死了20余名传教士、修女及30多名中国信徒，这就是震惊中外的"天津教案"。

事件发生后，以法国为首的七国公使联衔向总理衙门提出抗议，要求速查此案，惩办教案人犯，随即调派军舰到天津海口和烟台进行武力恫吓。清廷派了直隶总督曾国藩前往查办，尚在病中的曾国藩接到通知后，大部分人都反对他前往处理此事。曾国藩显然也深知其中的利害关系，曾踌躇不决，但他还是毅然决定接过这个烫手的山芋，体现出了名臣的担当。他在给两个儿子的书信中这样写道："余此行反复筹思，殊无良策。余自咸丰三年募勇以来，即自誓效命疆场，今老年病躯，危难之际，断不肯吝于一死，以自负其初心。"

7月8日，曾国藩抵天津，历经四个多月的艰难调查，依法判处16人死罪，25人充军，不料被民众指责为卖国贼，导致曾国藩名毁津门。其后李鸿章接手此事，艰难交涉下，清廷赔偿法、俄、英、美等国白银

50 余万两，并特派崇厚赴法国道歉，始得结案。

"天津教案"落幕，我们接着来说另一案件。

咸丰年间，山东东昌府冠县梨园屯士绅曾公捐义学坡地 38 亩，并在义学堂后面修建玉皇庙一座，后毁于战火。1869 年，天主教进入该地传教后，二十余户教民向村中首事请求分一块土地用以修建天主教堂，由于是村里的公产，首事人同意了教民的请求，村民与教民还签订了分单。

协议签订后，法国传教士梁宗明在此建了一座礼拜堂。昔日的玉皇庙变成了天主教的教堂，触动了村民们最敏感的神经，这下子他们心中不乐意了。

明明在分单上写了玉皇庙所在地基归教民，为何村民突然违约群起而反对？

多年后梨园屯村民解释道："村里人们看透了奉教的要庙而不要地，才这样提出来的。他们认为奉教的要了庙无用，一来庙不打粮食，二来他们要了庙也不敢拆庙，更不敢种官地。谁知正合了教民将庙卖给神父的心意。"

其实，这背后的根源是，村民们对玉皇大帝信仰的感情胜过了订立契约时的理性，致使他们在面对既定的事实时，无法兑现自己做出的承诺。村民一方开始向教民一方提出了"索地建阁"的要求，但有签订的分单在先，教会岂能答应？

在接下来的几年中，围绕玉皇庙基的归属问题，村民与教民发生了激烈的争论，在官府的压制下，民众的反教浪潮被暂时压制，但斗争远未停止。

此后，梨园屯天主教教民准备重新建一所更大的教堂来取代之前的小教堂，这一举动再次遭到村民们的强烈反对。眼看官府不会站在自己这边，村民们于是推举阎书勤、高元祥等人为首领，号称"十八魁"，继续领导村民进行抗争，他们的口号是"诉诸武力，拆毁教堂"。为了抵抗官府和教会的压力，"十八魁"决定引进外部势力，阎书勤、高元祥拜入当地的梅花拳首领赵三多门下，成为了梅花拳弟子中的一员。

在阎书勤等人的协助下，赵三多在梨园屯连开三天的"亮拳"大会，聚集了周围20里的拳众3 000多人。之后，"十八魁"率领拳众涌到教堂，与教民发生大规模冲突。

事件发生后，山东巡抚李秉衡派东昌府知府洪用周前往查办，并指示洪用周将庙基充公，重新为教会购买土地建立教堂，同时也为村民另觅土地建庙。按说这个解决方案虽然有和稀泥的嫌疑，却不失为一个好法子，但随着"巨野教案"的爆发，德国出兵侵占了胶州湾，教会主教摆出了更为强硬的姿态。继任的山东巡抚张汝梅只得一面将冠县知县何式箴罢免，一面派人继续打压"十八魁"。

继任的冠县知县曹倜到任后，派人邀请赵三多面谈，对其晓以利害，希望他能将拳民解散，不再与官府对抗。为了照顾赵三多的面子，官府还为其送了一块牌匾。然而，赵三多虽然是梅花拳的首领，但拳民的构成十分复杂，组织松散，赵三多也无法阻止拳民与教会为敌。

在这之后，赵三多的同道姚洛奇找到他，并将另一个激进团体的首领拉了进来，此举引起了梅花拳其他拳师的不满。为了和梅花拳撇清关系，赵三多将自己这一支梅花拳改名为义和拳，此后的义和拳开始偏离了最初的轨道，在失控的道路上越滑越远，赵三多也不得不踏上了逃亡的生涯。

类似的民教冲突在晚清的历史上不胜枚举，据统计，从1860年到1900年的40年中，共发生教案811起。民教冲突，既是利益之争，也是观念之争，更是西方教会与中方乡绅的权力之争。

众所周知，乡绅是中国传统社会中介于官民之间的特殊阶层，上承皇权，下接民威，是与地方政府管理当地事务的地方精英，在乡村社会治理中发挥着不可替代的作用。教会的进入，打乱了原有的社会秩序，对乡绅这种传统的乡村权威构成了极大的威胁。

需要说明的是，赵三多的义和拳和1900年高潮时的义和拳虽然在名称、口号甚至组织形式上有很多相似之处，但二者其实并没有多大的关联，不能将它们简单划上等号。

1898年8月，黄河在北岸的东阿、济阳等处决口，山东30余县受灾，这次大水持续的时间特别长，直到中秋过后才慢慢退去，房屋被冲毁，农田和棉花地基本上变成了一片汪洋，百姓无以为生。就在这艰难的当口，"神拳"兴起了。

要知道，山东原本就是武术大省，民间本有习武防身的习惯，大水过后，民众普遍存在恐慌的心理，又没法播种，空闲之余，纷纷加入了"神拳"。

"神拳"的代表人物即是朱红灯和心诚和尚等人，为了吸引民众，朱红灯蛊惑拳民，只要跟着练习神拳就可以"降神附体"，刀枪不入！

心诚和尚自小出家，练过二十年的硬气功，大家又叫他"铜头和尚"，运起功时，刀枪不入，犹有神灵附体，倒也骗过了不少民众。

这种"降神附体"的仪式类似于现在民间的"跳大神"。据当时在山东的传教士傅恒理观察说："光绪二十四年（1898年）秋，威冠县的义和拳蜂起被镇压后，拳会增加了一种降神仪式。他们认为拳师是一种神灵附了体的人。追随者大部分是年轻人，他们在这些拳师的指导下进行练习，自鸣得意的以为自己是在神灵的影响之下。这些人声称在那样的状态下任何东西都不能伤害到自己。"

为了让民众相信"降神附体"的实质性效果，义和拳到处搞宣传，表演"刀枪不入"的本领，义和团运动期间做县令的邹谓三在《榆关纪事》中这样记载了一出表演："当时街面纷传，此系真正神团，众民眼见，用抬枪洋枪装药填子，拳民等皆坦腹立于百步之外，任枪对击，弹子及身，不惟不入，竟能如数接在手里以示众，众皆称奇，以为见所未见，奔坛求教者如归市。"

事实上，朱红灯与心诚和尚玩了一个小小的把戏。表演时，预先将"香面为丸，滚以铁沙"充作枪子备好，枪响时，面丸化为青烟，而表演者将事先藏好的铁丸弹子拿出来，佯作接住射来的子弹，或者用偷梁换柱的手法将子弹换成黑豆，打在身上自然无碍。靠着这些把戏，朱红灯吸引了一大批信徒，随着人数的逐渐增多，朱红灯将"神拳"改名为"义和拳"，踏上了和赵三多的义和拳相同的道路——扶清灭洋！

在朱红灯的带领下，义和拳见教堂就烧，与教会的冲突越来越激烈，北京的各国公使们也对清政府不断施加压力，要求镇压拳民保护教民。多方压力之下，清廷换上了各国公使都认可的袁世凯担任山东巡抚。

各国之所以看好袁世凯，主要是因为袁世凯当时编练新军，手上握有7000余人的近代化武装，而且袁世凯在朝鲜待了12年，做事杀伐果断，如果由他带着自己的新军进入山东围剿义和拳，一定能够在短时间内平定暴乱。

事实证明，袁世凯确实颇有手腕和能力，在新军强大的威力面前，义和拳一路溃败，再加上1899年4月下了一场透雨，缓解了年初以来的旱情，拳民纷纷回家种地去了，山东境内归于平静。即便在此后1900年的义和拳高潮时，山东境内也显得分外平静，这不能不说有袁世凯的功劳。

1899年，在直隶山东一带发生春旱的同时，朝廷政局也发生了重大的变化。

事情的起源还要从同治皇帝说起。

1875 年，慈禧太后独生子同治皇帝病死，因其身后无子，给皇位继承带来了极大困扰。按照清朝祖制，皇位父死子继，同治皇帝既然无子，理应立嗣，同治帝属于"载"字辈，按辈分应该从"溥"字辈中挑选一名，但这个问题操作起来却颇为复杂。在当时的皇族近支中，符合条件的"溥"字辈只有两人——溥伦和溥侃，这二人均为道光皇帝的长子奕纬之孙，溥伦当时 17 岁，溥侃只有 8 个月。但这二人的父亲载治不是奕纬的亲生子，而是由旁支过继的，在血缘上不算是近支宗室。

当然，更重要的原因是，如果一旦立了"溥"字辈为嗣皇帝，慈禧太后只能变成"太皇太后"，再也不能"垂帘听政"了，这是她不愿意看到的。

在慈禧太后的指示下，王公大臣选了醇亲王奕譞之子、年仅三岁的载湉为皇帝，这就是后来的光绪皇帝。之所以选中载湉，一是因为年龄小，便于操控，二是因为载湉的母亲乃是慈禧太后的亲妹妹，两人还是亲戚。

立载湉为帝，有一个严重的问题，那就是载湉和同治皇帝都属于"载"字辈，于礼法不合。慈禧太后的办法是宣布载湉继承的是咸丰皇帝的皇位，待载湉将来生子后作为同治皇帝的子嗣继位。即便如此，朝中重臣对此还是颇有微词，一位名叫吴可读的六品主事在一座荒僻的小庙中服毒自尽，以"尸谏"的方式抗议慈禧太后破坏了祖制。

戊戌变法失败后，光绪皇帝被囚禁在南海中的瀛台。慈禧太后再一次重新掌权，随之而来的是守旧派高官在朝中占据了显要位置。

紫禁城内有三海，南海、北海和中南海，瀛台四面皆环以水，只有一座小桥通岸。在这里，光绪皇帝度过了人生最后的十年，他在孤独凄凉中打发着难熬的岁月。虽然还能随慈禧太后每日上朝，但此后的光绪已不再发言谈论朝政，完全沦为慈禧太后推到台前的木偶。一次，光绪皇帝随手翻出一本《三国演义》，看了数行就放下书，仰天长叹："朕不如汉献帝也！"

早在戊戌变法时期，坊间便盛传慈禧太后要在天津阅兵时废除光绪皇帝，随着光绪皇帝逐渐淡出朝堂，清廷高层屡屡传出"废帝"传闻，北京的各国公使心中也恐慌不安，于是即有"驻京各国使臣闻圣躬不豫，均诣总署问安，并叩致病之由"。为了打消外界的疑虑，清廷只得允许一位法国医生给光绪皇帝看病，最后的诊断结果是"病势无大碍，惟患血虚之症"。

不仅是外国公使反对废立，地方大员也对此持反对意见。经历波折之后，"废立"之说也就偃旗息鼓，随后又改成了"建储"计划。

《方家园杂咏纪事》中记载了这么一个故事：

一次，徐桐和崇绮将废立的奏稿拿给慈禧看，慈禧说："你俩人须先同荣禄商定一下。"俩人于是上门拜访荣禄。荣禄看了几眼，突然丢掉稿子，手捂肚子，不由分说朝茅房跑去，边跑还边喊："哎呀！这肚子到底不容啊，适才我正在茅厕，泻痢未终，闻二公来有要事，提裤急出，今乃疼不可忍"，说完就跑没影儿了。

荣禄"言毕踉跄奔入，良久不出"，其实是找幕僚紧急商量对策去了，不过这二位也是铁了心要等。荣禄一看躲不过去，只好出来接过奏稿，看了几行，突然将奏稿扔进了火炉里，边烧边喊："我不敢看，我不敢看呐！"

徐桐大怒："此稿太后阅过，奉懿旨命尔阅看，何敢如此！"

荣禄回答："我知太后不愿作此事！"

两位老人家力争："这就是太后的意思！"

荣禄只得说："我即入见，果系太后之意，我一人认罪。"

《崇陵传信录》中继续记载道:

次日朝罢,荣相(即荣禄)请独对,问太后曰:"传闻将有废立事,信乎?"太后曰:"无有也,事果可行乎?"荣曰:"太后行之谁敢谓其不可者?顾上罪不明,外国公使将起而干涉,此不可不惧也。"太后曰:"事且露,奈何?"荣曰:"无妨也,上春秋已盛,无皇子,不如择宗室近支子,建为大阿哥,为上嗣,兼祧穆宗,育之宫中,徐篡大统,则此举为有名矣。"太后沉吟久之曰:"汝言是也。"

在皇族近支中,慈禧太后最终选了端王载漪之子溥儁作为大阿哥的人选。1900年1月24日(农历己亥年),慈禧太后以光绪皇帝的名义发布上谕:

朕以冲龄入承大统,仰承皇太后垂帘听政,殷勤教诲,锯细无遗。迨亲政后,复际时难,亟宜振奋图志,敬报慈恩,即以仰副穆宗毅皇帝付托之重。乃自上年以来,气体违和,庶政殷繁,时虞丛脞。惟念宗社至重,是已吁恳皇太后训政一年有余。朕躬总未康复,郊坛宗社诸大祀弗克亲行,值兹时事艰难,仰见深宫宵旰忧劳,不遑暇逸,抚躬循省,寝食难安。敬念祖宗缔造之艰难,深恐弗克负荷,且追维入继之初,恭奉皇太后懿旨,待朕生有皇子,即承继穆宗毅皇帝为嗣,此天下臣民所共知者也。乃朕痌疾在躬,艰于延育,以致穆宗皇帝嗣继无人,统系所关,至为重大,尤思及此,无地自容,请病何能望愈,用是叩恳圣慈,就近于宗室中慎简元良,为穆宗毅皇帝立嗣,以为将来大统之归。再四恳求,始蒙俯允,以多罗端郡王载漪之子溥儁,承继穆宗毅皇帝为子。钦承皇旨,感幸莫名,谨当仰遵慈训,封载漪之子溥儁为皇太子,以绵统绪,将此通谕知之。

随后，15 岁的溥儁被接到皇宫读书，作为将来的接班人培养。很快，在其生父端王载漪的周围形成了一个"大阿哥党"，其核心人物有军机大臣刚毅、大学士徐桐、礼部尚书启秀、户部尚书崇绮等人，此外还有庄亲王载勋、载漪的兄弟载濂、载澜等人。

让我们再一次把目光聚集到义和拳身上。在山东的义和拳运动被镇压下去后，直隶一带的义和拳运动却逐渐高涨起来，各种反教的揭帖层出不穷。拳民们在各地自发聚集，表演"降神附体"的神功，不断与教民发生冲突，仅靠地方官府的少量军队根本无法阻止，局面已经出现了失控的现象。

义和团

在当时的朝堂之上，荣禄称病不上朝，朝政被端王载漪为首的大阿哥党所把持。由于在废立光绪皇帝一事上遭到洋人的反对，这些人普遍存在仇洋反洋的情绪，将与洋人为敌的义和拳看作是义民。在这种情形下，清廷对义和团剿抚不定，延误了最佳时机。等到义和拳势力不断扩大，朝廷已经失去了解决义和拳的能力，只能任由义和拳四处扩散，眼睁睁看着他们冲击教堂和官府。

在义和拳的冲击下，地方基层政权基本陷入了瘫痪的状态，面对清军统领杨慕时的布告威胁利诱，义和拳拳民们直接无视，一边拆铁道，一边毁桥梁，一路占领了涿州，并在沿途到处张贴"揭帖"，比如下面这篇：

神助拳，义和团，只因鬼子闹中原。

劝奉教，乃背天，不敬神佛忘祖先。

男无伦，女鲜节，鬼子不是人所生。

如不信，仔细看，鬼子眼睛都发蓝。

不下雨，地发干，全是教堂阻住天。

神爷怒，仙爷烦，伊等下山把道传。

非是谣，非白莲，口头咒语学真言。

升黄表，焚香烟，请来各等众神仙。

神出洞，仙下山，扶助人间把拳玩。

兵法易，劝学拳，要灭鬼子不费难。

挑铁道，把线砍，旋再破坏大轮船。

大法国，心胆寒。英美俄德哭连连，

一概鬼子都杀尽，大清一统庆升平。

从6月中旬开始，不断有义和拳民涌进北京和天津，他们"执持大旗，排队而行，旗上大书'某县某村义和团替天行道保清灭洋'"。《庚子纪事》的作者仲芳氏这样记载道："团民自外来者，一日数十起，或二三十人一群、四五十人一群，为及岁童子尤多，俱是乡间业农粗笨之人，均以大红粗布包头，正中披藏关帝神马，大红粗衣兜肚，穿于汗衫之外，黄裹腿，红布腿带，手持大刀长矛，腰刀宝剑等械不一，各随所用，装束却都一般。""二十三日，外州县各村庄义和团，不分昼夜，鱼贯而来。""六月初一日，昨因皇太后赏义和团银十万两，更兼外州县乡团连日纷纷而进，愈聚愈多，约有十万余人。"

据外国人的估计，1900年5月末，直隶的士卒总数差不多是十二万五千到十三万人之间，其中包括董福祥武卫后军二十营，荣禄的武军中军三十营，聂士成武卫前军二十营，宋庆武卫左军二十五营，以及火器、健锐、虎神营、神机营、直隶练军等等。按理说，作为京畿重地，清军怎么会容许涌入这么多拳民呢？

我们或许可以从一段记载中看出端倪："有拳匪数万人到京，某城门守者坚不肯纳。方争持间，忽有人持辅国公载澜令箭，令开门，守者不敢违。由是风声所播，相继而来者，日以千计。"甚至有义和团众"有夜来者，城门已闭，至城下叫门，守城兵并不拦阻，即刻开城门放入。"

事实上，义和拳之所以能够大批涌入北京城，完全是军机大臣刚毅招抚在前，载漪、载澜、载勋等人引入在后。他们坚持认为，"该团实皆忠心于国之人，如与以上等军械，好为操练，即可成有用之劲旅，以之抵御洋人，颇为有用。""此等拳民，虽属良莠不齐，究系朝廷赤子。"

出于自己集团利益的考虑，或许也有可能是根本就没预料到义和拳的严重后果，大阿哥党做出了一个冒险而又疯狂的举动，那就是引导义和拳进入京城，妄图作为自己的政治筹码"因而用之"。

义和团涌进北京城后，竖起了"保清灭洋"的旗帜，焚烧教堂，劫夺洋行财物，还勒令富户捐钱，严重破坏了京城的秩序，翰林院编修黄曾源说："自五月以来，生杀予夺皆在团，团曰可，不敢否；团曰否，不敢可；民权之说，吾于义和团见之矣。"

慈禧太后

不仅如此，义和拳还把京城变成了他们的坛场，他们在北京城内"随处设立拳厂，触目皆是"，"王公府第，百司廨署，拳匪皆设坛焉"，就连载漪也在自己的府中设坛立团，对义和拳的神功深信不疑。

在慈禧太后和端王的庇护下，义和拳在京城内开展了一场轰轰烈烈的反洋排外暴动，他们把传教士称为"毛子"，教民称为"二毛子"，"通洋学""谙洋语""用洋货"者依次被称为"三毛子""四毛子"直到"十毛子",统统在严厉打击之列。同时,义和拳极端仇视并坚决消灭一切带"洋"字的东西,他们冀图消灭一切外来的物质文明,比如铁路、电线、机器、轮船等都在捣毁之列。《天津一月记》中记载:"团中云,最恶洋货,如洋灯、洋磁杯,见即怒不可遏,必毁而后快。于是闲游市中,见有售洋货者,或紧衣窄袖者,或物仿洋式,或上有洋字者,皆毁物杀人,见洋字洋式而不怒者,惟洋钱而已。"《拳事杂记》中记载说:"当拳匪起时,痛恨洋物,犯者必杀无赦。若纸烟,若小眼睛,甚至洋伞、洋袜,用者辄置极刑。曾有学生六人,仓皇避乱,因身边随带铅笔一枚,洋纸一张,途遇团匪,乱刀并下,皆死非命。"《庚子纪事》中也记载道:"哄传各家不准存留外国洋货,无论巨细,一概砸抛,如有违抗存留,一经搜出,将房烧毁,将人杀毙,与二毛子一样治罪。"

义和团在京城的一系列暴动行为让清廷的计划落空了,而且随着拳民们人数不断增多,清政府对义和拳民已失去了控制。当然,最为此担忧的不是清廷各级官员,而是在北京城内的各国公使们,他们已然不信任清军的保护,执意要调遣外国卫队进入使馆区。清廷自然无法接受,但各国公使们态度强硬,清廷只得同意,但对人数进行了限制。

实际上,洋人根本没有把清廷人数限制放在眼里,最后进入使馆区的卫队人数约在450人左右。即便如此,北京城内外的局势依旧没有丝毫好转的迹象,并且不断传来传教士被杀的消息。

随着局势的进一步恶化,各国公使感到仅靠这400多人的卫队远远不足以保证他们和京中其他外国人的安全,于是他们向停泊在天津大沽口的军舰求助。接到消息后,大沽口外的各国海军司令召开会议,商讨进京事宜,推举出了英国海军大将西摩尔为联军统帅,带领临时拼凑的2 000多人的水兵登上火车,强行进京。直隶总督裕禄对此毫无办法,告知前方铁路已被义和拳破坏，西摩尔不以为意，自带材料，认为即便边修路边前进，最多两天时间便可赶到北京。

得知西摩尔的联军队伍出发后，北京城内的各国公使们于6月11日凌晨派了浩浩荡荡的车队前往车站，准备迎接他们的士兵，意大利公使萨瓦戈甚至亲自前往迎接。然而，由于铁路线被破坏严重，联军无法准时到达，萨瓦戈等人准备返回使馆，日本使馆书记官杉山彬则表示愿意再多等一会儿。

就在萨瓦戈回到使馆区不久，一个惊人的消息传来，杉山彬被义和团杀害了！

据《西巡回銮始末记》的记载，当时杉山彬被刚刚调入北京的董福祥的甘军士兵拦下，清军让他下车，问他是何人，杉山彬如实回答，甘军斥责杉山彬道："既系书记生，官阶藐小可知，乃敢僭坐红帷拖车乎？"杉山彬见势不妙，赶紧告饶道："僭越之罪，诚不敢辞，愿见大帅以谢。"甘军回绝道："吾大帅乃天上人，岂汝倭子所能见！"杉山彬说道："然则当请大帅至敝使署，由敝公使谢罪，如何？"甘军士兵军纪一向就不好，不由分说将杉山彬一刀刺死，并剖腹挖心。

杉山彬的遇害在当时是大事件，中国自古以来有"两国交战，不斩来使"之传统，不管怎么说，贸然杀害外交人员，于情于理都说不过去，清廷随即下发上谕称："邻国客卿，本应随时保护，今匪徒蜂起，尤宜加意严防。迭经谕令各地方官，着派巡缉密为保护，奚止三令五申！乃辇毂之地，竟有日本书记被害之事！该地方文武，既不预为防范，凶犯亦未拿获，实属不成事体！着各该衙门上紧勒限严拿凶犯，务获尽法惩治。倘逾限不获，定行严加惩处。"

日本书记官被害后，慈禧太后震怒，召来甘军首领董福祥痛责，董福祥辩称绝无此事，即使有，斩奴才无妨，如斩甘军一人，定然生变，慈禧太后听后默然良久。

回过头来再看西摩尔这支联军。一开始，联军的行动还算顺利，但前方铁路被破坏的程度远远超过了他们的想象，沿途不断有义和团骚扰袭击。如果只是松散的义和团民众，联军倒不怎么放在心上，然而6月18日，他们惊奇地发现连清军正规军也加入了阻击联军的队伍，这让他们损失惨重，在京津线上进退不得。

与此同时，北京城内的民教冲突也愈演愈烈，6月13日，义和拳焚烧洋人及教民房屋；14日，拳民烧毁宣武门外的一所教堂，使馆与外界的联系中断；15日，南堂教堂被毁，使馆卫队在城墙上与拳民互相开火；17日，正阳门一带燃起熊熊大火，"延及城阙，火光烛天，三日不灭"。

就在这一天，慈禧太后召大学士六部九卿入议。面对眼下的局势，朝中大臣"相顾逡巡，莫敢先发"。

吏部侍郎许景澄开口道："中国与外洋交数十年矣，民教相仇之事，每年都会发生，大多都是赔款了结；现在发生了杀害外国使臣的事，这显然违背了国际公法。现如今拳匪窥伺东交民巷使馆，恐怕朝不谋夕，一旦发生不测，不知宗社生灵，置之何地？"

太常寺卿袁昶站出来说道："外衅不可开，当初就是因为纵容乱民，导致一发不可收拾，他日内讧外患相随而至，国何以堪？"太常寺少卿张亨嘉也帮腔道："拳匪不可恃。"

此时，仓场侍郎长萃站出来大声说道："义和拳乃义民也！臣自通州来，通州要是没有这些义民，恐怕早就保不住了！"载漪、载濂及户部侍郎溥良也纷纷附和说人心不可失。

久不言语的光绪皇帝这时候发话了："人心顶什么用？不过是添乱罢了！大臣们都喜好言兵，然自朝鲜之役，创钜痛深，结果大家也都看见了。何况如今诸国之强，十倍于日本，合而谋我，何以御之？"

载漪顶嘴道："董福祥剿灭回乱有功，让他来抵御洋人，肯定能奏效。"光绪皇帝摇摇头道："董福祥骄横跋扈，难用，洋人器利而兵精，非回乱可比。"

会议结束后，慈禧太后派了那桐、许景澄前往杨村劝阻联军，不料在途中遭遇拳匪抢劫，许景澄差点被打死。慈禧太后再次召见大学士及六部九卿，对众人说道："皇帝意在和，不欲用兵，余心乱矣，今日廷论，可尽为上言。"

兵部尚书徐用仪首先发言："用兵非中国之利，且外衅不可自我先。"

光绪皇帝说道："战非不可言，顾中国积衰，兵又不足恃，用乱民以求一逞，宁有幸乎？"

侍读学士刘永亨言道："乱民当早除，不然，祸不测。"

眼见众人的意见一边倒，端王载漪又发话了："义民起田间，出万死不顾一生，以赴国家之难，今以为乱欲诛之，人心一解，国谁与图存？"

光绪皇帝表态反对："乱民皆是一群乌合之众，能以血肉相搏耶？且人心徒空言耳，奈何以民命为儿戏？"

朝堂之上，大臣们为义和拳的剿与抚发生了激烈的争吵，洋人步步紧逼，要求清廷交出天津大沽口炮台，清政府总理衙门照会各国驻华使节，"限二十四点钟内各国一切人等均需离京"，理由似乎也很充分：京城局势混乱，难以对他们进行周全的保护。

16日当晚，各国公使接到这份"最后通牒"后，联名要求与总理衙门会晤商讨此事，并要求次日上午9时前给予答复。

可想而知，在这么短的时间内，清廷是无法给予答复的。次日早上，公使们聚在一处等待清廷的消息，英国公使窦纳乐后来回忆：到了9点半还没有答复，大部分公使认为我们应该继续在使馆里等待。如果没有答复就贸然前往，坐在总理衙门等着大臣们召见有损我们的尊严。此时，性情暴躁的德国公使克林德一拳砸在桌上说:"我去衙门坐等,即使坐上一夜,也要把他们等来。"俄国公使格尔思建议大家一起去,而且要有武装护卫。克林德说:"没有什么危险,昨天和前天我派我的翻译出去过,他一点也没有受到骚扰。"格尔斯说:"既然如此,为什么不派翻译先去跑一趟探探消息呢?"克林德说:"好主意,就派他去。"

会议结束后,各人回到使馆等候消息,克林德却改变了主意。他吩咐备两顶礼轿,与翻译柯士达从东交民巷使馆区前往总理衙门。走到哈德门大街时,正遇上清军神机营队长恩海率队巡逻至此。后来发生的事就成了一个"罗生门事件"了,克林德与清军发生冲突,双方展开枪战,克林德当场死亡,柯士达受伤。

侥幸逃命的柯士达认为这是一场蓄意谋杀,并且一口咬定杀死克林德的正是清军神机营队长恩海,他在接受《泰晤士报》记者莫理循的采访中说:"谁射杀了公使,他的同伴是些什么人,这都是没有疑问的。他们不是义和团,而是清兵,都穿着军服。他们无疑是事先在捕房附近埋伏好的。唯有九门提督崇礼方能下此命令……此外,还有一个情况可以佐证公使是被政府军谋杀的:没有人向轿夫和马夫开枪。假如是义和团,他们一般都会以同样的仇恨袭击为洋人服务的中国人。"之后,莫理循这样报道:"太后和端郡王……筹划了一次集体屠杀,根据这一计划,所有外国公使在那天早晨都将大难临头。"

据窦纳乐报告说,克林德被杀时"他(柯士达)向左瞥了一眼,突然发觉一名全套军装的士兵,将枪放在肩上,正跟随着公使所乘的轿子走动,显然是在瞄准乘轿者的头部。当该士兵开枪的时候,柯士达仅有时间发出一声惊人的叫喊,克林德男爵当即毙命。"恩海也在接受审判时承认:"我从上级得到命令把每个到大街上的洋人都杀死,我是一个军人,我只知道遵守命令是我的天职。"

中方的记载则说是克林德这方手枪走火导致发生冲突的，《庚子大事记》中说："公使先在轿中开手枪，恩海让过乱弹，即发一枪，枪声响处，轿夫弃轿逃散。恩海至轿前拖出公使，已气息奄奄。"

克林德被戕，再一次触动了各国公使们那颗悬着的心，他们担心清廷会对公使们开展有预谋的屠杀，纷纷躲到了英国使馆内避难。眼见义和拳已脱离控制，清廷一边向各省督抚下达命令要求"选将、练兵、筹饷"，一边派董福祥及荣禄的武卫中军对使馆区发动了进攻，"荣禄自持檄督之，欲尽杀诸使臣。礮声日夜不绝，屋瓦自腾，城中皆哭，拳匪助之，巫步披发，升屋而号者数万人，声动天地。"

6月19日，大沽沦陷的消息传入京城，慈禧紧急召集了第四次御前会议，强行做出了对外宣战的决定。与此同时，慈禧太后派许景澄去给各国使馆送照会，宣布他们为大清"不受欢迎之人"，限使馆人员24小时内离开北京，由政府派兵护送到天津。

就在此时，一直沉默不语的光绪皇帝不顾君臣尊严，离席上前抓住许景澄的手，求"更妥商量"。慈禧太后厉声呵斥："皇帝放手，毋误事！"侍郎联元也劝谏道："法兰西为传教国，衅亦启自法。即战，只能仇法，断无结怨十一国之理。果若是，国危矣！"

然而，此时的慈禧太后一意孤行，已听不进任何意见。

6月21日，慈禧太后发布了一份宣战诏书：

我朝二百数十年，深仁厚泽，凡远人来中国者，列祖列宗罔不待以怀柔。迨道光、咸丰年间，俯准彼等互市，并乞在我国传教；朝廷以其劝人为善，勉允所请，初亦就我范围，遵我约束。讵料三十年来，恃我国仁厚，一意拊循，乃益肆枭张，欺凌我国家，侵占我土地，蹂躏我人民，勒索我财物。朝廷稍加迁就，彼等负其凶横，日甚一日，无所不至。

小则欺压平民，大则侮慢神圣。我国赤子，仇怨郁结，人人欲得而甘心。此义勇焚毁教堂、屠杀教民所由来也。朝廷仍不肯开衅，如前保护者，恐伤吾人民耳。故一再降旨申禁，保卫使馆，加恤教民。故前日有拳民、教民皆吾赤子之谕，原为"民""教"解释夙嫌，朝廷柔服远人，至矣尽矣！然彼等不知感激，反肆要挟。昨日公然有杜士兰照会，令我退出大沽口炮台，归彼看管，否则以力袭取。危词恫吓，意在肆其猖獗，震动畿辅。

平日交邻之道，我未尝失礼于彼，彼自称教化之国，乃无礼横行，专肆兵监器利，自取决裂如此乎。朕临御将三十年，待百姓如子孙，百姓亦戴朕如天帝。况慈圣中兴宇宙，恩德所被，浃髓沦肌，祖宗凭依，神只感格。人人忠愤，旷代无所。

朕今涕泣以告先庙，抗慨以示师徒，与其苟且图存，贻羞万古，孰若大张挞伐，一决雌雄。连日召见大小臣工，询谋佥同。近畿及山东等省义兵，同日不期而集者，不下数十万人。下至五尺童子，亦能执干戈以卫社稷。

彼尚诈谋，我恃天理；彼凭悍力，我恃人心。无论我国忠信甲胄，礼义干橹，人人敢死；即土地广有二十余省，人民多至四百余兆，何难剪彼凶焰，张国之威？其有同仇敌忾，陷阵冲锋，抑或仗义捐资，助益饷项，朝廷不惜破格懋赏，奖励忠烈；苟其自外生成，临阵退缩，甘心从逆，竟作汉奸，即刻严诛，决无宽贷。尔普天臣庶，其各怀忠义之心，共泄神人之愤，朕有厚望焉。

唐德刚先生在《晚清七十年》里说，慈禧太后之所以会做出这个疯狂的举动，是因为一封情报所引起的，情报上说，各国公使提出了四条要求：一是指明一地，令中国皇帝居住；二是代收各省钱粮；三是代掌天下兵权；四是勒令皇太后归政。

这个决议让权力欲望十分强烈的慈禧寝食难安，于是决定利用拳民反击洋人，给他们点颜色看看。当然，史学界对这份决议的真假也存在很多争论，刘厚生在《张謇传记》中就提到了此次刚毅、启秀伪造英国公使照会刺激慈禧太后一事：

于是刚毅、启秀两人，与总理衙门章京勾结，伪造英国公使之照会，内有要求那拉氏勿再干政，将政权交与光绪之语。刚毅、启秀两人，均是在总理衙门行走的人，那拉氏信以为真，怒不可遏，于是又开第二次御前会议。

第二次开会时，光绪帝亦在座，侍郎徐景澄见情势迫切，走近御座，竭力陈说，向英国一国开战已无把握，向各国开战，尤无理由。又说：义和团决不可恃，如此蛮干，恐有亡国之祸。言时声泪俱下，光绪听了，不知不觉，拉了徐景澄的手大哭起来。那拉氏大怒，高声喝道：这是什么样儿。遂由其他大臣将徐景澄拉开，叫他出殿。那拉氏见到这种情形，愈益相信，英国公使果然有袒护光绪的证据。一不做，二不休，遂决意宣战，令刚毅、启秀拟旨。

在此，我们姑且不去论其真假，单来分析一下这份所谓的"宣战诏书"。

后世研究者常常借这份"宣战诏书"来指责慈禧太后对十一国宣战是昏了头，事实上，这只是一份对国内发布的战争动员令，对交战对象也没有明确交代，而是采用了一个略带蔑视的词"彼等"。

有了清廷的承认，义和拳更是肆意妄为，他们如瘟疫般蔓延京师，动辄指责某人是二鬼子汉奸，诬赖里通外国，并进行公然的烧杀焚掠。

清廷对义和拳的招抚也不过是权宜之计，正如近代史研究者金满楼所说："此举的目的在于安抚并防止拳民暴动，而其对外宣战则给了

八国联军在天津大沽口登陆

八国联军在天津

拳民一个怒气的宣泄口，同时也是在失控的局面中维护了清廷的合法性地位。"换句话说，在义和拳大量进入北京城且局势失控的情况下，清廷必须顺应义和拳，扮演一个"爱国爱民"的朝廷。如果此时贸然剿杀义和拳的话，恐怕等不到外国干涉清廷便已经亡于拳民之手了。只有领悟到这点，才能体会到清廷"宣战诏书"的深刻含义，而这也是这个所谓的"宣战诏书"对内而不对外的原因所在了。

从6月20日至8月14日，使馆被包围围攻了50多天，清军却始终没能攻克这座小小的使馆，这不能不令人感到奇怪。清廷一方面向列强高调宣战，一方面却又尽量克制，甚至偷偷放水，比如在此期间，清廷还给使馆送去了大米、西瓜、蔬菜、面粉等等。正如慈禧太后自己所说的，"我本来是执定不同洋人破脸的，中间一段时间，因洋人欺负得太狠了，也不免有些动气。但虽是没拦阻他们，始终总没有叫他们十分尽意地胡闹。火气一过，我也就回转头来，处处都留着余地。我若是真正由他们尽意地闹，难道一个使馆有打不下来的道理？"

八国联军围攻紫禁城

　　清朝海关总税务司、英国人赫德在他的日记写道："历次攻击并不是由政府所能调动的数目的兵员所发动——攻击没有一次干到底，总是正当我们恐怕他们一定要成功的时候停住了——假使在我们周围的军队真的彻底而决心地攻击的话，我们支持不了一个星期，或许连一天都支持不了。所以一种解释是可信的，那就是一定有某种保护——有人，或许是知道摧毁使馆区将会对这个帝国和这个皇朝带来怎样的损失的一位聪明人，在发布命令和执行命令之间从中作梗。"

　　据传，李鸿章在得知围攻使馆的是董福祥的甘军后，对人笑道："尽管放心，使馆无恙！"

　　《庚子围攻使馆事件考》一文中，林国华先生对清廷的这种纠结心态做了深入的剖析：

　　庚子年对使馆的进攻，很像是故技重演。西太后的目的是想把租界内的洋人变成自己手中的人质。清政府的方针是：一方面想攻占肃王府使英使馆陷入"无法防守"的险境，另一方面尽力避免对英使馆内的外国使节及其家属造成重大伤亡。除猛攻肃王府外，清军还力图攻占位于英使馆东南方的法使馆,这似乎也是为了对外国使节加大心理上的压力。看来，清政府的目的并不是真要"夷平使馆"，而是要通过攻打使馆使外国使节陷于"准人质"的危险境地，以此作为向外国求和的一种辅助手段。既然如此，进攻必然兼有两方面的特点：一方面，为了对外国使节形成较大的威胁，进攻必须有一定的猛烈程度；另一方面，为了避免对使馆人员（特别是外交官员）造成重大伤亡，给议和造成新的障碍，进攻又必须留有余地而不能是摧毁性的。

　　与此同时，联军在攻下天津后，凑上后续抵达的援兵，兵力一下子达到了万余人，他们重新推举了德国元帅瓦德西担任联军总司令，浩浩荡荡向北京城挺进。

8月12日，联军抵达通州；13日，联军与董福祥的甘军在广渠门交战，甘军不敌。

这一夜，电闪雷鸣，大雨瓢泼而下，北京城处在一片风雨飘摇中。

14日凌晨，八国联军对北京城发动总攻，俄军攻东直门，日军攻朝阳门，美军攻东便门。上午11时，东便门被攻破，部分美军最先攻入外城，英军中午始达北京，攻广渠门，至下午2时许攻入。晚9时，俄、日军各自由东直门、朝阳破门而入。

15日，八国联军向北京内城及紫禁城进攻，美国人说："已经决定攻打皇城，沙飞将军就命令美军在前门集中。在十五日早晨七点三十分左右，在前门上面内城城墙上架了四门大炮"，齐向内城轰击。就这样，大清帝国失去了它的都城。

硝烟弥漫中，北京城陷落了。

早在14日，就在北京城被围攻之时，慈禧太后又一次紧急召见王公大臣，结果却无一至者。慈禧太后对载澜叹道："事至此，惟有走耳，若能为卫乎？"

载澜答道："臣无兵，不能任此。"荣禄提议道："寓书使馆，请停战，徐议和，宜见听也。"慈禧太后焦急道："速图之，余母子性命视此矣！"

在一片混乱的局面中，慈禧太后只得选择逃亡这一条路，她对面前的王文韶三人说道："只剩尔等三人在此，其余均回家去，丢我母子二人不管。尔三人务须随驾同行！"随后，慈禧太后见王文韶一大把年纪了，又说道："汝年纪已迈，尚要汝吃此辛苦，我心不安。汝可随后赶来。他二人素能骑马，必须随驾同行。"

15日清晨，在八国联军攻打北京城的枪炮声中，慈禧太后穿一件普通青衣，打扮成农妇，带着光绪皇帝、皇后、载漪、刚毅、赵舒翘等人，分乘三辆马车，仓惶离开了紫禁城，踏上了逃亡之路。

临走前，慈禧太后还不忘处死了光绪皇帝最爱的宠妃——珍妃。后人还为此写了一首诗：

> 金井一叶坠，凄凉瑶殿旁。
>
> 残枝未零落，映日有辉光。
>
> 沟水空流恨，霓裳与断肠。
>
> 何如泽畔草，犹得宿鸳鸯！

这支仓惶的皇室队伍刚走到西直门，幸好碰到了马玉昆率领的1000余名官兵，于是在其护送下，一行西逃，老臣王文韶随后带着儿子玩命追赶，终于在怀来追上了慈禧太后一行的队伍。

此时正是酷暑七月，慈禧一行当时出北京走得急，所有的御用被服和食物都没准备好，一路上也没人负责供应饮食，晚上只能睡在土炕上，餐风露宿，恓恓惶惶，很是狼狈。经过三天的跋涉，慈禧太后一行终于到了北京西北的怀来县。知县吴永（曾国藩的孙女婿）仓惶出城迎驾，慈禧太后出城后第一次受到如此礼遇，对吴永哭诉道："予与皇帝连日历行数百里，竟不见一百姓，官吏更绝迹无睹。今至尔（你）怀来县，尔尚衣冠来此迎驾，可称我之忠臣。"

吴永后来记载道："太后哭罢，复自述沿途苦况。谓连日奔走，又不得饮食，既冷且饿。途中口渴，命太监取水，有井矣而无汲器，或井内浮有人头。不得已，采秫秸秆与皇帝共嚼，略得浆汁，即以解渴。"

饥寒交迫的慈禧此时也饿得老眼昏花，问吴永有没有准备食物："昨夜我与皇帝仅得一板凳，相与贴背共坐，仰望达旦。晓间寒气凛冽，森森入毛发，殊不可耐。尔试看我已完全成一乡姥姥……今至此已两日不得食，腹馁殊甚，此间曾否备有食物？"

吴永原本准备了一些食物，却遭到败兵抢掠，只得战战兢兢送上了一锅绿豆粥。此时的慈禧哪里还有心思挑剔？感慨道："有小米粥，甚好甚好，可速进。患难之中，得此已足，宁复较量美恶？"

　　怀来是个小县城，条件简陋，慈禧太后只能住进吴夫人的卧室，皇后住吴永儿媳妇的卧室，光绪皇帝则住在县衙的签押房。

　　慈禧一行狼狈出逃，倒给了地方大员及大臣们表现的好机会。出居庸关后，甘肃布政使岑春煊率领一支几百人的队伍前来护驾，袁世凯在将援助源源不绝送达行在的同时，还通过交涉，使外国军队很快撤出了天津和大沽口。慈禧事后感慨地说："想不到庚子那年的事，我闯了大乱子，但因此机会，我能提拔出两个忠臣来，一个是岑春煊，一个是袁世凯。英雄出少年，岑三在南方替我平定广东、广西的乱事；袁四在北方替我对付外国人，保守北京、天津。他们年纪都很轻，着实能干点事。二十年之内，我可以高枕无忧了。"

　　在逃往西安的路上，慈禧太后似有悔悟，一边以光绪皇帝的名义下发《罪己诏》，一边不断催促庆亲王奕劻和李鸿章火速进京与各国交涉议和。

　　在这份《罪己诏》中，慈禧太后这样写道：

　　各国在中国传教，由来已久，民教争讼，地方官时有所偏：畏事者袒教虐民，沽名者庇民伤教。官无办法，民教之怨，愈结愈深。拳匪乘机，浸成大衅。由平日办理不善，以致一朝骤发，不可遏抑，是则地方官之咎也。

　　涞涿拳匪，既焚堂毁路，急派直隶红军弹压，乃练军所至，漫无纪律，戕虐良民。而拳匪专恃仇教之说，不扰乡里，以致百姓皆畏兵而爱匪。匪势由此大炽，匪党亦愈聚愈多，此则将领之咎也。

该匪妖言邪说，煽诱愚人王公大臣中，或少年任性，或迂谬无知，平时嫉外洋之强，而不知自粮，惑于妖妄，诧为神奇，于是各邸习拳矣，各街市习拳矣。或资拳以粮，或赠拳以械，三数人倡之于前，千万人和之于下。朕与皇太后方力持严拿首要，解散胁人之议，特命刚毅前往谕禁，乃竟不能解散。而数万乱民，胆敢红巾露刃，充斥都城，焚掠教堂，围攻使馆。我皇太后垂帘训政，将及四十年，朕躬仰承慈诲，凤昔睦邻保教，何等怀柔？而况天下断无杀人放火之义民，国家岂有倚匪败盟之政体？当此之时，首祸诸人，叫嚣骧突，匪党纷扰，患在肘腋，朕奉慈圣，既有法不及众之忧，浸成尾大不掉之势。兴言及此，流涕何追！此则首祸王大臣之罪也。

不得不说，在这份诏书中，慈禧太后对民教冲突及义和拳兴起根源的分析倒也算理性客观，但接下来，她将义和拳之乱归咎于地方官员处置不当、将领无能、王公大臣昏聩无知任性之上，完全摘除了自己的责任，全然忘了自己才是这场危机的罪魁祸首！

慈禧太后一行到达西安时，沿途百姓都想瞧瞧太后和皇上长啥样，有乡农远远立田间翘望，并不趋避，慈禧太后也不加罪。皇上看见乡民的模样，大是好奇，从未见过这般打扮的百姓。慈禧太后对光绪皇帝叹道："咱们哪里知道百姓如此困苦！"

慈禧太后虽然识字不多，但脑子聪明，也有魄力。面对京城的乱局，慈禧太后流泪自责："我总是当家负责的人，现在闹到如此，总是我的错头，上对不起祖宗，下对不起人民，满腔心事，更向何处诉说呢？"

一次，慈禧太后问身边的臣子们："此耻如何可雪？"众人面面相觑，竟无一人回答。

就在慈禧太后西逃的当口，八国联军已攻入了帝国的首都，在不到半个世纪的时间内，清王朝两次丢了自己的首都。似乎是为了报复义和拳对洋人及教民的烧杀抢掠，联军在京城内开始了一场疯狂的屠戮。他们用机枪扫射，用刺刀砍杀，将手无寸铁的妇女儿童一律屠杀，手段极其残酷，令人发指。一位美国指挥官说："我敢说从占领北京以来，每杀死一个义和拳，就有 50 个无辜的苦力或者农民包括妇女和儿童被杀。"

日人植松良二之现场报导说："巍然之橹楼，为联军击碎烧弃，已失五百年来巍奂之美观，旧迹留者，仅一二耳。城内外惨遭兵燹，街市毁失，十分二三。居民四面逃遁，兄弟妻子离散，面目惨淡。货财任人掠夺者有之，妇女任人凌辱者有之，不能自保。此次入京之联军，已非复昔日之纪律严明。将校卒军士，军士约同辈，白昼公然大肆掠夺，此我等所亲见。计京城内富豪大官之居宅，竟无一遭此难者，决非过论。""并将内外银库所贮银两，及钱法堂存贮新铸制钱数百万串，禄米等仓存贮米石，均皆搬运一空。""并闻内廷各宫殿及颐和园内陈设，均已搜掠罄尽云。"

各国洋兵"俱以捕拿义和团、搜查军械为名，三五成群，身跨洋枪，手持利刃，在各街巷挨户踹门而入。卧房密室，无处不至，翻箱倒柜，无处不搜。凡银钱钟表细软值钱之物，劫掳一空，谓之扰城。稍有拦阻，即被戕害"。

残阳如血，此时的北京城已彻底沦为人间炼狱！

瓦德西元帅在给德皇报告中称："所有中国此次所受毁损及抢劫之损失，其详数将永远不能查出，但为数必极重大无疑。""又因抢劫时所发生之强奸妇女，残忍行为，随意杀人，无故放火等事，为数极属不少，亦为增加居民痛苦之原因。"

当北方被义和拳与八国联军搅得天翻地覆之时，南方却是另一番和平安宁的景象。

慈禧太后发出那份所谓的"宣战诏书"之后，通电全国，要求各地筹款调兵，北上勤王。面对这样一份几乎不可能完成的任务，东南各省督抚们一时踟蹰，无法决断。此时被贬到广州做两广总督的

北上谈判前的李鸿章

李鸿章毅然站了出来，向朝廷复电道："此乱命也，粤不奉诏。"

李鸿章的表态大大激励了其他各省督抚们，两江总督刘坤一、湖广总督张之洞等东南地区督抚开始大胆筹划以"保境安民"为主旨的"东南互保"。在如此重大的问题上，东南各省督抚们竟然敢联手抗衡朝廷，这在以往的历史中是从来没有过的，同时，这一举动也充分说明清政府中央对地方的控制力正在迅速减弱。事后，清廷不仅没有对这些东南督抚大员们秋后算账，反而承认和肯定了"东南互保"的合理性。1909年张之洞病故，清廷对张之洞予以了高度评价："庚子之变，顾全大局，保障东南，厥功甚伟。"

1900年7月17日，77岁的李鸿章再次临危受命，孤身一人踏上了北上之路，替慈禧太后收拾残局。

码头上，官员们列队恭送李鸿章。临行前，南海知县裴景福问他，有什么办法可以让国家少受些损失，李鸿章感叹道："不能预料！惟有竭力磋磨，展缓年分，尚不知做得到否？吾尚有几年？一日和尚一日钟，钟不鸣，和尚亦死矣！"

在生命的最后一年中，李鸿章以这样悲伤的心境开始了他与洋人噩梦般的周旋。不知道这是悲壮，还是悲哀。

辛丑条约签订现场

洞察当时中国政坛的《泰晤士报》驻华记者莫里循说："每当清国政府把这个巨大的帝国带到毁灭的边缘，他们唯一必须启用的人就是李鸿章。"

在随后九个多月的时间里，李鸿章用尽了生命中最后的力量，再一次用他所擅长的"以夷制夷，各个击破"的外交手段，与洋人展开了一场漫长的拉力赛。直到 1901 年 9 月 7 日，李鸿章、庆亲王亦劻代表大清帝国与德、英、法、俄、美、日、意、奥、荷、西、比十一国签订了《辛丑条约》。其中最令人印象深刻的是，条约规定中国赔偿各国赔款白银 4.5 亿两，"人均一两，以示侮辱"，分 39 年还清，本息总和 10 亿两，这是中国近代史上最大的一笔赔款。

朝廷的回电是："应准照办。"

很快，国人的指责谩骂蜂拥而至："卖国者秦桧，误国者李鸿章！"还有一副对联这样形容他："杨三已死无苏丑，李二先生是汉奸！"李鸿章背负着滚滚骂名，再一次从权力的巅峰坠落，他成了古往今来第一汉奸。

立宪派绅士刘垣挖苦说："李鸿章到北京，算是议和吗？真是自己骗自己胡说八道，八国联军所开给李鸿章的条件，赔款四万万五千万两，没有能减少一分一厘，什么人应该斩罪，什么人应该充军，什么人应该革职，并没有减少一个人……中国人都知道，全世界都知道，李鸿章与八国联军的军人或其代表人，从来没有开过一次正式的会议。这种办法，实在是无条件投降，而不能说是议和。"（刘垣：《张謇传记》）

为了国事耗尽了生命的李鸿章，还成为了清政府最大的替罪羊。

我们可以说他是封建时代的旧臣，可以说他的洋务运动不过是纸糊的老虎，可以说他任人唯亲等，但是，唯独不能说他是卖国贼，说他丧权辱国。弱国无外交，指望他在谈判桌上把主战派在战场上失去的东西要回来，就算是神仙也做不到。对这个危难中的国家，他尽力了。

《辛丑条约》签字后，李鸿章病情也急转直下，开始大口吐血，卧床不起，饮食不进，西医诊断为：胃血管破裂。

一地落叶被秋风旋起，空气中，搅动一股败落之气。

北京。贤良寺。

病榻之上，李鸿章艰难提笔，上奏朝廷：

臣等伏查近数十年内，每有一次构衅，必多一次吃亏。上年事变之来尤为仓促，创深痛巨，薄海惊心。今议和已成，大局稍定，仍希朝廷坚持定见，外修和好，内图富强，或可渐有转机。

很难想象，此时的李鸿章是怀着怎样复杂的心情写下这份奏书的。他曾这样概括自己的一生："予少年科第，壮年戎马，中年封疆，晚年洋务。一路扶摇，遭遇不为不幸！"

恍惚中，他似乎想起了自己第一次上京考试时的情景。那时的他年少轻狂，意气风发，在路上写下了十首《入都》诗，其中一首广为传颂：

丈夫只手把吴钩，

意气高于百尺楼。

一万年来谁著史，

三千里外欲封侯。

身处晚清三千年未有之大变局的时代，李鸿章选择了一条与他的老师曾国藩行程迥异的道路，始终站在时代浪尖，立志做一名披荆斩棘的改革家。他不计毁誉，办交涉、修铁路、建工厂、组海军，希图清政府能自强崛起。然而，李鸿章在国内错综复杂的政局中辗转腾挪，依然掣肘重重。现实是残酷的，李鸿章明明知道问题所在，但他的痛苦就在于知道问题所在却无力更改！

而这，或许正是所有改革者的悲哀！

面对前途未卜的时局，李鸿章依然无限牵挂，吟诗一首：

劳劳车马未离鞍，临事方知一死难。

三百年来伤国乱，八千里外吊民残。

秋风宝剑孤臣泪，落日旌旗大将坛。

海外尘氛犹未息，诸君莫作等闲看。

1901 年 11 月 7 日，李鸿章终于油尽灯枯。可恨的是，直到最后一刻，俄国公使为了攫取东北的权益，还在床头逼他签字。临去之时，李鸿章双目炯炯不瞑，张着口似乎想说什么，却一个字也说不出来。部下周馥痛哭道："君有何放心不下，不忍去耶？公所经手未了之事，我辈可办，放心去吧！"

李鸿章嘴唇喃喃颤动，却早已说不出话来，两行滚烫的浊泪从凹陷的眼窝中滑落。

1901 年 11 月 7 日，李鸿章溘然长逝，终年 78 岁。

李鸿章的最后一份奏折由八百里加急送到慈禧太后面前。慈禧太后读完，不觉辛酸泪崩：

臣病垂危，自知不起，口占遗疏，仰求圣鉴事。

窃臣体气素健，向能耐劳。服官四十余年，未尝因病请假。前在马关受伤，流血过久，遂成眩晕。去夏冒暑北上，复患泄泻，元气大伤。入都后，又以事机不顾，朝夕焦思，往往彻夜不眠，胃纳日减，触发旧疾，时作时止。迭蒙圣慈垂询，特赏假期，慰谕周详，感极零涕。和约幸得竣事，俄约仍无定期，上贻宵旰之忧。臣未终心事，每一念及，忧灼五中。本月十九夜，忽咯血碗余，数日之间，遂成沉笃，群医束手，知难久延。谨口占遗疏，授臣子经述恭校写成，固封以俟。

伏念臣受知最早，蒙恩最深，每念时局艰危，不敢自称衰病。惟冀稍延余息，重睹中兴，赍志以终，殁身难瞑。现值京师初复，銮辂未归，和议新成，东事尚棘，根本至计，处处可虞。窃念多难兴邦，殷忧启圣。伏读迭次谕旨，举行新政，力图自强。庆亲王等，皆臣久经共事之人，此次复同更患难，定能一心勠力，翼赞讦谟。臣在九原，庶无遗憾。至臣子孙，皆受国厚恩，惟有勖其守身读书，勉图报效。属纩在即，瞻望无时，长辞圣明，无任依恋之至。谨叩谢天恩，伏乞皇太后、皇上圣鉴。谨奏。

光绪二十七年十月初三日

国人对于历史人物总喜欢盖棺定论，可很多时候，历史人物往往是没法定论的，在中国，评价一个人是很容易同时也是很难的事情。也许，只有他的老对手伊藤博文对他的评价最为准确：

大清帝国中唯一有能耐和世界列强一争长短之人。

回过头来，我们再来看看这场被标榜为"反帝爱国"的义和团运动。

国学大师钱穆在《国史大纲》中这样分析："盖清自乾嘉以下，世道日衰，学者惟有训诂考据，不足以安心托命，乃转而逃此。下之则为天理教、八卦教、白莲教、红灯教、上帝会之此仆彼起，上之则有朝廷亲贵大臣，倚信拳民以排外，而酿成庚子之祸。庚子拳乱，虽挟有不少可笑的迷信，然其为中国上下不能忍受外侮压迫之情感上之爆发则一。"

义和拳的兴起绝非偶然，在西方文化强势入侵、民族危机日益严重的大背景下，再加上一系列的天灾人祸、机缘巧合之下，民众走投无路，大饥荒造就大批流民游民，自发组织起了抗争活动。当然，我们也不得不承认，义和拳的蔓延是当时的乡民在政府不作为或治理失败的情况下，为维护自身利益的不得已之举，但是，这并不能作为他们为之后恶行脱罪的理由。说到底，这不过是用一种暴力，代替另一种暴力，除了让这个饱经磨难的文明再受一次浩劫外，没有任何实际意义。

勒庞在《乌合之众》中这样分析群体的心理特征："群体只知道简单而极端的感情；提供给他们的各种意见、想法和信念，他们或者全盘接受，或者一概拒绝，将其视为绝对真理或绝对谬论。"所谓"法不责众"的经验使他意识到，他不必为自己的行为承担责任："群体感情的狂暴，尤其是在异质性群体中间，又会因责任感的彻底消失而强化。"在群体中间，就像傻瓜、低能儿和心怀妒忌的人一样，在摆脱了自己卑微无能的感觉之后，会产生出一种残忍、短暂但又巨大的能量。

毫无疑问，义和拳就是这样一大群分布甚广的乌合之众，体内孕育着一股破坏性极强的力量。当这种非理性的力量缺乏正确的引导，不幸被卷入朝堂权力之争，被载漪为首的守旧亲贵们利用后，突然失去了控制，伴随着愚昧、迷信、狂暴与杀戮，终于闯下了滔天大祸。而清廷也被这股非理性的力量绑上了战车，最终令局势彻底失控，不可挽回。

第八章　清末新政：一场失控的系统性改革

庚子国变后，清政府的威权和尊严几乎荡然无存。为了挽救濒临崩溃的时局，清廷启动了第三轮也是有史以来最为彻底的新政改革，开始由专制体制向现代民主体制逐步转型。在此过程中，士绅阶层逐渐崛起，成为左右国家命运的力量，与清政府渐行渐远。

时间辗转来到了 20 世纪。

在经历了一波又一波浩劫后，清王朝的"尊严"几乎荡然无存。随着太平天国的兴起，以汉族为主的地方官僚逐渐掌握了军权，地方势力的坐大严重削弱了中央的统治权威；卖官鬻爵、庸才充数造成清王朝官僚队伍的严重腐化堕落；内部机体日渐腐朽，在应对外来危机与内部挑战时，王朝的反应迟钝而又无力；义和拳运动中，由于受到以载漪为首的大阿哥党的蒙蔽，以及长期以来淤积在心中的反洋情绪，慈禧太后连出昏招，命令义和拳攻打各驻外使馆，直接导致了八国联军攻入北京城，差点面临亡国灭种的危机，慈禧太后事后忆起此事也颇为悔恨："综余生平，惟此谬误。"

慈禧虽然是个玩弄权术的高手，但其本人并无多少治国韬略和历史远见。美国史学家牟复礼这样评价慈禧太后："不论从王朝利益还是从国家利益的角度看，她都不是一个政治上谨慎持重的人，也不是一个目光远大的统治者。不说别的，单是她幕后操掌大权期间定期表现出的刚愎自用和恣睢暴戾行为，以及她的身份和手腕所造成的派别倾轧和腐化堕落这些罪恶现象，就进一步削弱了本来已处于风雨飘摇之中的清王朝。"

经历了庚子国变的惨痛后，慈禧太后在反思之余，对维新改革的态度发生了180度的大反转，从最初的顽固保守开始转向变革求新。

《时局图》

纵观晚清的变革史，我们可以将其分为三个阶段：洋务运动、戊戌变法和即将要在本章叙述的清末新政。这三者中，洋务运动较早提出了"师夷长技以制夷"的口号，但改革仅限于皮毛，没有涉及到根本的体制和制度问题，因而最终也归于失败；戊戌变法是在清政府既有政体框架内的一次社会改良运动，但由于以康梁为首的维新派在改革方法和战略上屡现失误，又触怒了慈禧太后的政治权威，这场基于空想与蛮干的激进改革最终也归于失败。

随着慈禧太后宣布重新训政，一大批顽固守旧分子纷纷上台，对前期推行的新政大砍大杀。此次庚子事变，在不少士大夫看来，完全是由于慈禧太后任用守旧官僚剿杀新政所导致的："自戊戌变政，与民更新，而忌之者辄曰祖宗成法万古不易，无论成法之如何积久弊深，新政之如何有裨实济，而概以'祖宗'二字钳制天下之目，卒以开衅邻国，而太庙不守，负罪祖宗。"

在被洋人两度赶出紫禁城后，慈禧太后痛定思痛，决意施行变革。岑春煊在《乐斋随笔》中说："朝廷自经庚子之变，知内忧外患，相迫日急。非仅涂饰耳目，所能支此危局。故于西狩途中，太后首以雪耻自强为询。辛丑回銮以后，即陆续举办各项新政。"

1901 年 1 月 29 日，慈禧在西逃途中以光绪的名义颁下一道谕旨，由此也拉开了清末十年的新政改革大幕。

清末新政是清王朝所进行的最后一次也是最认真的现代化努力，这场新政运动也印证了美国政治学家亨廷顿说过的一句话："处于权威危机中的统治者往往会迅速的变成真诚的改革者，他对改革的真诚，来源于他对保住权力的真诚。"

慈禧太后颁发的这道谕旨的大意内容如下：

世有万古不易之常经，无一成不变之治法。穷变通久见于大易，损益可知著于论语。盖不易者三纲五常，而可变者令甲令乙。

伊古以来，代有兴革。当我朝列祖列宗，因时立制，屡有异同。入关以后，已殊沈阳之时。嘉庆、道光以来，渐变雍正、乾隆之旧。大抵法积则敝，法敝则更，惟归于强国利民而已。

自播迁以来，皇太后宵肝焦劳，朕尤痛自剖责，深念近数十年积习相仍，因循粉饰，以成此大衅。现今议和，一切政事尤须切实整理，以期渐图富强。懿训以为，取外国之长，乃可补中国之短；前事之长，乃可作后事之师。

皇太后何尝不许更新损益科条？朕何尝概行除旧？酌中以御，择善而从。母子一心，臣民共睹。康逆之谈新法，乃乱法也，非变法也……今者恭承慈命，一意振兴。严禁新旧之名，浑融中外之迹。

查中国之弊在于习气太深，文法太密；庸俗之吏多，豪杰之士少；公事以文牍相往来，而毫无实际人才，以资格相限制，而日见消磨，误国家者在一私字，祸国家者在一例字。

至近之人学西法者，语言文字、制造器械而已。此西艺之皮毛，而非西政之本原也。居上宽，临下简，言必信，行必果。我往圣之遗训，即西人富强之始基。中国不此之务，徒学其一言一行、一技一能，而佐以瞻徇情面，自私身家之积习；舍其本原而不学，学其皮毛而不精，天下安能富强？

总之，法令必更，锢习必破，欲议振作，当议更张。著军机大臣、大学士、六部九卿、出使各国大臣、各省督抚，各就现在情形，参酌中西政要，或取诸人，或求诸己，如何而国势始兴，如何而人才始出，如何而度支始裕，如何而武备始修，各举所知，各抒所见，通限两个月内悉条议以闻，再行上禀慈谟，斟酌尽善，切实施行。

如果从文本内容来看，这道谕旨可以算作是清末新政的一个纲领性文件。当然，联想到三年前慈禧太后亲手扼杀了维新派，为了给自己态度的转变找一个合理的借口，慈禧太后借光绪皇帝的口吻在谕旨中与康梁等人撇开关系，不是皇太后不想变革，而是"康逆（有为）之谈新法，乃乱法也，非变法……"康梁变法，是包藏祸心，她今日推行的新政，才是真正的利国利民的真改革。当然，这样做的目的无非是想把自己即将实施的新政与戊戌变法区别开来，示好外人，笼络臣心。至于怎么改革，朝廷不知道，各地督抚都给朝廷出主意，想办法。

对于慈禧太后下发的"新政"动员令，地方督抚大员大多持观望的态度。这也难怪，谁能保证这次不是试探或假维新呢？万一朝廷搞个"钓鱼执法"，那自己头顶的乌纱帽可就不保了。

经历了戊戌政变，人人都成了惊弓之鸟，六君子尸骨未寒，变法的声音再一次从朝堂之上传出，不能不令人心存疑虑。政治的翻云覆雨，令人莫测奥妙。因此，慈禧太后的这份新政诏令发布后，并没有引起强烈的反响，众多地方督抚大员还在犹疑彷徨，揣测并打探朝廷的真实意图。山西巡抚岑春煊电告说："煊意时局尚未定，此时不能议兴革，奏入亦置之。"两广总督陶模也称："观政府意，未必真欲变革。"

在当时的东南督抚大员中，谁是执牛耳者呢？

简单划拉一下，有这么四个人，第一个是两广总督李鸿章。

这个时候的李鸿章正在北京城和八国联军死磕，此时他的身体已严重透支，马上就要油尽灯枯，快不行了。剩下的三个人物分别是湖广总督张之洞、两江总督刘坤一及山东巡抚袁世凯。

张之洞

搞新政重启变法，张之洞自然是非常积极的。庚子事变中，张之洞在东南一直密切关注着时局的变化，对于清廷的新政上谕也早有心理准备。但是，多年的宦海生涯也将张之洞从当年的清流派代表磨练成了官场老油条，接到上谕之后，张之洞的第一反应是希望弄清来路，"何人陈请？何人赞成？"

刘坤一

在与户部尚书鹿传霖通过几次信后，向来善于知权达变的张之洞采取了保守谨慎的态度，一方面是想进一步观察事态的变化，另一方面是想与东南各省互通声气，共同商议对策，最好各省督抚能搞个联衔上奏，就算上面责罚下来，大家一起扛嘛！

张之洞的提议得到了不少人的积极回应，山东巡抚袁世凯和两江总督刘坤一接连致电张之洞，希望他"先拟大纲"，以便各省参照。

在众人的鼓动下，张之洞提出了自以为"稍觉骇俗"的"以仿西法为主"的变革主张。当然，改革是一项复杂的系统性工程，不能眉毛胡子一把抓，得有主次之分，因此他提出了应当优先办理的九件大事：

一、亲贵游历；二、游学各国；三、科举改章；四、多设学校；五、西法练兵；六、专官久任；七、仿设巡捕；八、推广邮政；九、专用银元。

同时，张之洞也提到，"此九条最要而不甚难，已足令天下人精神为之一振，陋习一变，各国稍加青眼。其余若多设行都、设矿务总公司、行印花税、酌改律例、设课农专官、各省推广制造局、鼓励工匠各条，相机量力，从容举办。"

张之洞的电文发给各省督抚后，各省督抚纷纷回电，表示愿意响应联衔会奏的行动。两江总督刘坤一大拍马屁，说张之洞"经济文章一时无两"，希望由张之洞"主稿掣奏"，其余各省督抚如安徽巡抚王之春、山东巡抚袁世凯、四川总督奎俊、闽浙总督许应骙等人则希望由张之洞与刘坤一共同主稿并领衔，各省督抚联衔会奏。

然而，在由谁主稿的这个问题上，张之洞与刘坤一开始互相推让，张之洞说我文笔不好，写不了这份奏折："此奏鄂断不敢主稿。鄙人主意多鲁莽，思虑多疏漏，文笔亦艰涩，仍请岘帅主持。"

刘坤一岂肯入彀？继续给张之洞戴高帽："香帅博通今古，惯澈始终，经济文章海内推为巨擘，非由香帅主稿，断难折衷至当，万望勿再客气，主持办理。"

就在张之洞与刘坤一互相推脱之际，朝廷又有了新的旨意。要说姜还是老的辣，慈禧太后执掌清帝国 48 年，对于地方督抚们心里的小九九岂能不知？4 月 21 日，慈禧太后以光绪皇帝名义下令成立督办政务处，以实际行动打破沉闷的僵局，以便大力推动变法。上谕说：

上年十二月初十日，因变通政治，力图自强，通饬京外各大臣，各抒所见，剀切敷陈，以待甄择。近来陆续条陈，已复不少。惟各疆臣使臣，多未奏到。此举事体重大，条件繁多，奏牍纷烦。务在体察时势，决择精当，分别可行不可行，并考察其行之力不力。非有统汇之区，不足以专责成而挈纲领。著设立督办政务处，派庆亲王奕劻、大学士李鸿章、荣禄、昆冈、王文韶、户部尚书鹿传霖为督办政务大臣，刘坤一、张之洞亦著遥为参预。各该王大臣等，于一切因革事宜，务当和衷商榷，悉心评议，次第奏闻。俟朕上秉慈谟，随时更定。回銮后，切实颁行。示天下以必信必果、无党无偏之意。其政务提调各官，该王大臣等务择心术纯正、通达时务之员，奏请简派，勿稍率忽。此事预限两月，现已过期。其未经陈奏者，著迅速条议具奏，勿再延逾观望，将此通谕知之。

你们不是不信任朝廷，担心朝廷给你们下绊子吗？干脆成立一个指导改革的组织，由各省督抚遥领这个督办政务处的职务，以此来取信于各省督抚及封疆大吏们。

这下子，地方疆臣如两江总督刘坤一、湖广总督张之洞、山东巡抚袁世凯等人终于感受到慈禧太后迫切实行变法的决心了。于是他们打消了疑虑，开始了认真的准备。5 月，袁世凯最先提出新政意见十条，如充实武备，改进财政，开通民智，派遣留学生等等。刘坤一和张之洞则不慌不忙，俩人约定各自先写一稿，然后再互相参照商议，随后组织各自的幕僚开始起草文稿。

刘坤一这边邀请了张謇、沈曾植、汤寿潜等社会名士共同起草，然后再寄给张之洞。张之洞这边则邀请了郑孝胥、梁鼎芬、黄绍箕等人为其拟出初稿，征求多方意见后，结合刘坤一的文稿整理融合，最后定稿。

尽管朝廷一再催促，张之洞仍不慌不忙，有记载说张之洞在此过程中"荟萃众说，断以己意，日撰一条，月余始就"。当然，张之洞也时刻留意着朝廷的动向，通过秘密渠道向易顺鼎打探："各省变法奏到者几省？京官奏者几人？望将最警动重大者示知。内意许可者何事？孙宝琦识见议论何如？云门（樊增祥）于此事有何定见？此外有何要闻？均速详示。"

易顺鼎回电告知："闽、浙、粤、滇、齐、豫奏到，浙主丁捐印税，豫主抬枪八股，齐有慎出令，粤有裁内监一条，粤独未交下。京官孙、薛、张、贻、陆、葛皆上，瞿请逐渐变通。"

在经过长时间的修改、补充和完善之后，张之洞与刘坤一先后于五月二十七日、六月初四日和六月二十七日联衔连上三折，时称《江楚会奏变法三折》，受到了慈禧太后的高度重视和评价，俨然成为清末新政的蓝本，正如时人所说："惟是中朝宗旨，实以江鄂为南针。江鄂之言不必尽行，而江鄂奏入之后，大局未必不从兹而定。"

那么这变法三折中又写了哪些内容呢？

第一折，《变通政治人才为先遵旨筹议折》，简称"人才为先折"，其中指出，中国既贫于财更贫于人才，既弱于兵更弱于志气，而其中的病根正是科举制。因此，"人才为先折"的核心是改良科举制，在介绍了"泰西各国学校之法"后，他建议采用"各国学校之法"，设文武学堂、酌改文科、停罢武科、奖励游学。

第二折，《遵旨筹议变法谨以整顿中法十二条折》，其中写到，"盖立国之道，大要有三：一曰治，二曰富，三曰强国。既治则贫弱者可以力求富强；国不治则富强者亦必转为贫弱。整顿中法者，所以为治之具也；采用西法者，所以为富强之谋也。"在洋务运动的整个过程中，张之洞始终坚持"中体西用"的变革思想，在他看来，西法只是富强之术，关键还是要"整顿中法"。

第三折，《遵旨筹议变法谨以采用西法十一条折》，张之洞首先申明采用西法的必要性："方今环球各国，日新月盛，大者兼擅富强，次者亦不至贫弱。究其政体学术，大率皆累数百年之研究，经数千百人之修改。""此如药有经验之方剂，路有熟游之图经，正可相我病证，以为服药之重轻；度我筋力，以为行程之迟速。"并提出了广派游历、练外国操、广军实、修农政等十一条具体措施。

《江楚会奏变法三折》递上去后，得到了慈禧太后的首肯，"昨据刘坤一、张之洞会奏整顿中法、仿行西法各条，事多可行。即当按照所陈，随时设法，择要举办。各省疆吏亦应一律通筹，切实举行。"

从1901年到1911年，十年间，清政府几乎尽其所能全面实施了新政。不得不说，清末新政是20世纪初中国第一次全方位、多层面的社会变革，其广度与深度都远远超过了之前的洋务运动和戊戌变法。史学家侯宜杰先生在《二十世纪初中国政治改革风潮》中说："单纯的封建专制制度已不存在，民主政治及有关法律有些在试行，有些在准备和确立之中，整个政治制度正在向资本主义近代化演变迈进。"

平心而论，1901年慈禧太后启动的这一轮改革，可以说是晚清60多年历史上最有希望成功的一次改革。为什么这么说？自媒体人罗振宇在视频节目《罗辑思维》中这样分析：此次新政改革，清政府有三大成功的条件：

第一，上面有决心。

庚子国变，慈禧太后仓惶出逃，一路上可谓是吃尽了苦头，也真切感受到了民间的疾苦。据《慈禧外记》记载，"太后由京往西安，及由西安回銮，见沿路农民贫苦之状，甚为悯念，特发银以赈之，其数甚巨，并告皇帝曰：'前在宫中，不知小民之苦也。'"历史学家萧功秦认为，庚子奇变和此后的"西狩"经历，以及由此产生的内疚心理，是促使慈禧太后转向改革的重要契因。山西巡抚岑春煊也提到，"太后岁在蒙尘困苦中，尚刻意以兴复为念。一日，诸人于召对之际，太后忽顾曰：'此耻如何得雪？'"岑春煊趁机进言道："欲雪此耻，要在自强。"后来他又写道，"两宫卧薪尝胆亟求自强雪耻之志，此时亦为最切矣"，并指出，"朝廷自经庚子之变，知内忧外患，相迫日急。非仅涂饰耳目，所能支此危局。故于西狩途中，太后首以自强为询。……辛丑回銮以后，即陆续举办各项新政。"

第二，外面有动力。

《辛丑条约》的签订，标志着中国正式沦为半封建半殖民地，洋人不仅要求割地赔款，甚至直接干涉中国的内政，谁该被处分谁该被表彰，都由洋人说了算，所以有人把这之后的清政府称为洋人的朝廷。庚子赔款4.5亿两白银，分39年还清。数量虽多，但却是在中国海关总税务司赫德的帮助下仔细测算后的结果。鉴于各国在中国占据了大量权益和数额巨大的赔款尚待偿还，洋人也不希望清廷就此轰然倒塌。列强并无意推翻清廷，他们只是想重组一个亲西方的清政府，八国联军统帅瓦德西看得很清楚："无论欧美日本各国，皆无此脑力与兵力，可以统治此天下生灵的四分之一。"在此后的一系列改革与探索中，西方国家都给予了清政府尽可能所有的帮助，如在五大臣出洋考察中，各国的态度非常积极，日本前任首相伊藤博文也针对清廷代表提出的"君主立宪制"

给予了诚恳的分析和善意的提醒。

第三，底下没阻碍。

庚子之变后，保守派人物如端王载漪、庄王载勋、大学士刚毅、山东巡抚毓贤等人按照和约要求被处死、罢黜，大阿哥溥儁被"废黜出宫"。国内要求变革的呼声越来越高，改革派随后也重新占据了主导地位，各地督抚也纷纷公开发表自己的变革主张。袁世凯致书慈禧太后说："和议将成，赔款甚巨，此后愈贫愈弱，势难自立；如蹈常袭故，直无办法，宜请旨饬内外臣工各陈富强之策，以备采施。"张之洞、刘坤一、盛宣怀三人也联合上奏，请求变法，"于和局大定之后，即行宣示整顿内政切实办法，使各国咸知我有发愤自强之望，力除积弊之心。"

晚清的这轮改革涉及面非常之广，其中涵盖了行政制度改革、教育制度改革、军事制度改革和法律制度改革，我们重点来分析一下教育和军事制度改革。

中国的现代化改革，教育改革是基础。在戊戌变法那一章中，我们讲述了康有为废除科举的主张遭到了绝大多数士人的反对，那是因为当时的朝廷没有为读书人解决出路问题。

1901 年 8 月，朝廷下诏永远停考武科，并调整了文考的部分科目。1904 年 1 月，张之洞等人上奏朝廷，科举要废除，但应该是一个渐进的过程，建议朝廷确立一个过渡期，递减科举名额，使

清代私塾

科举和学堂教育归于一途。

1905 年，在日俄战争的重大刺激下，国人要求立即废除科举的呼声大为高涨。9 月 2 日，清廷颁布上谕："自丙午科为始，所有乡会试一律停止，各省岁、科考试，亦即停止。"

中国历史上延续了 1300 年的科举制度，就这样完成了它的历史使命，寿终正寝，成为历史的句号。

五天以后，上海维新派《时报》发文，盛赞"革千年沉痼之积弊，新四海臣民之视听，驱天下人士使各奋其精神才力，咸出于有用之途，所以作人才而兴中国者，其在斯乎"。随后，传教士林乐知在《万国公报》发表评论："停废科举一事，直取汉唐以后腐败全国之根株，而一朝断绝之，其影响之大，于将来中国前途当有可惊可骇之奇效。"

从长远来看，废除科举是社会变革发展的必然选择，但却给当时的士人们造成了不小的冲击。

山西老举人刘大鹏屡试不第，最后选择在一富商家塾中担任塾师，前后近二十年。废除科举的消息传来后，刘大鹏陡然自觉丧失了安身立命之所，有一种幻灭之感。他在日记里写道：

"甫晓起来心若死灰，看得眼前一切，均属空虚，无一可以垂之永久，惟所积之德庶可与天地相终始。但德不易积，非有实在功夫则不能也。日来凡出门，见人皆言科考停止，大不便于天下，而学堂成效未有验，则世道人心不知迁流何所，再阅数年又将变得何如，有可忧可惧之端。"（1905 年 10 月 17 日）

"凡守孔孟之道不为新学蛊惑而迁移者，时人皆目之为顽固党也。顽谓梗顽不化，固谓固而不通，党谓若辈众多不能舍旧从新，世道变迁至于如此，良可浩叹。科考一停，士皆殴入学堂从事西学，而词章之学

无人讲求，再十年后恐无操笔为文之人矣，安望文风之蒸蒸日上哉！天意茫茫，令人难测。"（1905 年 11 月 2 日）

"去日，在东阳镇遇诸旧友藉舌耕为生者，因新政之行，多致失馆无他业可为，竟有仰屋而叹无米为炊者。嗟乎！士为四民之首，坐失其业，谋生无术，生当此时，将如之何？出门遇友，无一不有世道之忧，而号为维新者，举欣欣然有喜色而相告曰："旧制变更如此，其要天下之治，不日可望，诸君何必忧心殷殷乎？'"（1906 年 3 月 19 日）

在当时，废除科举确实对一部分读书人的出路造成了严重的困扰，由此，不少历史学者对废除科举持反对意见，复旦大学历史系沈渭滨教授如此说道："我认为清末废科举是一项过于极端的举措。科举制度有很多弊病，但毕竟是广大士子读书做官的主要途径。捐官也可以入仕，但不是正途，为士子所不齿。废科举等于绝了士子向上发展的路，这样他们就没有奔头了，只得找新的出路。而从新式学堂出来的学生也要找出路，读书能干什么？读书可以经商，更重要读书可以做官。1905 年以后，做官的路绝了。所以在我看来，辛亥革命某种意义上就是知识分子找出路的一场运动，包括个人出路、国家出路两个相辅相成的方向。不要低估废科举带来的负面影响。"（《辛亥革命前的中国》）

1905 年的废除科举，确确实实冲击了传统的"中层社会"，但说科举之废导致大批士人失业，转而投奔革命却过于想当然了。事实上，废除科举并未损害读书人的上升通道。首先，没有证据表明，新政时期读书人失业率增加了，再者，科举考试每年能够被录取的也就三四百人，大部分读书人只是将科举视为一个上升的路径，废除科举反而扩大了读书人的上升通道。这又是为什么呢？

为了解决各省数万举贡和数十万生员的善后问题，在废除科举的同时，清政府出台了《举贡生员出路章程》，妥善安置那些士人，在兴办新学堂时，承诺大学毕业给进士，专科给举人，中学毕业给贡生，小学毕业给秀才。

在将私塾学馆改为新式学堂的同时，清政府也大力提倡留学教育，张之洞在《劝学篇》中极力称赞留学外国效果大，"出洋一年，胜于读西书十年；入外国学堂一年，胜于中国学堂三年。留学之国，西洋不如东洋，以路近费省，文字易晓，西书多已删繁存要；中、日情势风俗相似，不难仿行"。随后，全国上下掀起了一股留学热潮，其中又以到日本留学者居多。

美国社会学家罗兹曼在其著作《中国的现代化》中大加赞叹道："科举制度的废除，代表着中国已与过去一刀两断，其意义大致相当于1861年沙俄废奴和1868年明治维新后不久的废藩。"

再来看看编练新军。

甲午战后，清廷痛感八旗绿营不可救药，防军练军也不堪重用，朝野上下开始呼吁另练新军。1894年底，前广西按察使胡燏棻受膺重命，在天津新农镇练就新军10营，其中包括步兵3000人，炮队1000人，马队250人，工程队500人，共计4750人，号"定武军"。1895年10月，由于马厂兵营不够用，胡燏棻率定武军移驻津南小站，由是，开启了小站编练近代陆军的先声。

正当胡燏棻准备大展拳脚之际，清廷将他调任津卢铁路督办，由前驻朝鲜商务监督袁世凯接过胡燏棻手上的新军，完全按照德国陆军的建制，进一步改革并完善了军队的制度，聘请德国教习，将其建成了一支模范军，史称"小站练兵"。

清末新军，由此开始。

1907年，清朝颁发了《全国陆军三十六镇按省分配限年编成方案》，计划编练新军 36 镇，但由于种种原因，清廷最后只勉强练成了陆军 14 镇以及 18 个混成协。在此期间，袁世凯大力发展自己半私人化的北洋军队，朝堂之上逐渐崛起了一个以袁世凯为代表的北洋集团，为后来清廷的覆亡埋下了伏笔。

随着各项改革的不断深入，新政终于触及到了清廷那根最为敏感的神经——政治体制问题。

改革的攻坚之年，终于到来。

作为清末新政的标志性进程的立宪运动，是中国历史上少有的由官方主导自上而下的全面政治体制改革。所谓"宪政"，指的就是民主政治，在当时，君主立宪思潮的兴起最早可以追溯到 1895 年郑观应提出的"开国会、定宪法"救国措施，但大力宣传这一思想的要推"舆论界之骄子"梁启超。戊戌期间，在康梁等维新派的鼓吹呐喊下，君主立宪逐渐成为一股强劲的社会思潮。

1901 年 6 月 7 日，梁启超在《清议报》上发表了《立宪法议》一文，批判了朝廷的变法思路，对世界各国体制分为君主专制、君主立宪、民主立宪这三种政体，并对其优劣分别进行了比较。在梁启超看来，君主专制与民主立宪均存在弊端，民主立宪政体"施政之方略，变易太数，选举总统时，竞争太烈，于国家幸福，未尝不间有阻力。"而在君主专制政体下，"朝廷之视民如草芥，而其防之如盗贼。民之畏朝廷如狱吏，而其嫉之如仇雠。故其民极苦，而其君与大臣亦极危。"最后，他认为君主立宪政体最优，因为只有君主立宪能够保证立法、行政、司法三权的实施，而且不致于造成大的社会动荡，是"政体之最良者也。"同时，梁启超根据当时民智未开等情况，认为立宪一事不可急进，建议先从预备立宪做起，一步步展开。同时，他希望清政府能在 20 年之内实现立宪。

紧接着，民间报纸也纷纷就立宪一事发表各种意见评论。1902 年 6

月，英敛之在天津创办《大公报》，竭力倡言慈禧归政，反复论述开设议院和实行立宪的必要性。

朝堂之内，不少臣僚也开始倡言立宪。1901 年 6 月，出使日本国大臣李盛铎上奏请求变法，呼吁朝廷抓住"各国变法无不首重宪纲"的要点，将"立宪"当作变法的重中之重；1902 年 8 月，翰林院编修赵炳麟上奏朝廷，要求必行宪法，同时又说，"民主、联邦宪法不可行于中国"，只可以搞君主立宪；1904 年 1 月 29 日，云贵总督丁振铎、云南巡抚林绍年联名电奏朝廷，请求速速变法，以挽救亡国危局；4 月，出使法国大臣孙宝琦上奏朝廷请求立宪；5 月，商部顾问张謇以立宪思想游说湖广总督张之洞、两江总督魏光焘，请他们出面上奏清廷，速行君主立宪制；9 月，汤寿潜写信给军机大臣瞿鸿機，劝他站出来倡导立宪。

与立宪派形成鲜明对比的则是革命党。就在立宪请求纷至沓来之时，国内外的革命运动也是风起云涌。

戊戌变法失败后，康梁等人逃亡海外，并成立了"保皇党"。1902 年，美洲华侨因不满慈禧太后掌权，联名致书康有为，要求"保皇党"革命自立，康有为的学生如梁启超、欧榘甲也纷纷倒向革命；4 月，章太炎在日本东京组织"支那亡国二百四十二年纪念会"，鼓吹种族革命，孙中山应邀出任大会主席；同年，蔡元培、黄宗仰等人也发起成立了中国教育会和爱国学社，以灌输民族主义思想为己任，培养了诸多的革命人才；1903 年，《苏报》因在革命党人的支持下积极宣扬革命，抨击清廷而遭到封杀；1904 年 1 月，孙中山在檀香山加入致公堂；11 月，陶成章、蔡元培等人在上海成立华兴会；随后，蔡元培担任光复会会长，口号是："光复汉族，还我河山；以身许国，功成身退。"

与此同时，革命党在国内大搞暗杀及起义活动，暗杀风潮涌动，令当政者不胜其烦，不堪其扰。

日俄战争的讽刺画

我们把目光转回到 1904 年。

这一年，世界上发生了一件大事：日俄战争。

义和团运动期间，沙皇俄国利用八国联军侵华的混乱局势，打着替清政府维持秩序和保护中东铁路的旗号，出兵侵占了中国东北，并且拒不撤兵，这无疑是在挑战清政府的底线。要知道，东北是中原之屏障，京津之门户，更是爱新觉罗家族的"发祥之地"，正如出使俄国的全权大臣杨儒所言："发祥之地，陪都在焉，列圣陵寝在焉，万万无不收复之理。"

《辛丑条约》签订后，列强陆续从中国撤军，沙俄也失去了继续驻军东北的理由。1902 年 4 月 8 日，沙俄不得不与清政府签订了《交收东三省条约》，条约虽然签署，但沙俄毫无履约的诚意，反而继续增兵。清政府无奈只得诉诸列强，将东北问题国际化。

在清政府的邀请下，美国和日本向俄国提出抗议，使得沙俄"和平独霸东北"的企图落空。这其中，又以对东亚大陆存有强烈并吞欲望的日本最为积极，为了对抗在远东地区的俄国，日本还与英国缔结了联盟，向俄国施压。

面对列强的抗议，俄国却铁了心，摆出一副独占中国东北并且不惜为此一战的架势，并且略过羸弱的清政府，直接将谈判对象换成了日本。

1904 年 2 月 6 日，日本与俄国断绝外交关系；8 日，日本海军突袭了旅顺港内的俄舰，日俄战争爆发。

为了争夺中国的东北领土，日俄两国竟然在中国领土上大打出手，然而作为第一利害人的清政府却无力阻止，无奈之下只得声明保持"局外中立"。这成为中国近代史上洗刷不去的耻辱，长期以来被视为清政府屈辱无能的表现，甚至被视为"出卖民族利益"。

然而，当我们重新翻开历史，不难发现，就当时的客观形势而言，中立乃清政府唯一可能、唯一正确的选择。

当时的清政府，根本不具备一支近代化军队，也不具备打一场大规模的近代化战争的能力，财政方面，清政府更是"库储一空如洗，无米何能为炊"。

在这场 20 世纪重要的国际战争中，日俄双方在中国东北投入了 200 余万兵力，海陆军协同作战，动用了最新的战法和最新的兵器；俄国战费消耗为 65 亿卢布，伤亡达 14 万余人；日本战费消耗为 19 亿日元，阵亡 8.44 万人、伤 14.3 万人。如此巨大的战争消耗，显然不是清政府所能担负得起的。

面对这场"局外中立"的战争，民间舆论却纷纷支持日本，主张"联日拒俄"，并且一直在暗中偏袒、支援日本军队。

这又是为何？

就在日俄宣战后的第三天，立宪派的《中外日报》发表社论，认为长期以来都是白种人打败黄种人，白种人对非白种人进行殖民统治，而这次战争将使人认识到"国家强弱之分，不在种而在制"。明确提出国家强弱的关键在于制度，而不在其他，断言战争结束后，国人的政治思想将发生巨大改变。

最终的结果一如立宪派的预料,立宪的日本战胜了专制的俄国。《大公报》在日俄战争结束后立刻刊载文章称:"此战诚为创举,不知日立宪国也,俄专制国也,专制国与立宪国战,立宪国无不胜,专制国无不败。"日俄战争极大地刺激了国人的觉醒,"立宪"二字成为士大夫的口头禅,他们大声疾呼"二十世纪之时代,不立宪诚无以为国,不自由诚无以为民";"振兴中国,变专制为立宪,实为当务之急"。

《清鉴纲目》中载:

自日俄战争后,日本以区区三岛,战胜强俄,一时公论多归于立宪。而专制不如立宪之说,遂滕布于万国。甚者谓,是役也,匪直日俄胜负所由分,实专制国与立宪国优劣之所由判……于是中国人民纷然并起,向政府要求立宪。

一时间,立宪的声浪响遍全国,连许多守旧人物也纷纷投入了立宪运动的洪流。

在朝野舆论的督促下,1905年9月,清廷上层终于接受立宪派的政治主张,选派了镇国公载泽、户部侍郎戴鸿慈、湖南巡抚端方、兵部侍郎徐世昌和商部右丞绍英等五大臣分赴海外各国,实地考察西方政治制度,试探性地迈出了考察宪政的第一步。按照慈禧太后的意思是,都说西方宪政制度好,我总得亲自去看看才放心。

出发之前,慈禧太后特意召见了端方,两人之间有如下对话:

慈禧太后:"新政已经实行了几年,你看还有什么该办,但还没有办的?"

端方:"尚未立宪。"

慈禧太后:"立宪有什么好处?"

端方：“立宪后，皇位可以世袭罔替。”

慈禧太后听后，若有所思，她想起了与袁世凯的一番对话。

慈禧曾问袁世凯，如果不立宪会怎样？袁世凯回答：“恐有革命流血之事。”

在安排好路线、经费后，慈禧太后告诫五大臣：“每至一国，着各该驻使大臣会同博采，悉心考证，以资详密。”

清政府派出五大臣出洋考察宪政，得到了立宪派的热烈欢迎，却引发了革命党的不满。

1905年9月24日上午10时，北京正阳门车站

清政府派出考察团赴各国考察立宪

外车水马龙，人头攒动，岗哨密布。出洋考察的五大臣带领大批参赞及随从，在众人的簇拥下，准备登上火车。正要出发时，只听得“轰”的一声巨响，一颗炸弹在车厢内爆炸了！

炸弹爆炸后，火车车厢被炸毁，绍英“受伤五处，较重，幸非要害”；载泽“眉际破损，馀有小伤”；徐世昌“亦略受火灼，均幸安全”，戴鸿慈和端方由于坐在后面的车厢中，逃过一劫，袭击者则当场被炸身亡。

戴鸿慈在当天的日记中写道：

辰初拜祖，亲友踵宅送行甚众。十时，肩舆至正阳门车站，冠盖纷纭，设席少叙。十一时，相约登车。泽公先行，余踵至。两花车相连，泽、徐、绍三大臣在前车，余与午桥（即端方）中丞在后车。午帅稍后来，坐未定，方与送行者作别，忽闻轰炸之声发于前车。人声喧扰，不

知所为。仆人仓皇请余等下车，始知有人发炸弹于泽公车上。旋面泽公，眉际破损，余有小伤。绍大臣受伤五处，较重，幸非要害。徐大臣亦略受火灼，均幸安全。

事后查明，这是一次精心策划的刺杀活动，袭击者为革命党人吴樾。

吴樾，安徽桐城人，早年曾应试科举，庚子国变后，吴樾到上海、直隶，广交志士，与陈天华、赵声等结为知交，推崇"暗杀""恐怖革命"等信念，走上了革命的道路。1904年冬，吴樾结识了革命党人赵声、杨笃生，由杨监督，与马鸿亮等人加入组织，组成"北方暗杀团"，任支部长。吴樾曾与秋瑾交往甚密，事前写有一纸遗嘱交她收存，其中说："不成功，便成仁。不达目的，誓不生还。"

革命党人吴樾

之所以要行刺，是因为革命党人对清政府一向有敌意，他们认定清政府立宪是一场政治骗局，其目的在于用以缓和革命党人的攻势，并试图挽救大厦将倾的危势。他们坚信，凡是对政府有利的，必是对革命党不利的，必然要加以破坏。事前，吴樾在《意见书》指斥清政府立宪是"假文明之名，行野蛮之实"。

政治暗杀是清末的一大社会风景。在清末志士眼中，暗杀的意义在于行为本身，结局似乎并不那么重要。吴樾曾撰写《暗杀时代》专著，认为"排满之道有二：一曰暗杀，一曰革命。暗杀为因，革命为果。暗杀虽个人而可为，革命非群力即不效。今日之时代，非革命之时代，实暗杀之时代也！"

不得不说，吴樾是一名激进的革命者。余世存在《非常道·英风第八》记载了吴樾的一则革命轶事：

陈独秀20岁时，与革命党人吴樾相争刺杀满清五大臣，竟至于扭作一团、满地打滚。

疲甚，吴樾问："舍一生拼与艰难缔造，孰为易？"

陈独秀答："自然是前者易后者难。"

吴樾对曰："然则，我为易，留其难以待君。"遂作易水之别。

后吴引弹于专列，就义，重伤清二臣，时年26岁。

事件发生后，京城谣言四起，人心惶惶，纷纷传言革命党人已将炸弹带进北京城，即将在京城造反。清政府急令全城戒严，袁世凯亲自侦办此案。

对于这起暗杀事件，当时的舆论评价却不怎么高，一些重要的媒体如《大公报》《申报》等都站在立宪派这一边，《时报》谴责说："五大臣此次出洋考察政治，以为立宪预备，其关系于中国前途最重且大，凡稍具爱国心者宜如何郑重其事而祝其行。乃今甫就道，而忽逢此绝大之惊险，虽五臣均幸无恙，然此等暴徒丧心病狂一至于此，其罪真不容诛哉！"

端方

《申报》不仅不赞同吴樾的行为，反而认为革命党人的暗杀行动起到了相反的作用，"是举之不足为新政之阻力，而反足巩固立宪之基础"。

实际上，吴樾的炸弹非但没有阻止五

载泽

大臣出洋，反而更加坚定了清政府立宪改革的决心，不少官员纷纷鼓励清廷迎难而上。端方致电上海报界说："炸药爆发，奸徒反对宪政，意甚险恶，然益征立宪之不可缓也。"也有人说："此事必是革命党中人所为，盖恐政府力行新政，实行变法立宪，则彼革命伎俩渐渐暗消，所以行此狂悖之举，以为阻止之计。当此更宜考求各国政治，实行变法立宪，不可为之阻止。"

1905 年 12 月 7 日，清政府再一次启动了出洋考察计划，依然是五大臣的阵容，只是徐世昌和绍英换成了尚其亨和李盛铎。为了避免再次发生革命党人的袭击事件，这次出洋考察的大臣们决定分批出发，低调出行，一方面由载泽、李盛铎、尚其亨等人赴英、法、比利时、日本等国，另一方面则由戴鸿慈、端方等人前往美、德、意大利、奥地利等国。

首先出发的是端方和戴鸿慈带领的考察团，戴端团乘火车到达天津，几经辗转到了上海，乘坐美国太平洋邮船公司的巨型邮轮"西伯利亚"号向日本出发。10 日后，由载泽、李盛铎和尚其亨率领的第二路考察团搭乘法国轮船公司"克利刀连"号扬帆启程，首站目标同样是日本。

由于分工不同，戴端团在日本稍作停留，随后直接去了美国。载泽团到达日本神户后，正式开展了宪政考察。日本方面对此次考察也高度重视，安排他们拜见了日本总理大臣西园寺公望等人，并安排了当时日本最著名的宪法学者、法学博士穗积八束为考察团详细介绍日本宪法，又从宪法讲到财政，这一讲便是两三个小时。

身为皇室，载泽表现出一副谦虚好学的姿态，除了对议院、学校、工厂、兵营、警察所等做例行考察外，还频繁与日本政要和学界接触会谈。日本前首相伊藤博文对考察团的到访高度重视，提前派人给考察团赠送了自己所著的两本书——《皇室典范义解》和《宪法义解》，随后亲自会见了载泽团一行，并对载泽团提出的问题进行了——解答，载泽在其《考察政治日记》中对此做了详细的记载：

载泽："敝国考察各国政治，锐意图强，当以何者为纲领？"

伊藤博文："贵国欲变法自强，必以立宪为先务。"

载泽："立宪当以法何国为宜？"

伊藤博文："各国宪政有二种，有君主立宪国，有民主立宪国。贵国数千年来为君主之国，主权在君而不在民，实与日本相同，似宜参用日本政体。"

载泽："立宪后，对君主制度有无阻碍？"

伊藤博文："对我国而言，并无阻碍。日本宪法规定，天皇神圣不可侵犯，天皇为国家之元首，总揽大权，并不旁落于臣民。"

载泽："那君主立宪和专制有何区别？"

伊藤博文："君主立宪与专制不同之处，最紧要者，立宪国之法律，必经过议会协参。宪法第五、六条，凡法律之制定、改正、废止三者，必经议会之议决，呈君主裁可，然后公布。非如专制国之法律，以君主一人之意见而定也。法律当裁可公布之后，全国人民相率遵守，无一人不受治于法律之下。"

就此，伊藤博文忠告载泽："贵国十八行省，往往各定章程，自为风气，久之成为定例，彼此互为歧异，故立宪国之法律，必全国统一者也。"

载泽："如侯所言，皆见诸实行否？"

伊藤博文："凡余所谈，皆身经艰难阅历，实行有效，非如学问家之仅由研究理想而得也。"

载泽："敝国将来实行立宪，其方法次序，究竟若何？"

对于这个问题，伊藤博文没有直接回答，因为中国与日本不一样，日本船小好调头，中国国情复杂特殊，需要"他日再详思以对。"

从 12 月到次年 7 月，考察团兵分两路，五位考察大臣分别访问了美国、德国等 15 个国家，每到一国，参观议院和考察议会制度已经成了一个惯例，各种党派各持己见互相辩驳的场景让他们大开眼界，"恒以正事抗论，裂眦抵掌，相持未下，及议毕出门，则执手欢然，无纤芥之嫌。盖由其于公私之界限甚明，故不此患也"。在意大利，他们甚至发现议院可以决定国王任命大臣的去留，"义国任命大臣之权，操诸国王之手。而大臣之不职者，得由下议院控诉之，而由上议院以裁判之。欧洲诸国，政制相维，其法至善，胥此道也。"

在考察宪政之余，考察团也参观了基督教青年会、美术院、博物馆、学校、动物园、公园等，并在回国时购买了不少动物，准备在中国也搞个动物园，包括一头大象、两只狮子、三只老虎、两匹斑马、两只花豹、两头野牛、四只熊、一只羚羊、四只袋鼠、四只鸵鸟、六只仙鹤、八只鹿、十四只天鹅、三十八只猴等，林林总总装了五十九个笼子。

经过近半年的海外考察，两批出洋大臣陆续返回了中国，在梁启超等人的协助下，五位大臣向朝廷提交了一份"考察宪政报告"，正式提出了实行君主立宪的主张。载泽还向慈禧太后上了一道《奏请宣布立宪密折》，提出了立宪的三个好处：

第一，立宪可使"皇位永固"。

载泽指出："立宪之国，君主神圣不可侵犯，故于行政不负责任，由大臣代负之；即偶有行政失宜，或议会与之反对，或经议院弹劾，不过政府各大臣辞职，别立一新政府而已。故相位旦夕可迁，君位万世不改，大利一。"这一点对于慈禧太后的吸引力不言而喻。

第二，立宪可使"外患渐轻"。

载泽提到："今日外人之侮我，虽由我国势之弱，亦由我政体之殊，

1906 年载泽出使英国伯明翰

故谓为专制，谓为半开化，而不以同等之国相待。一旦改行宪政，则鄙我者转而敬我，将变其侵略之政策，为平和之邦交，大利二。"清末，清廷与洋人摩擦纷争不断，如果立宪能够改变洋人对清帝国的看法，建立平等的外交关系，清廷何乐而不为？

第三，立宪可使"内乱可弭"。

载泽写道："海滨洋界，会党纵横，甚者倡为革命之说。顾其所以煽惑人心者，则曰政体专务压制，官皆民贼，吏尽贪人，民为鱼肉，无以聊生，故从之者众。今改行宪政，则世界所称公平之正理，文明之极轨，彼虽欲造言而无词可籍，欲倡乱而人不肯从，无事缉捕搜拿，自然冰消瓦解，大利三。"

1905 年刚创刊的革命党杂志《醒狮》，其第一期刊登宋教仁《清太后之宪政谈》的文章，批评清廷立宪。文章开头这样写道："今日满政府有立宪之议，有某大臣谒见西太后，西太后语曰：'立宪一事，可使我满洲朝基础永久确固，而在外革命党，亦可因此消灭。候调查结局后，若果无碍，则必决意实行'云云。"

革命党仇视清廷，反对搞立宪改革，是因为如果清政府真的能够推行宪政改革，其统治合法性将会得到稳固，革命党的宏图伟业自然无从谈起，这一点清廷自然心知肚明。

既然立宪有这么多的好处，那为什么各省督抚、内外诸臣还有人反对呢？

对于这个问题，载泽也给出了很有见地的答案："宪法之行，利于国，利于民，而最不利于官。若非公忠谋国之臣，化私心，破成见，则必有多为之说以荧惑圣听者。盖宪法既立，在外各督抚，在内诸大臣，其权必不如往日之重，其利必不如往日之优，于是设为疑似之词，故作异同之论，以阻挠于无形。彼其心非有所爱于朝廷也。保一己之私权而已，护一己之私利而已。"这一点，显然对慈禧太后的触动更大。

奕劻

五大臣出洋考察回国后，筹备立宪被提上了日程。可以说，在当时的高层中，几乎没有人反对立宪，但围绕立宪的进程，朝中官员们产生了分歧并引发了激烈交锋，并分成了缓进派和激进派。

1906年8月25日，清廷召开了一次廷臣会议，专门讨论是否把立宪作为既定国策，参加者都是朝中高层，有醇亲王载沣、军机大臣奕劻、政务处大臣张百熙、大学士孙家鼐、王文韶、世续、那桐，以及当时的直隶总督兼北洋大臣袁世凯。

载沣

在此次会议上，围绕是否尽快推行立宪，缓进派和激进派展开了激烈持久的论战，场面颇为火爆。激进一方的有奕劻、徐世昌、张百熙和袁世凯等人，缓进一方则以孙家鼐、铁良、瞿鸿禨、荣庆等人为代表。

庆亲王奕劻率先发言："今读泽公及戴端两大臣折，历陈各国宪政之善，力言宪法一立，全国之人，皆受制于法，既同享权利，即各尽义务。且言立宪国之君主，虽权利略有限制，而威荣则有增无减等语。是立宪一事，固有利而无弊也……我国自古以来，朝廷大政，咸以民之趋向为趋向。今举国趋向于此，足见现在应施之策，即莫要于此。若必舍此他图，即拂民意，是舍安而趋危。避福而就祸也。以吾之意，似应决定立宪，从速宣布，以顺民心而副圣意。"

奕劻的意见非常明确，立宪改革符合世界潮流和民意，主张从速立宪。

79 岁的文渊阁大学士孙家鼐对此表示反对："立宪国之法，与君主国全异，而奇异只要点，而不在于行迹而在宗旨。宗旨一变，而一切用人行政之道，无不尽变，譬之重心一移，则全体之质点，均改其方面。此等大变动，在国力强盛之时行之，尚不免有骚动之忧；今国势衰弱，以予视之，变之太大太骤，实恐有骚然不靖之象。似但宜革其丛弊太甚诸事，俟政体清明，以渐变更，似亦未迟。"

在孙家鼐看来，立宪改革变动太大，而当下的清政府"丛弊太甚"，国家的政治资源和权威还不够强大，无力承受因立宪这样重大的政治变动可能带来的危险和动荡局面，不具备立宪的条件。只有先解决这些内部弊病，等到"政体清明"，才能推行政改。

军机大臣、巡警部尚书徐世昌反驳道："逐渐变更之法，行之既有年矣，而初无成效。盖国民之观念不变，则其精神亦无由变，是则惟大变之，乃所以发起全国之精神也。"

徐世昌认为，渐进的变革已经实行了多年，但效果不明显，只有通过重大的变革才能极大地冲击人们的观念，振发国民的精神。

孙家鼐接话道："如君言，是必民之程度渐已能及，乃可为也。今国民能实职立宪之利益者，不过千百之一，至能知立宪之所以然而又知为之之道者，殆不过万分之一。上虽颁布宪法，而民犹然不知，则恐无益而适为厉阶，仍宜慎之又慎乃可。"

孙家鼐的意思是，要以立宪来发起全国之精神，有一个前提条件，那就是国民必须具备立宪所必要的知识程度，但眼下国民对宪政一无所知，在这种情况下，立宪改革必须慎之又慎。

张百熙站出来反对："国民程度，全在上之劝导，今上无法以高其程度，而曰俟国民程度高，乃立宪法，此永不能必之事也。予以为与其俟程度高而后立宪，何如先预备立宪而徐施诱导，使国民得渐几于立宪国民程度之为愈呼。"

依张百熙的观点，国民程度应该是从上到下一个传导的过程，如果要等到国民素质达到立宪的标准再施行，那么宪政怕是遥不可及。既然民众达不到立宪的素质，何不从现在开始先搞预备立宪，对国民素质进行循循诱导？

荣庆发言道："吾非不深知立宪政体之美，顾以吾国政体宽大，渐流驰紊，今方宜整饬纪纲，综核名实，立居中驭外之规，定上下相维之制，行之数年，使官吏尽知奉法，然后徐议立宪，可也。若不察中外国势之异，而徒寻立宪之美名，势必至执政者无权，而神奸巨蠹，得以栖息其间，日引月长，为祸非小。"

荣庆认为，宪政当然好，但中国政体宽大，国情复杂，纪纲紊弛，只有先从整顿吏治入手，为以后的立宪变革扫清路障，才能保证宪政的推行始终掌控在政府手中，否则，政改极有可能被野心家绑架和利用。

瞿鸿禨对此也深表赞同："惟如是，故言预备立宪，而不能遽立宪也。"

军机大臣、陆军部尚书铁良提出了自己的担忧："吾闻各国之立宪，皆有国民要求，甚至暴动，日本虽不至暴动，而要求则甚力。夫彼能要求，固深知立宪之善，即知为国家分担义务也，今未经国民要求，而动辄授之以权，彼不知事之为幸，而反以分担义务而苦，将若之何？"

铁良在对比日本的立宪国情后，认为中国国民的立宪热情还不够，不懂立宪的实际意义。贸然实施立宪，反而会激起民权过大、负担增加的问题，到时候就不好办了。

这时候，袁世凯说话了："天下事势，何常之有？昔欧洲之民，积受压力，复有爱国思想，故出于暴动以求权利。我国则不然，朝廷既崇尚宽大，又无外力来相迫，故民相处于不识不知之天，而绝不知有当兵纳税之义务。是以各国之立宪，因民之有知识而使民有权，我国则使民以有权之故而知当尽之义务，其事之顺逆不同，则预备之法亦不同；而以使民知识渐开，不迷所向，为吾辈莫大之责任，则吾辈所当共勉者也。"

行伍出身的袁世凯显然眼界更宽，看问题更透彻，他认为中国的改革不必完全遵循外国的成例，为国民指明方向启迪民智，在座诸位责无旁贷。

铁良继而说道："如是，则宣布立宪后，宜设立内阁，厘定管制，明定权限，整理种种机关，且须以全力开国民之知识，普及普通教育，派人分至各地演说，使各处绅士商民，知识略相平等，乃可为也。"

铁良基本赞同袁世凯的观点，并对政府有意识地引导国民培养现代政治意识提出了具体的措施和意见。

袁世凯补充道："岂特如是而已。夫以数千年未大变更之政体，一旦欲大变其面目，则各种问题，皆当相连而及。譬之老屋当未议修改之时，任其飘摇，亦若尚可支持。逮至议及修改，则一经拆卸，而朽腐之梁柱，摧坏之粉壁，纷纷发见，致多费工作。改政之道，亦如是矣。今即以知音者言之：则如京城各省之措置也，蒙古西藏之统辖也，钱币之画一也，税费之改正也，漕运之停止也，其事皆极委曲繁重，宜于立宪以前逐渐办妥，诚哉日不暇给矣。"

袁世凯认为，预备立宪如同翻修老屋，老屋翻修之前，虽然破败，但毕竟还能支撑，一旦翻修，一经拆卸，工作量就大了。眼下必须立即着手先解决以下几个问题：边疆、钱币、税费、漕运，并提醒大家时间的紧迫性。

铁良说道："吾又有疑焉，今地方官所严惩有四，劣绅也、劣衿也、土豪也、讼棍也，凡百州县，几为若辈盘踞，无复有起与之争者。今若预备立宪，则必先讲求自治，而此辈且公然握地方之命脉，则事殆也。"

针对铁良的担忧，袁世凯解释道："此必须多选良吏为地方官，转以扶植善类为事，使公直者得各伸其志，奸慝者无由施其技，如是，始可为地方自治之基础也。"

瞿鸿機也说道："如是，仍当以讲求吏治为第一要义，旧法新法，固无二致也。"在他看来，关键问题还在于整顿吏治。

醇亲王载沣最后做了总结性发言："立宪之事，既如此繁重，而程度之能及与否，又在难必之数，则不能不多留时日，为预备之地矣。"他的话也为此后的立宪改革定下了基调。

这次廷议所探讨的改革的广度和深度均是空前的，双方争辩的中心点其实是：面对大清这位身患沉疴的重症病人，是应该动大手术还是应该慢慢调理？

萧功秦在《清末新政时期的立宪论争及其现代启示》一文中举过这么一个例子：

这种情况有如针对医院里的重症病人，医生们在治疗方案上必须会出现两极化的选择一样。"激进派"医生认为，由于病人的病情恶化，危在旦夕，为了挽救病人的生命，必须立即进行大手术，否则病人就没有生存可能。另一种"保守派"医生则恰恰相反，他们反而认为，正因为病情严重，生命垂危，病人根本不具备进行大手术的条件，任何大手术只能使病人加速死亡，因此只能进行小手术。大手术即使必要，也只能在以后体力稍有恢复的情况下才能进行。

8月29日，慈禧太后和光绪皇帝接见参会要员。毕竟，立不立宪，还得是紫禁城里的老佛爷说了算。在认真听取了他们的汇报后，慈禧太后终于做出了最后决断：进行"预备立宪"，推行政改。

当然，慈禧太后对于立宪，也是有自己的底线的，简单来说就是"四不"基本原则：

一曰君权不可受损；二曰服饰不可更改；三曰辫发不准剃；四曰典礼不可废。

1906年9月1日，清政府颁布《仿行立宪上谕》，正式迈出了宪政改革的第一步。

对于清廷这迟来的顺应民意之举，国内民众大为振奋。马相伯在《时报》上发表了一篇讲词，字里行间掩饰不住他当时的激动和兴奋："我中国以四五千年破坏旧船，当此过渡时代，列强之岛石纵横，外交之风波险恶，天昏地暗，民智未开，莫辨东西，不见口岸。何幸一道光明从海而生，立宪上谕从天而降，试问凡我同舟，何等庆幸！"

上海《申报》1906年10月2日报道："凡通都大邑，僻壤遐陬，商界学界，无不开会庆祝。"《京话实报》1906年第53号报道："从此要实行立宪，这次圣寿就是实行立宪的纪念。这等的好日子，拍着巴掌，跳着脚儿，要喜喜欢欢的庆贺大典。"人们热情期待改革，其迫切之情可谓"一万年太久，只争朝夕"。

扬州学子甚至自发写了一首《欢迎立宪歌》，在歌颂朝廷的同时也表达对立宪的期待：

大清立宪，大皇帝万岁万万岁！

光绪三十二年秋，欢声动地球。

运会来，机缘熟，文明灌输真神速。

天语煌煌，奠我家邦，强哉我种黄。

和平改革都无苦，立宪在君主。

大臣游历方归来，同登新舞台，四千年旧历史开幕。

英雄数巨子之东之西，劳瘁不辞，终将病国医。

纷纷革命颈流血，无非蛮动力。

一人坐定大风潮，立宪及今朝。

搜人才，备顾问，一时大陆风云奋。

勖哉诸君，振刷精神，铸我中国魂。

辛苦十年磨一剑，得此大纪念。

圣明天子居九重，忽然呼吸痛。

古维扬，新学界，侧闻立宪同罗拜。

听我此歌，毋再蹉跎，前途幸福多。

1906年，威海卫民众庆祝立宪

纵观清末的"预备立宪"过程，我们可以大体将其分为两个阶段：

第一阶段：1906年颁发"预备立宪"的谕旨。

就在清政府颁布《仿行立宪上谕》的第二天，即成立了编定官制局，准备对现行行政体制动个"大手术"。一个多月后，《新官制改革案》草案出台，其中最为关键的地方是取消了军机处，建立责任内阁。

这份草案的出台不啻于一次官场地震，相当于新一轮的权力洗牌，六位军机大臣，三位内阁正副总理，这还怎么分？其他尚书也相当于降了级。这下子朝中官员可都炸开了锅，醇亲王载沣大怒，与袁世凯发生激烈争辩，甚至掏出手枪直指袁世凯。

反对声此起彼伏，朝中官员甚至鼓动内务府太监，跑到慈禧太后面前一把鼻涕一把泪地喊冤。慈禧太后被搅得心烦意乱："我如此为难，真不如跳湖而死。"

在众人的反对浪潮下，清政府对官制改革重新做出了调整：军机处事不议；内务府事不议；八旗事不议；翰林院事不议；太监事不议。

这次利益大洗牌中，有两个人成为了赢家——奕劻和袁世凯，一个当上了内阁总理，一

皇族内阁合影

个当上了内阁副总理。关键是，这二人的结盟，形成了"庆邸（即庆亲王奕劻）当国，项城（袁世凯字项城）遥执朝权，与政府沆瀣一气"的局面，恽毓鼎在日记中说："近来疆臣权重势专，朝廷一意姑息，不复能制，尾大不掉。藩镇之祸，时见于今。"二人大搞贪污腐败，狼狈为奸，引起了朝中的又一轮斗争热潮，史称"丁未政潮"。

第二阶段：1908年，公布《钦定宪法大纲》和《逐年筹备事宜清单》。

1908年8月27日，在立宪的呼声中和革命火焰的燃烧下，清王朝

颁布了中国宪政史上第一个宪法性文件——《钦定宪法大纲》,原文如下:

君上大权

一、大清皇帝统治大清帝国,万世一系,永永尊戴。

二、君上神圣尊严,不可侵犯。

三、钦定颁行法律及发交议案之权。凡法律虽经议院议决,而未奉诏命批准颁布者,不能见诸施行。

四、召集、开闭、停展及解散议院之权。解散之时,即令国民重行选举新议员,其被解散之旧员,即与齐民无异,倘有抗违,量其情节以相当之法律处治。

五、设官制禄及黜陟百司之权。用人之权,操之君上,而大臣辅弼之,议院不得干预。

六、统率陆海军及编定军制之权。君上调遣全国军队,制定常备兵额,得以全权执行。凡一切军事,皆非议院所得干预。

七、宣战、讲和、订立条约及派遣使臣与认受使臣之权。国交之事,由君上亲裁,不付议院议决。

八、宣告戒严之权。当紧急时,得以诏令限制臣民之自由。

九、爵赏及恩赦之权。恩出自君上,非臣下所得擅专。

十、总揽司法权。委任审判衙门,遵钦定法律行之,不以诏令随时更改。司法之权,操诸君上,审判官本由君上委任,代行司法,不以诏令随时更改者,案件关系至重,故必以已经钦定为准,免涉分歧。

十一、发命令及使发命令之权。惟已定之法律,非交议院协赞奏经钦定时,不以命令更改废止。法律为君上实行司法权之用,命令为君上实行行政权之用,两权分立,故不以命令改废法律

十二、在议院闭会时,遇有紧急之事,得发代法律之诏令,并得以

诏令筹措必需之财用。惟至次年会期，须交议院协议。

十三、皇室经费，应由君上制定常额，自国库提支，议院不得置议。

十四、皇室大典，应由君上督率皇族及特派大臣议定，议院不得干预。

附臣民权利义务

（其细目当于宪法起草时酌定）

一、臣民中有合于法律命令所定资格者，得为文武官吏及议员。

二、臣民于法律范围以内，所有言论、著作、出版及集会、结社等事，均准其自由。

三、臣民非按照法律所定，不加以逮捕、监禁、处罚。

四、臣民可以请法官审判其呈诉之案件。

五、臣民应专受法律所定审判衙门之审判。

六、臣民之财产及居住，无故不加侵扰。

七、臣民按照法律所定，有纳税、当兵之义务。

八、臣民现完之赋税，非经新定法律更改，悉仍照旧输纳。

九、臣民有遵守国家法律之义务。

与"宪法大纲"同时公布的，还有一份非常详细的"议院未开以前逐年筹备事宜清单"，定以九年为期，并拟定了预备立宪的进度：

第一年（1908年），筹办咨议局，颁布城镇地方自治章程，颁布调查户口章程，颁布清理财政章程，请旨设立变通旗制处，筹办八旗生计，融化满汉事宜，编订民律、商律、刑事民事诉讼律等法典，编辑简易识字课本和国民必读课本；

第二年（1909年），举行咨议局选举，各省一律开办咨议局，颁布资政院章程，筹备城镇地方自治，颁布国民必读课本；

第三年（1910年），召集资政院议员举行开院，编订户籍法，厘定地方税章程，厘定直省官制，颁布新刑律，举行开院以及推广厅州县简易识字学塾；

第四年（1911年），续办城镇乡地方自治，调查各省人口总数，编订会计法。会查全国岁出入确数，筹办乡镇巡警，核订民律、商律、刑事民事诉讼律等法典，创设乡镇简易识字学塾；

第五年（1912年），城镇乡地方自治限年内粗具规模，续办厅州县地方自治，汇报各省人口总数，颁布户籍法，颁布国家税章程，颁布新定内外官制，推广乡镇巡警，推广乡镇简易识字学塾；

第六年（1913年），实行户籍法，试办全国预算，设立行政审判院，筹办乡镇初级审判厅，实行新刑律，城镇乡地方自治一律成立，颁布新定民律、商律、刑事民事诉讼律等法典，城镇乡地方自治一律成立；

第七年（1914年），试办全国决算，颁布会计法，乡镇初级审判厅，限年内粗具规模，厅州县地方自治一律成立，民众识字义者须达到百分之一；

第八年（1915年），确定皇室经费，变通旗制，设立审计院，实行会计法，乡镇巡警一律完备，民众识字义者须达到五十分之一；

第九年（1916年），开国会，宣布宪法，颁布议院法，颁布上下议院议员选举法，举行上下议院议员选举，确定预算决算，新定内外官制一律实行，民众识字义者须达到二十分之一。

这一"路线图"对外公布后，在获得不少称赞的同时，也引来了不少反对的声音，后世史家甚至公然指责立宪实际上是一场骗局，所有的一切不过是敷衍罢了。

事实真的是这样吗？

必须要承认的是，清末立宪既是为了顺应历史潮流与汹涌民意，也是清王朝的自救之举。仔细分析清政府列的九年筹备清单，每一条都有主办机构，有进度要求，有责任目标等，随着时间的推进，改革也越来越深入，设立咨议局和资政院、颁布议院法和选举法、宣布宪法、开国会……这一切都表明，清政府正在自觉或不自觉地朝着现代国家推进，骗局之说，不知从何说起？

作为一位传统帝国的实际掌权者，慈禧太后或许并不是很理解立宪的真正含义，但她为了挽救危如累卵的时局，愿意尝试，但长期以来，我们的思维形成了一个定式："其目的不过是为了继续维持满洲贵族的腐朽统治。"

之所以定为九年预备期限，是因为清政府的这次体制改革比之中国历史上任何一次改革迈出的步幅都要大，政治改革的艰难性要求清政府必须谨慎、渐进地实行改革，正如日本首相桂太郎冷眼旁观的，"立宪和国会等制度是好的，但需要很长时间的准备，中国现在走得太快，一定会出问题的"。

梁启超也认为九年的期限太快，根本不可能实现："问者曰：然则中国今日遂可行立宪政体乎？曰是不能。立宪政体者，必民智稍开而后能行之。日本维新在明治初元，而宪法实施在二十年后，此其证也。中国最速亦须十年或十五年始可以语于此。"

三个月后，慈禧太后的健康状况开始恶化，她已预感到大限将至。11 月 7 日，慈禧召张之洞和军机大臣世续入宫，商议立储事宜。慈禧提议立光绪皇帝的胞弟，即醇亲王载沣之子溥仪为穆宗（即同治皇帝）的子嗣，继承大统。

当时的溥仪不过才 3 岁，年龄太小，张之洞和世续提议道："国有长君，社稷之福，不如径立载沣。"

慈禧太后神色黯然道："卿言诚是，然不为穆宗立后，终无以对死者。

今立溥仪，仍令载沣主持国政，是公义私情两无所憾也。"

张之洞说："然则宜正其名。"

慈禧太后问："古之有乎？"

张之洞答："前明有监国之号，国初有摄政王之名，皆可援以为例。"

慈禧太后点点头，决定让载沣以监国摄政王的名义主持国政。溥仪在其回忆录中写道：

但是我更相信的是她（慈禧）在宣布我为嗣皇帝的那天，还不认为自己会一病不起。光绪死后两个小时，她还授命监国摄政王："所有军国政事，悉秉承予之训示裁度施行。"到次日，才说："现予病势危笃，恐将不起，嗣后军国政事均由摄政王裁定，遇有重大事件有必须请皇太后（指光绪的皇后，她的侄女那拉氏）懿旨者，由摄政王随时面请施行。"

1908 年 11 月 15 日，大清帝国的实际掌舵者慈禧太后离世。此前一天，光绪皇帝也撒手人寰，结束了屈辱而傀儡般的一生。

两位最高掌权者的相继辞世，不仅仅轰动了北京，更让举国震动。一个是 38 岁的壮年，一个是 74 岁的老人，两人同时死亡，这惊人的巧合不得不让人怀疑，这其中是否有不可告人的阴谋？

围绕光绪皇帝的死因，朝野间议论纷纷，正常死亡抑或被害而死的说法也一直争论不休，成为近代史上的一桩谜案。

有人说，慈禧太后害怕自己死后光绪皇帝将重新掌权，翻自己的历史旧账，因而派人毒死了光绪皇帝。清末给光绪皇帝看病的名医屈桂庭在他的回忆录中说："光绪在临死前三天，在床上不停地翻滚，并且不停地大叫，'肚子疼得不得了。'脸色发暗，舌头又黄又黑，明显是中毒症状。"

也有人认为，光绪皇帝有严重的肾亏，从小就体弱多病，长期处于慈禧太后的打压之下，在精神与意志上受到压制与摧残，在身心上经受折磨，病情逐渐加重才导致病故。

时光一转，百年早已过去。2003 年，中国原子能科学研究院、北京市公安局法医检验鉴定中心、清西陵文物管理处等单位组成"清光绪帝死因"专项研究课题组，对光绪皇帝的头发、遗骨以及衣服和墓内外环境样品等进行了反复检验和缜密研究。直到 2008 年，国家清史纂修工程委员会在京召开"清光绪皇帝死因报告会"，得出了最终的结论：光绪皇帝死于砒霜中毒。

两宫升遐，给帝国留下了巨大的权力真空。慈禧在濒危之际，将帝国的重担全部压在了年仅 25 岁的载沣身上。

这里有必要介绍一下载沣显赫的家世。载沣的父亲是慈禧太后昔日身边的红人醇亲王奕譞，二哥是光绪皇帝载湉，同时还是末代皇帝溥仪的生父。出身于这样一个显赫的皇室宗亲中，载沣却不同于其他皇室宗亲子弟整日逗狗遛马，受家庭的影响，载沣性格谨慎谦虚，为人低调，不露锋芒。

1900 年，义和团运动兴起，杀害了德国驻华公使克林德。八国联军占领北京后，要求清政府就"戕害德使一事，由中国派亲王专使代表皇帝致惭悔之意，并于被害处树立铭志之碑"。慈禧派载沣赴德谢罪。载沣到德国后，德国政府有意挑衅，要求载沣行跪委之礼，载沣严词拒绝，"宁蹈西海而死，不甘向德皇跪拜。"德国无奈只得做出让步。

经此一事，载沣一举成名，不少国外媒体对载沣更是高度评价，"比之处深宫之内不知外情之诸王、贝勒等，其相去又何啻天渊哉！"

慈禧太后在病危之际，为何单单看中了载沣？载沣弟弟载涛这样写道：

"她（指慈禧太后）之所以属意载沣，是因为她观察皇族近支之人，只有载沣好驾驭，肯听话，所以先叫他做军机大臣，历练历练。慈禧太后到了自知不起的时候，光绪帝虽先死去，她仍然贪立幼君，以免翻她的从前旧案。但她又很明白光绪的皇后（后来的隆裕太后）亦是庸懦无能、听人摆布之人，决不可能叫她来重演垂帘的故事，所以既决定立载沣之子为嗣皇帝，又叫载沣来摄政。"

年纪轻轻的载沣接过了清末新政改革的大旗，自然引来了宗室子弟和朝中重臣的不服。为了树立个人权威，载沣一改之前低调谨慎的做事风格，首先肃清了皇室异己溥伟，罢黜了朝廷权臣袁世凯，压制了意图效仿慈禧太后干政的隆裕太后，显示了一定的政治手腕和改革魄力。

此时，士绅们政治参与的热情已经被点燃，超出了清廷高层的预期，他们疾呼："居今日而言国会，虽在一年，犹惧其晚，况至九年！"在立宪派士绅一浪高过一浪的要求加快立宪步伐的请愿声中，立宪时间一改再改，最后缩短为三年时间，"缓图之，即三年未必完全；急图之，虽数月亦可蒇事"，埋怨清廷"何必靳此区区二年之时间，不与万姓更始耶？"载沣一方面与立宪派周旋，希望能放慢宪政进程，另一方面又与革命党人掰手腕，扑灭各地起义硝烟。

舆论再次证明，帝国的人民已经渐渐失去了耐心和理性，此后拟定的皇族内阁名单更是让立宪派与士绅阶层和清廷离心离德，弄巧成拙不说，反倒坐实了革命党人的指责。

当民众对清廷描绘的立宪改革蓝图彻底失望，革命的火种也就不远了。

第九章 辛亥革命：一个王朝的隐退

武昌城的一声枪响，震撼着整个中国大地。刹那间，革命烽火蔓延全国，十八行省纷纷宣布独立。埋葬了封建腐朽的旧王朝，能否迎来一个新生的充满朝气的新时代？历史的三峡，虽暗流险礁，可国人终究挂帆起航。

压死骆驼的最后一根稻草是铁路国有案。

在中国走向现代化的道路上，铁路是一个很纠结的问题，这不仅体现在技术上，更主要地体现在民众的观念上。

铁路一开始进入中国之时，民众将其视为"奇技淫巧"，认为铁路会破坏风水祖坟，不但不修，甚至还多次拆除洋人修筑的铁路。进入20世纪，大兴铁路渐成热潮，清政府于是将修建铁路提高到了国家自强的高度。

与此同时，外国资本也对中国的铁路建设表现出了极大的热情。出于逐利的本性，洋人或假借中外合办之名，或通过贷款，几乎控制了中国大部分铁路的筑路权。随之而来的是各种利权如铁路经营管理权、铁路周边的矿产开采权被洋人侵占，这自然引起了士绅阶层的不满，也引起了朝中高层的关注。毕竟，修筑铁路不仅仅是经济问题，更关系到国家战略、战备和巨大的经济利权，这是政治问题，容不得半点马虎。

1903年，清政府为推行新政，制定了《铁路简明章程》，准许招商局集商股成立铁路、矿务等公司，允许民间资本进入铁路建设之中。此后，商办铁路作为一条国策，开始席卷全国，到 1910 年全国已成立了 17 家商办铁路公司。

1904 年，川汉铁路总公司在成都成立，1907 年改为商办，其预定路线自成都，经重庆、恩施、太坪镇、宜昌，到达汉口，全长 3000 公里。

然而，随着民营资本的大举注入，商办铁路因缺乏相应的经验和技术，资金也远不如外资充足，在建设过程中并不顺利，"后路未修，前路已坏"，远不如借助外资修建的铁路效率高。

保路运动纪念碑

当然，商办铁路相继陷入困境，很大一个原因是资金不足。譬如，粤汉铁路广东段计划投资 3000 万两，实际募集连一半都不到。由于募集不到足够的社会资金，铁路公司转而仰赖于名目繁杂的种种捐税。

比资金不足更大的问题是，各铁路公司贪污成风，乌烟瘴气，账目极为混乱。就拿川汉铁路公司来说，当时总共募集了 1000 多万两，但和成都至宜昌铁路需款 9000 万两一比，如同杯水车薪。时任商办川汉铁路公司的 CFO（总收支）的是候补道台施典章，当时上海橡胶股市正逢牛市，眼见铁路一时无法修筑，为了让这些钱保值增值，管理层动起了投资股市的主意，于是委派施典章手握 350 万两去闯荡上海滩。不巧的是，就在 1910 年，上海遭遇了股灾，资金被股市套牢，造成了 300 万两亏空。

梁启超对这种民营企业大不以为然："人人以附股为爱国之义务，然此种现象，果遂为国家之福乎？夫附股者，一种之企业行为也，苟附股之动机而非发自企业心，则公司之精神，自兹腐矣。"

与"奏办经年，多无起色"的商办铁路形成鲜明对比的是，官办铁路倒不断显现出成效：1906年京汉线竣工，1908年沪宁线竣工，1910年汴洛线竣工，清政府终于认识到，"铁路之纵横四达，则非国家出以全力断难办到"。

从1907年起，清政府就对各地的商办铁路公司开始了整顿，要求各地商办铁路限期完工，否则就把这些铁路改为官办，并撤销商办的铁路公司。

汤寿潜时任商办浙路公司总经理，对于清政府的这一手自然很不爽。就在上谕发布的次日，汤寿潜发了一封措辞激烈的电文到军机处，矛头直指官办铁路政策，指责盛宣怀主理路事无异于"以鬼治病，安有愈理？中国大势，危象毕露，无复可讳"，要求清政府立刻把盛宣怀"调离路事，以谢天下"。

1911年5月，都察院给事中石长信向清政府上奏《奏为铁路亟宜明定干路枝路办法》。在这封奏疏中，石长信首先强调铁路的重要性，当务之急，"边防最为重要"，"若国家不赶将东西南北诸大干路迅速次第兴筑，则强邻四逼，无所措手，人民不足责，其如大局何？"随后，他将全国铁路区分为干路和枝路，"其纵横一省或数省而远达边防者为干路，自一府一县接上干路者为枝路"，并提出了"铁路国有化"的改革方案。当然，修筑铁路需要大量资金，必要时也可以考虑引入外资。

石长信的想法与时任邮传部大臣的盛宣怀不谋而合，盛宣怀随后向摄政王载沣也提出了铁路收归国有的主张，载沣即刻批示"不为无见"。

1911年5月9日，清政府发布《铁路干路国有定策》："昭示天下，干路均归国有，定为政策。所有宣统三年以前，各省分设公司、集股商办之干路，延误已久，应即由国家收回。"

　　清政府要自己修筑铁路，只能举外债。为了修筑粤汉、川汉铁路，5月20日，邮传部大臣盛宣怀在北京与英、德、法、美四国银行团（汇丰、德华、东方汇理、花旗）签订了600万英镑（合白银约4800万两）的《湖广铁路借款合同》，期限40年，以两湖厘金及盐厘税捐作为抵押。

盛宣怀

　　合同中约定，粤汉路用英国总工程师，川汉路用美国和德国总工程师，借款利率为5%。比照当时的中国钱庄动辄12%—15%的利率，这个利率绝对不算高。

　　针对两湖、广东和四川等地，盛宣怀提出了不同的国有化方案，他同意将川汉铁路公司的资金换成国有股票，但对于因"橡胶股灾"亏空的那300万，盛宣怀认为不应"慷国家之慨"，国家没有义务补偿，决定不予承担。

　　随着盛宣怀与四国银行团借款合同的内容及铁路国有化方案传至成都后，舆论一片哗然，士绅们可不干了，川汉铁路公司的股东们紧急召开会议，决定联合到督署请愿。著名报人邓孝可在《蜀报》发表了《卖国邮传部！卖国奴盛宣怀！》一文，号召四川人民放弃幻想，联合广东、两湖人民与卖国奴盛宣怀抗争到底。不仅如此，《蜀报》还历数盛宣怀夺路、卖路的几大罪状：

　　夺自国民送诸外人国人起者川人起者
　　既夺我路又劫我款夺路劫款又不修路
　　川人起者国人起者于此不争死无所矣

民众在成都岳府街大举集会，时任四川咨议局副议长的罗纶慷慨激昂，大声疾呼："川汉铁路完了！四川也完了，中国也完了！""我们要誓死反对！我们要组织一个临时的机关，一致反抗，反抗到底！商人罢市！工人

《四川保路同志会报告》和《西顾报》两份"机关报"成为保路运动中最为重要的舆论阵地

罢工！学生罢课！农人抗纳租税！"民众的情绪被点燃，士绅们成立了保路同志会，由咨议局议长蒲殿俊任会长，副议长罗纶为副会长。

会后，民众集体前往总督衙门请愿，请朝廷收回成命。四川总督赵尔丰还没到任，由布政使王人文代理总督。王人文致电内阁："本日未前，各团体集公司开会，到者约二千余人，演说合同与国家存亡之关系，哭声动地，有伏案私泣。"不料他的上奏却遭到朝廷下旨严饬。而此时，积压在民间的怨愤被点燃，亢奋的情绪蔓延全川，工人、农民、学生和市民纷纷罢课罢市，保路同志会的会员不到 10 天就发展到 10 万人。

一场本是事关利益和经济的争端，开始朝着不可控的方向发展。

四川绅商对盛宣怀的解决方案表示反对，这不难理解，因为川汉铁路公司募集的股资主要有这么几类：商股、官股、租股和公利之股。此前为了筹集铁路建设资金，四川实行了摊派，所以绝大多数四川的百姓都和川汉铁路息息相关，都算得上是川汉铁路的"股东"。如今募集的资金亏空了 300 万，这个坑谁来补？

如果从盛宣怀的立场出发，他的做法似乎也没有错。川汉铁路公司内部管理不当，挪用、倒账，将资金投入股市导致亏损，为什么要由国家去弥补呢？二者的矛盾不可调和，而且有愈演愈烈之势，才引发了后

来的灾难性后果。

近代史研究者雪珥提到这段历史时，这样写道：

有学者认为，盛宣怀在推行铁路国有政策时，"不讲政治"，不讲策略，斤斤计较，十足的商人作风，如果当时在川路补偿问题上退让一步，或许就不会弄得天下大乱。其实，在铁路国有化方面，一贯以能干及贪腐著称的盛宣怀，倒是展现了一种中国官场中极为罕见的政治品格：没有选择明哲保身，反而选择了引火烧身。武昌城头的炮声响过之后，高喊动听口号的"君子"们，便取代了"商人作风"的真小人，成为中国舞台的主流，这或许正是一个时代的集体出轨？

据李寻在《四川保路运动再梳理》中的分析，这场保路运动中夹杂着三股政治力量：立宪派、革命党和江湖会党。

先来看这第一股政治力量。

立宪派们有一个合法的机构——四川省咨议局，相当于地方的临时议会，会长是蒲殿俊，副会长是罗纶和萧湘。在这场保路运动中，立宪派站到了台前，蒲殿俊等人对于这场运动的发起确实起到了很大的作用，但在保路运动的烽火燃遍四川后，这场运动已经超出了他们的控制范围。

第二股政治力量是革命党。

此次牵涉其中的革命党属于同盟会。在这场运动中，革命党以搅动天下为己任，在军队中也颇有渗透力，他们不关心铁路是国有还是商办，只想抓住一切机会造反夺权。1911 年 6 月以后，各地保路会纷纷成立，四川籍的同盟会员纷纷潜回老家，联络同志准备发动起义。在立宪派人士坚持"文明争路"的同时，革命党人则"浑水摸鱼"，力图"导以革命"的行动早已悄然展开。

第三股政治力量即是哥老会（袍哥）等民间会党。哥老会是成立于明清之际的民间秘密结社，俗称袍哥，宗旨为"反清复明"。同盟会早期的革命靠的就是这些江湖会党，甚至不少同盟会会员本身就在会党中担任要职，会党的一部分工作就是替政府征收租股，所以他们更关心的是财路问题。由此，保路运动能在短时间内聚集起数十万人也就不难理解了。

朝廷驳回王人文的代奏后，蒲殿俊对局势彻底失望，他对人说："国内政治已无可为，政府已彰明较著不要人民了，吾人欲救中国，舍革命无他法。"他打算派人到湖南、广东等地联络，"以袍哥（约同于湖南之红帮）、棒客（约同于湖南之黑帮）为基础，人数众多，遍布全川。将来举义时，尚求各省协助。"

立宪派士绅牵头，同盟会策应，哥老会雄起，保路会会员迅速扩大，逐渐成波浪掀天之势。

9月5日，一份题名为《川人自保商榷书》的传单在川路公司股东会的会议代表中流传，该文提出："中国现在时局，只得亡羊补牢，死中求生，万无侥幸挽救之理。……然四川东连两湖，西连藏卫，南连云贵，北连陕甘，夔门、剑阁，古称天险，铁路、轮船尚未大通。以比各行省，外人插足尚浅，势力亦薄。且土地五十万六千方里，人口有七千万，气候温和，物产无所不有。即比之日本，犹不及川远甚。今因政府夺路劫款转送外人，激动我七千万同胞幡然悔悟。两月以来，其团结力、坚忍力、秩序力中外鲜见，殊觉人心未死，尚有可为。及是时期，急就天然之利，辅以人事，一心一力，共图自保。"

时任四川总督的赵尔丰阅过后，看到了时局的严重性，决心采取行动。9月7日，赵尔丰以到督署议事为由，诱捕了咨议局正、副议长蒲殿俊、罗纶以及保路同志会的几位首要人物，并发出告示："朝廷旨意，只拿数人，均系首要，不问平民。首要诸人，业已就擒，即速开市，守分营生。聚众入署，格杀勿论。"

官府抓人的消息一经传开，民众奔走相告，头顶着光绪皇帝的牌位涌向督署门口，要求释放代表。目击者周善培回忆：

这时候，群众已冲进了（督署）仪门，赵督叫人大声嚷着说："快举代表，不许冲进牌坊。"群众不听，人人左手抱一个黄纸写的德宗景皇帝的牌位，右手拿一根香（我没有看见有人手里拿着刀子棍子的），又冲进牌坊。赵督又叫人嚷道："不许再冲一步，再冲一步，就要开枪了。"群众仍不听，冲到大堂檐下。赵督又叫人说："快退下去，再冲上来，就开枪了。"群众还要向大堂冲上来，赵督说："挡不住了，没有法了。"就命令开枪，开了一排枪，群众立刻回头跑出去。人散之后，留下打死的七个人，五个是请愿的人民，两个是督署文案委员的轿班（受伤的多少不知道，实在打死的有七个人）。

血案使人猛醒。

惨案发生后，赵尔丰发布戒严令，紧闭城门，封锁邮电，切断了成都的对外联系。革命党人龙鸣剑等人制作了上百块木板，上书"赵尔丰先捕蒲、罗诸公，后剿四川，各地同志，速起自保自救"等字样，涂上桐油，投入府南河中，将"成都血案"的消息传遍了四川，人称"水电报"。其中一份水电报呼吁道："英雄好汉，速备枪械，赴省救援。"

各路保路会同志得知消息后，闻风而动，联合江湖会党纷纷起事，打着"吊民伐罪"的旗帜，从各地向成都进军。据熊克武回忆，"是时党人与民间会党揉杂，皆以同志军为标帜"。

同志军奔走于成都，与清军展开激战，赵尔丰还写了首通俗易懂的

《劝民歌》，威胁起义的同志军：

> 各有性命与身家，何苦甘为乱党误。
>
> 又况杀机一旦开，死人如麻更可怖。
>
> 想到惨状何堪言，提笔眼泪如雨注。
>
> 凡我安分众黎民，且听本督详告诉：
>
> 以歌当哭垂涕言，到此亟宜生觉悟。
>
> 无论东西各宪法，输将纳税乃义务。
>
> 无端背逆是乱民，辜负生存辱丘墓。
>
> 如今军火更厉害，土枪刀义靠不住。
>
> ……

可惜，劝民歌已劝不了民，此时的民众只相信手中的枪杆子。

一场改写历史的大风暴正在酝酿。

接到起义的消息后，清政府大惊，严令端方率领精锐的湖北新军第八镇第十六协主力入川镇压。

在这里有必要介绍一下端方其人。

端方，满洲正白旗人，字午桥，号陶斋，谥忠敏。一提到晚清满族权贵，大部分人往往会将他们和昏庸无能、骄奢淫逸联系到一起，但实际情况却并非如此。满族权贵中尽管有庆亲王奕劻这样爱财如命的主儿，但也不乏精明强干之辈，端方就是其中之一。端方举人出身，与荣庆、那桐并称为"北京旗下三才子"。时人将其列入四大能臣之中，称"岑春煊不学无术，袁世凯有术无学，张之洞有学无术，端方有学有术"，可见端方并非浪得虚名，确有真才实学。

端方本来就不赞同铁路国有政策，一再上奏朝廷，希望收回"铁路国有"的成命，又发电各督抚，请"务须和平，勿专制强硬，以致激变"。对于此行的凶险，端方早有预料，一路上走走停停，在南下路过河南彰德时，端方还特意拜访了被革职三年的袁世凯。二人就时局交换了意见，袁世凯还特意告诫说："近闻湘人颇有风潮，大节似宜先驻汉阳，分投委员勘查，步步经营。"

在朝廷的严令之下，端方带领湖北新军第八镇的一部分队伍入川，随后发布通告："蒲罗九人释放，王周四人参办；尔等哀命请求，天恩各如尔愿；良民各自回家，匪徒从速解散；非持枪刀抗拒，官军绝不剿办。"

也就在这个时候，武昌发生兵变，湖北宣布独立，端方更是纠结，"沿途饮食，并无菜蔬可食，每饭只有白饭咸菜。沿途所住之房即系养猪堆粪之屋，即钦差亦系此等之房。行至两三月均如是。"于是，端方索性在距成都400里的资州停了下来，准备看看情况再说。

1911年11月27日，随行部队发生哗变，士兵冲入端方的房间，欲将其杀之。双方曾有如下对话：

端方：我本汉人，姓陶（据说端方有一方印章，上刻"陶方"），投旗才四代，今愿还汉姓如何？

众兵：晚了！

端方：我治军湖北，待兄弟们不薄，此次入川，优待加厚。请各位周全……

众兵：那是私恩，今日之事乃国仇。

随后，士兵们砍下了端方和其弟弟端锦的头颅，浸在煤油桶里，一路传示之后被送到了武昌。

端方之死是一个悲剧，在当时的清末新政运动中，端方倡言改革，推进新政，创造了许多个第一，在维新变法、慈禧西逃、五大臣出洋、预备立宪、废除科举、派员留学、兴办学堂等事件中都有他的身影，甚至是最重要角色。然而，就是这样一位难得的开明改革家，却在"种族革命"的风潮之下，在造反有理、革命无罪的舆论中被杀害，这不能不说是一个历史的悲剧。

孙中山

四川保路运动犹如一根导火索，引燃了全国各地的革命风潮，革命党正式登场了。

提到革命党，就不能提到一个人物：孙中山。

孙中山，名文，字载之，号日新，又号逸仙，幼名帝象，化名中山樵，常以中山为名。1866 年生于广东，少年时即反感封建礼教，后得兄资助赴檀香山入西学，萌生民主思想。

黄兴

孙中山曾经幻想过以改良的手段来挽救中国，1894 年，他曾上书直隶总督李鸿章，陈述"治国之大经，强国之大本"，但遭到李鸿章拒绝。上书的失败，再加上甲午战争的惨败，使得孙中山开始重新思索中国未来的出路，"知和平之法无可复施。然望治之心愈坚，要求之念愈切，积渐而知和平之手段不得不稍易强迫。"之后走上了一条孤独的革命道路。

宋教仁

作为一名先行者，孙中山是孤独的。当初他发动起义的时候，"举国舆论莫不目予辈为乱臣贼子、大逆不道，咒诅谩骂之声，不绝于耳；吾人

林觉民

足迹所到，凡认识者，几视为毒蛇猛兽，而莫敢与吾人交游也"。他是孤独的先行者！

要干革命，需要坚忍不拔的毅力，百折不挠的精神，和敢于蔑视权威的气概，这些条件孙中山都具备，但还有一条可愁坏了他，那就是钱。

1894 年 11 月 24 日，孙中山于檀香山成立了中国近代史上第一个民主革命团体——兴中会，宗旨是驱除鞑虏，恢复中华，平均地权，创立合众政府。此后，孙中山踏上了漫长的筹募革命经费的道路。

为了筹集经费，孙中山想尽了各种办法。当时，孙中山主要去美国、加拿大、新加坡、马来西亚以及欧洲各国筹款，其方式主要有这么几种：

一是写信，给海外华侨和同盟会会员写信，向他们宣扬革命思想，鼓励他们捐款支援革命，因此也有"华侨为革命之母"之说；

二是在华侨聚集的地方举行演讲，譬如，孙中山在槟榔屿的一次筹款会议中这样演讲道："盖海外华侨捐钱，国内同志捐命，共肩救国之责任是也。余决计回国亲自督师，生死不计"；

三是发行债券，面额从 1 元到 1000 元不等，承诺新政府成立后还本付息，且利息极高。孙中山称："此于公私皆有裨益，各有咸具爱国之诚，当踊跃从事，比之（向清政府）捐顶子买翎枝，有去无还，洞隔天壤。且十可报百，万可图亿，利莫大焉，机不可失也。"

武昌起义前，孙中山领导了十次武装起义，无一例外都归于失败。尤其是黄花岗一役，丧失了众多的青年精英，也让革命陷入了低潮。孙中山一生曾两次前往黄花岗祭奠烈士，对于这些青年才俊的牺牲，孙中山极为痛心，曾形容"吾党菁华，付之一炬"。

事实上，从广州首义到黄花岗起义，有多少革命烈士为了中国的革命事业失去了他们年轻而又宝贵的生命！吴樾、邹容、陈天华、秋瑾、徐锡麟、林觉民……他们留下的，是"吾幸而得汝，又何不幸而生今日之中国！卒不忍独善其身"及"秋风秋雨愁煞人"的悲壮！

1901 年之后，清政府开启了新政改革，革命党与立宪派同时开始赛跑。面对日益高涨的参政压力，清政府陷入了权力与权威的双重危机，逐渐失去了立宪派与底层民众的支持。在此过程中，革命党的影响已渗透进新军内部，并且取得了一定的成效。

在当时，清政府有两支近代化军队，一是袁世凯的北洋新军，一是清末重臣张之洞的湖北新军，二者组成了大清王朝的两大柱石。湖北新军所招收的兵员，大都是当时有一定文化的青年，思想活跃，更容易接受革命思潮的影响。革命党人正是看准了这一点，开始积极渗入。军营内，"每每士兵交头接耳之议题，必《大江报》所登之话题"，以至于后来的国民党元老居正也说："时吾鄂有识之士，皆知清运将终，多有怀革命之志。"

在当时的新军队伍中，潜伏着两大革命势力，一为共进会，一为文学社。

先来看这共进会。

1907 年 8 月，共进会在日本东京成立，主要领导人是同盟会会员焦达峰、日知会会员孙武等，几乎都是留日学生出身。之所以要从同盟会中分裂出来，是因为他们不满同盟会的工作方式，认为同盟会"行动舒缓"，于是决定出来单干，以结纳会党为主，谋在长江发难。

成立之日，共进会发表宣言：

呜呼！吾同胞苦于祖国沦亡，呻吟于异族专制之下，垂三百年矣。以四百兆黄帝子孙神明华胄之多，而屈辱于区区五百万腥膻之鞑虏，其可耻可哀，孰有过于此者？凡有血气，皆奋起，以雪累世深仇。此共进会今日成立之原因及其宗旨意义之所在也。

共进会者，合各派共进于革命之途，以推翻满清政权、光复旧物为目的。吾同胞甘心恭顺，愿认仇贼作父，则亦已矣；若不然者，当应抚胸自问，犹有热血，当必愤火中烧，应该挥刀直前，以图报复。太平天国讨满檄文有云：忍令上国衣冠，沦于夷狄；相率中原豪杰，还我河山！何其壮也，功虽未竟，亦其杰矣。我共进会当继承其志，以竟其未竟之功，然后可以上对祖宗，下垂后人，以齿于圆颅方趾之俦，皇天后土，实鉴斯言，弟兄袍泽，有如此约。

共进会会长孙武

文学社社长蒋翊武

1908 年秋，共进会的主要成员如孙武、焦达峰等人从日本回国，抵达汉口，于次年 4 月在汉口法租界设立共进会机关，在国内谋求活动。

再来看看文学社。

初看其名，有点小清新，看上去像是一个文艺青年组织的文学社团，其实不然。之所以起这么一个文艺的名字，是为了避免受到官府的怀疑。

文学社的前身是群治学社，由一群立志推翻清王朝的有志青年组成，群治学社在简章中宣称是"集合多数人知识，研究学问，提倡自治"，实际上干的却是革命的工作。出于秘密工作的需要，群治学社后来改成了振武学社。

1911 年 1 月 30 日，革命党人借新军团拜名义，在武昌黄鹤楼举行文学社成立大会，大会推举蒋翊武为文学社社长，詹大悲为文书部长，刘复基为评议部长，同时还在汉口设立《大江报》馆，作为革命的宣传机关，很多湖北新军士兵纷纷被吸收为会员。

詹大悲在会上提议："今天是文学社成立大会，简章无革命字眼，只是研究文学，是为了避人耳目。我们以前的学社被敌人侦破，但我们从不放弃革命，如今重整旗鼓，以研究文学为名，争取同志，总有一天，我们要把新军变成革命力量，这就是我们的'端营主义'。"蒋翊武补充说："今年说不定会有革命发生，我们方略已定，急应开展活动，一日有事，不致坐失良机。"

文学社与共进会在新军中抢地盘拉人头，互不服气。据当时在炮八标的共进会成员邓玉麟回忆："辛亥革命在武汉方面之组织，先有共进会，次有文学社，该社由蒋翊武、刘尧澄（复基）、王宪章办理。辛亥五月，共进会会员，在各军队，时与文学社员冲突。后翊武、刘尧澄来孙武家会议，两派联合进行，俟商妥后，一切经费由共进会供给，行动完全一致联合。"

就这样，为了同一个革命目标，两派强强联合，走到了一起。

四川保路运动爆发后，端方率领湖北新军第十六协第三十一、三十二两标紧急赴川，湖北空虚。革命党人认为时机成熟，决定发动起义。双方随后举行联席会议，成立联合指挥机关，公推蒋翊武为湖北革命总指挥，制定了起义计划，商定在农历八月十五中秋节（10月6日）举行起义，又派人到上海邀请黄兴、宋教仁、谭人凤到武昌主持大局。

谁知天有不测风云，就在开完会的这天下午，出事了。

这天下午，南湖炮队的几名士兵出去喝酒，回来闹事，一时兴起竟打开弹药库，拖出了大炮准备向城里轰击。统制张彪得知后，立即派人前往弹压，虽然最后事情没有闹大，但此事却引起了湖广总督瑞澂和张彪的警觉，下令加强戒备。随后，汉口不少报纸上疯传"八月十五日杀鞑子"、革命党"中秋起事"之说，湖广总督瑞澂预感事情不妙，下令提前一天过中秋节，八月十五那天（10月6日）全城戒严，并将武器弹药收入楚望台军械库，同时要求加强街头军警的巡逻和侦察："各旅馆、学社加意调查。如有行迹可疑之人，准其即行拿获，以凭讯办而保治安。"

这下子，革命党人傻眼了。

中秋节安然度过，武汉三镇一切如常。之前派人去邀请的黄兴、宋教仁都没来，黄兴当时正在南方策划一起暗杀行动，他对湖北的新军起义并不看好，给出的意见是："各省机关，还没有一气打通，湖北一省，恐难做到，必须迟到九月初（农历），约同十一省同时起事才好。"

刘复基说："我们几个虽可以迟得，无奈他们（士兵们）现在都是摩拳擦掌的好像一会儿都等不得。"众人也纷纷表示："在外面谣言很大，若不即早起事，必要发生意外，那时还可以悔得及吗？况且军中同志，已占十之八九，若一举事，何患武汉三镇不唾手可得，体恤以他人为转移。"

此时的蒋翊武还是下不了决心，对是否起事犹豫不决。

很快，一起偶然事件，将犹豫中的革命党人逼上了绝路。

10月9日，孙武和邓玉麟等人正在汉口俄租界宝善里14号起义临时指挥部里制作炸药，准备起义。中午，邓玉麟外出，"首义元勋"刘公的弟弟刘同叼着一根烟走了进来，到里面晃了一圈儿后，刘同烟蒂上的火星不经意间落入了一盆火药中……

"轰"的一声，满屋烟雾弥漫，爆炸引发了大火，引起了俄租界巡捕的注意，正在造炸弹的孙武被炸成重伤。革命党赶紧跑路，但最重要的革命党花名册却锁在柜子里，取不出来！

钥匙放哪里了？

钥匙在邓玉麟手中，而他此时正好外出！

很快，俄租界巡捕搜到了革命党人名册、起义文告等。眼见事态严重，俄租界主动将资料交给了湖广总督瑞澂。瑞澂在拿到这份革命党人名单后，陷入了沉思。摆在他面前的有两个选择：

其一，按名单拿人，从严从重从快处理，将革命党的气焰压下去；

其二，公开烧毁名单，安抚人心。

在经过仔细权衡后，瑞澂另辟蹊径，选了另一条路，他下令全城戒严，迅速搜捕革命党人，彭楚藩、刘复基、杨洪胜三人被逮捕。

当天深夜，清督署开庭张灯会审。主审官铁忠见彭楚藩穿着宪兵服，有意为其开脱，道："你既身为宪兵，应知王法，受皇室俸禄，自当爱护大清，而你竟敢谋反，该当何罪？"

彭楚藩厉声反问："所谓俸禄，是我汉族同胞的血汗，吃同胞的饭，为同胞报仇，这是理所当然，何罪之有？"

紧接着，彭楚藩索来纸笔书供："自鞑虏入关，扬州十日，嘉定三屠，文字兴狱，蓄发罹罪，残暴数百年，与我汉族同胞不共戴天。亲贵用事，卖官鬻爵，失地丧权，犹以'宁赠友邦，勿与家奴'之手段，断送我大汉民族于万劫不复之地。我黄帝子孙，不忍见民族之沦亡，同伸革命救国之大义，是天经地义，责无旁贷！"

铁忠摇了摇头："你年纪轻轻，父母妻儿尚在此地，如执迷不悟，罪不容诛；若能认罪伏法，可以免死。"

彭楚藩冷笑道："我既从事革命，个人生死，早置之度外，革命不怕死，怕死不革命，要杀就杀，何必多言！"

铁忠知其不可屈，叹息一声，次日将彭楚藩、刘复基和杨洪胜押到督署东辕门斩首示众。

在处决了一批革命党首脑后，瑞澂担心大规模抓人会引发兵变，将革命党人的花名册公开烧毁，以安抚人心。

这下子，革命党更抓狂了，原本定于 10 月 9 日发动起义，但城内炮队和城外南湖炮队互相等待对方炮响的信号，结果谁都没有动。到 10 月 10 日，气氛更是紧张起来，新军士兵人心惶惶。眼见革命党人首脑人物死的死，伤的伤，一时群龙无首，时任工程第八营共进会代表的熊秉坤知道，是该自己站出来主持大局了。

熊秉坤鼓动大家："吾人今已势成骑虎，不观昨日捕人杀人乎？吾曹名册已攫去，具在可捕可杀之列，不早图之，后悔何及？质而言之，今日反亦死，不反亦死，大丈夫能惊天动地，虽死尤烈。"

10 日正午，一场酝酿已久的暴雨倾盆而下，熊秉坤冒雨通知各营起义事宜。其实，不只是底层的革命党新军，就连新军军官似乎都嗅到了危机，10 日晚必定有大动静。当天下午，熊秉坤恰在操场边与队官罗子清、排长方定国相遇，队官罗子清拦住熊秉坤问道："今晚外面风声不好，汝知否？"

熊秉坤含糊道："只风闻三十标今晚起事。"

罗子清："是孙党否？"

熊秉坤："所有会党都以孙中山为共主，应该是孙党。"

罗子清："人有几何？"

熊秉坤："鄂军，商、学各界皆是也。"

罗子清："排满杀官有之乎？"

熊秉坤："排满固其宗旨，杀官亦其用神。不杀官无以夺其权，且不先杀之，气必为其所挫；气挫，则事无济。恐管带以上皆不免，余与反对者亦然。"

罗子清："能否成事？"

熊秉坤："能。近来民智日开，俱有种族思想，并知专制共和之利害。闻各省均运动齐备，惟湖北程度较浅。现各省党人惟鄂军第八镇是惧，所以然者，安徽、湖南各处起事，咸为所平。八镇一起，各省断无不应者。故曰能。"

罗子清且走且嘱咐道："今晚恐有事，须好维持。"

夜幕降临。

二排长陶启胜带兵查铺，看到工程第八营副班长金兆龙和兵士程定国正在擦枪装弹，便高声斥问："你们想造反吗？"金兆龙回道："老子即造反，汝将奈何？"陶排长大怒，上前夺枪，两人扭打起来，金兆龙大声呼喊："吾辈今不动手，尚待何时！"

同棚的士兵程正瀛挺身而出，用枪托猛击陶启胜的头部。陶启胜血流满面，转身欲逃，程正瀛抬枪瞄准，扣动了扳机。

砰！一声枪响，寂静的夜空被划破，声音响彻云霄。武昌起义的第一枪，就这样被打响了！

这一枪，绝非普通的一枪，它是中国民主主义、民族主义革命的发令枪，是埋葬旧王朝的夺命枪！

现在大多数人谈论辛亥革命，都把首义第一枪归功为熊秉坤。一次聚会上，孙中山指着熊秉坤向在场者介绍，"这就是武昌首义放第一枪的熊秉坤同志啊！"其实这是一种误解，程正瀛才是打响武昌起义第一枪的人。

回到历史现场。枪声响起，陶启胜腰部中弹，革命党士兵登时大噪，全营革命党人纷纷按计划在左臂缠上白布带，持枪出营集合。在熊秉坤的带领下，士兵直奔楚望台军械库，获得了充足的枪支弹药，随后又公推工程营左队队官吴兆麟任起义总指挥，举熊秉坤为副指挥，二人令义兵分头通知各营党人共同举事。当时测绘学堂有在宿学生80名，见新军革命党起义，学生李翊东高呼："今晚是革命党举事，愿意革命的跟我到楚望台领枪！"学生皆呼愿意，在革命党人的带领下到楚望台领取武器。与此同时，城南的南湖炮队第八标宣布起义，在工程营的接应下顺利进城，布置阵地。在蛇山炮兵的有力支援下，革命军炮轰总督署，湖广总督瑞澂见势不妙，慌忙凿开督署后墙，带领卫队逃往江上的"楚豫"舰。回望城中，火光熊熊，枪炮声杂乱，瑞澂只得向朝中紧急汇报："湖北新军结合革命党全体叛变，恳乞即派重兵来鄂，平此大乱。"

起义出乎意外地顺利，当清晨的第一缕曙光降临后，武昌城的蛇山之巅，一面红底十八星的大旗高高飘起，标志着一个新政权的诞生。

武昌城被占领后，革命党人面临一个重大问题：谁来领导这场起义？

孙中山当时远在海外，革命军诸首领黄兴、宋教仁、谭人凤、居正等人均不在武昌城内，事前推举的临时总司令蒋翊武因炸弹事故逃亡，不知所踪；被炸药烧伤的孙武与原定的都督刘公都在汉口，其余革命同志也都失去了联络，革命军一时处于群龙无首的境地。

有人要问了，不是还有熊秉坤、蔡济民、吴兆麟等人吗？他们不能担此重任么？

事实还真是这样。熊秉坤、蔡济民等人只是新军的班长、排长，级别太低，吴兆麟在工程营也不过是左队队长，其参加起义不过是被迫卷入了兵变，乃不得已而为之。黎东方在《细说民国创立》中这样写道：吴兆麟"参加过日知会，其后便与革命同志没有什么来往。工程营起义之时，他溜了出去，被汪长林遇到，连拉带劝的引至回军械所，受熊秉坤及一般同志的推戴，当了临时总指挥"。

众人经过商议后，想到了湖北咨议局议长汤化龙，诚邀他作为军政府都督。不料汤化龙却婉言拒绝道："革命事业，鄙人素表赞成"，但"此时正是军事时代，兄弟非军人，不知用兵"。

汤化龙真的是因为不懂军事才拒绝的吗？显然不是！更深层次的原因是，汤化龙是立宪派的领袖，与革命党本不是一路人，贸然相邀，自然不能轻下决断。汤化龙事后对李廉方说："革命党人来（咨议）局时，曾以都督相推。予未有绝对拒绝意。子笏（胡瑞霖）则力持不可。其意以予与革命党素无密切关系，又其时成败尚未可知。"

黎元洪

既然汤化龙无意做鄂军都督，众人自然也无法强求，想来想去，大家想到了一个人——黎元洪。

黎元洪时任第二十一混成协协统，曾考入天津水师学堂，先后入北洋水师、广东水师任千总、二管轮等职。起义爆发后，黎元洪躲到了部下刘文吉家中，对他说："我身居协统地位，部下兵变，如果革命党失败，我必定会受到朝廷的严厉处分；如果革命党成功，我能否活命也不得而知。"

而此时，革命党人认为黎元洪"在湖北负人望，且得军心，此时出任都督，最为适当"，于是派人去邀请。得知革命党人的意愿后，黎元洪坚决不从，最后被胁持送到咨议局，有人这样记载道：

当元洪未到咨议局前，群龙无首。……一筹莫展。……消息沉闷。躁急者失望，胆怯者恐惶，至有念念作归计者。午后则武昌城内遍贴布告，往观者途之为塞，欢声雷动。至有艰于步履之白发老翁，请人扶持拥至布告前，必欲亲睹而后快。旅汉外籍人士，闻之亦为之（震）动，皆曰：想不到黎协统也是个革命党！残敌更心惊胆裂，易装潜逃者，不可胜算。

当然，这只是外界的一种看法，实际情况是，当得知革命士兵要黎元洪当军政府都督的时候，他连声道："莫害我！莫害我！"死活不肯在安民告示上签字，最后还是由别人代签的。

鲁迅先生曾在小说《阿Q正传》中嘲讽辛亥革命，阿Q走进钱府，正看到"假洋鬼子"正站在院子中央讲得正起劲："我是性急的，所以我们见面，我总是说：洪哥！我们动手罢！他却总说道No！——这是洋话，你们不懂的。否则早已成功了。然而这正是他做事小心的地方。他再三再四的请我上湖北，我还没有肯。"

"假洋鬼子"吹嘘的"洪哥"，就是"首义都督"黎元洪。

接下来的三天内，起义出乎寻常地顺利，汉口和汉阳先后光复，武汉三镇全部落入革命军之手。眼见革命形势一片大好，黎元洪也转而以革命党人自居，慷慨激昂地表示："自此以后，我便是军政府之一人，愿与诸君共生死"，随后还接见了前来拜访的美国驻汉口的领事，向他们表达了推翻清政府建立共和政体的政治诉求。

10月12日，军政府通电全国：

粤维我祖轩辕，肇开疆土，奄有中夏，经历代圣哲贤豪之缔造，兹成文明古国。凡吾族今日所依止之河山，所背服之礼教，所享受之文物，何一非我先人心血颈血之所留遗，故睹城邑宫室，则思古人开土殖民之惠；睹干戈戎马，则思古人保种敌忾之勤；睹典章法制，则思古人贻谋教诫之殷。骏誉华声，世世相承，如一家然，父传之子，祖衍之孙，断不容他族干其职姓。

何物胡清，敢乱天纪，挽弓介马，竟履神皋。夫胡清者非他，黑水之旧部，女真之鞑种，犬羊成性，罔通人理。始则寇边抄虏，盗我财物，继则美我膏腴，耽我文绣，利我国土，遂窥神器。惟野蛮之不能统文明，戎狄之不能统华夏，少数之不能统多数。故入关之初，极肆凶威，以为恐吓之计。我十八省之父老兄弟诸姑姐妹，莫不遭逢淫杀，靡有孑遗。

1911年10月11日，革命党人在湖北武昌成立湖北军政府

若扬州，若江阴，若嘉定，屠戮之惨，纪载可稽。又复变法易服，使神明衣冠，沦于禽兽，而历代相传之文教礼俗，扫地尽矣。乃又焚毁书籍，改窜典册，兴文字狱，罗织无辜，秽词妖言，尊曰圣谕，戴仇养贼，谬曰正经，务使人人数典而忘其祖。是其害乃中于人心风俗，不但诛杀已也。

呜呼同胞，谁无心肝？即不忆父老之遗闻，且请观夫各省驻防之谁属，重要之职权谁掌，其用意可揣知矣。二百六十年奸淫奇忍之术，言之已不胜言，至今日则发之愈迟，而出之愈刻也。今日者，海陆交通，外侮日急，我有家室，无以图存。彼以利害相反，不惜倒行逆施。故开智识，则为破其法律，尚技术，则谓扰其治安。于是百术欺愚，一意压制。假立宪之美名，行中央集权之势，借举新政之虚说，以为搜刮聚敛之端。而乃日修园陵，治宫寝，费嬖佞，赏民贼，何一非吾民之膏血。饥民遍野，呼吁不灵，哀鸿嗷嗷，是谁夺其生产而置之死地。且矜其"宁送友邦弗与汉族"之谬见，今日献一地，明日割一城，今日卖矿，明日卖路。吾民或争持，则曰干预政权，曰格杀勿论。甚且将吾民自办之路，自集之款，一网而归之官。呜呼！谁无生命，谁无财产，而日托诸危疑之地，其谁堪之！夫政府本以保民，而反得其害，则奚此政府为！况乃淫德丑类，有玷华声耶？

本军政府用是首举义旗，万众一心，天人共愤，白麾所指，天裂山颓。故一二日闻湘、鄂、赣、粤，同时并举，皖、宁、豫、陕，亦一律响应。而西则巴蜀，已先克复，东南半壁，指顾告成。是所深望于十八省父老兄弟，戮力共进，相与同仇，还我邦基，雪我国耻，永久建立共和政体，与世界列强并峙于太平洋之上，而共享万国和平之福，又非但宏我汉京而已。将推此赤心，振扶同病。凡文明之族，降在水火，皆为我同胞之所必怜而救之者。

呜呼！机不可失，时不再来。想我神明贵族，不乏英杰挺生之士，曷勿执竿起义，共建鸿勋，期于直抵黄龙，叙勋痛饮，则我汉族万万世世之荣光矣。我十八省父老兄弟其共勉之！

溥仪

袁世凯

17日，黎元洪登坛誓师，庄严宣誓："以我五洲各国立于同等，用顺天心，建设共和大业！"

武昌起义的消息第一时间传到了一个人的耳中。

1908年，光绪皇帝、慈禧太后相继去世，载沣上位，主持朝中大局。为了除掉羽翼已丰的袁世凯，载沣在经过利弊权衡后，以"足疾"为由，将袁世凯开缺回原籍。袁世凯不敢反抗，只得悻悻回到了河南安阳的洹上村，过起了赋闲垂钓的生活。

洹上披蓑垂钓，胸中权谋激荡。

被解职的袁世凯显然不会就此沉沦，他耗银数十万，建造洹上村，通铁路，在自家的后院建了一个电报室，时刻关注着时局的变化。别看袁世凯深居简出，他其实什么都知道，其政治抱负从一首诗中可以看出来：

百年心事总悠悠，壮志当时苦未酬。

野老胸中负兵甲，钓翁眼底小王侯。

思量天下无磐石，叹息神州变缺瓯。

散发天涯从此去，烟蓑雨笠一渔舟。

1911 年 10 月 11 日，是袁世凯的五十二岁生日。这一天，洹水河边的洹上村"养寿"园宾客满座、觥筹交错，一片祝寿庆贺之声。正宴饮间，一封电报突然传来，武昌发生兵变！众人"相顾失色"，袁世凯在心中也涌起狂澜："大事不好！此乱非洪杨可比，不可等闲视之！"

已经赋闲三年的袁世凯终于等来了属于他的机会。

武昌起义发生后，消息很快就传到了北京。朝廷大为惊恐，经过一番紧急磋商，清政府一面将瑞澂就地免职，仍暂署湖广总督，戴罪立功，一面派陆军大臣荫昌抽调北洋军两镇兵力南下镇压，同时又调派了萨镇冰率海军军舰和长江水师前往助剿。

作为一个正儿八经的满族人，荫昌绝对算得上一顽主，他留过洋学过军事，但对打仗一事却属于门外汉。接到南下镇压起义的任务之后，荫昌心里一百个不情愿，他对摄政王载沣说："我这个陆军大臣，其实就是个光杆司令，手里连一个兵都没有，你让我拿什么去打？是用拳头打呀，还是用脚踢？"载沣好说歹说，才说动荫昌走这一趟，因为朝中实在是无人可用了。

据梅兰芳回忆，荫昌启程时，脚登德国长统靴，身穿中式缎袍，嘴里唱着京剧《战太平》，摇头晃脑地上了火车，颇有"为君谈笑净胡沙"的派头。

问题在于，北洋军是袁世凯一手训练出来的，几乎已变成了他的私

298

人军队，没有袁世凯，谁能指挥得动这支军队？

10 月 15 日，荫昌在彰德下车，向袁世凯问计。荫昌与袁世凯私交甚好，当初摄政王载沣掌权后，决定诛杀袁世凯，荫昌没少为袁世凯的事帮忙。袁世凯对他也不隐瞒，劝他："湖北方面，有黎元洪为将，千万不可小视！"

经袁世凯这么一提醒，荫昌对局势变得极为悲观。由于调度无方，贻误军机，全国各省纷纷宣布独立，革命的多米诺骨牌开始彻底倒塌。

事情发展到这个份儿上，清政府终于不得不面对一个人——三年前被"开缺回籍养疴"的袁世凯。

形势危急，洋人们也坐不住了，为了保护各自在华利益，美国驻华公使嘉乐恒、英国驻华公使朱尔典及洋人的驻京公使团一起对载沣施压，要求重新起用袁世凯；庆王奕劻、那桐、徐世昌等人也强烈建议让袁世凯复出。万般无奈下，载沣只得无奈答应："你们这样主张，就照你们的办，日后有事发生，请不要推卸责任！"那桐回答："不用袁，指日可亡；如用袁，覆亡尚希稍迟，或可不亡。"

10 月 14 日，清廷终于给袁世凯下发了谕旨：

湖广总督著袁世凯补授，并督办剿抚事宜。君著迅速赴任，勿庸来京觐见。该督等世受国恩，当此事机紧迫，自当力顾大局，勉任其难。袁世凯、岑春煊到任后，瑞澂、赵尔丰再行交卸，钦此。

同一天，清廷又颁上谕：

袁世凯现简授湖广总督，所有该省军队，暨各路援军均归该督节制调遣。荫昌、萨镇冰所带水陆各军并著袁世凯会同调遣，迅赴事机，以期早日裁定。

面对清廷的这份委任状，袁世凯淡然一笑，不为所动，给朝廷回道："臣旧患足疾，迄今尚未大愈。去冬又牵及左臂，时作剧痛……近自交秋骤寒，又发痰喘作烧旧症，盖以头眩心悸，思虑恍惚……一俟稍可支持，即当力疾就道。"（《袁世凯奏折》）

你载沣从前不是以"足疾"为由，将我开缺回老家"养疴"吗？现如今我腿脚的老毛病非但没有好，反而还添了新毛病，胳膊也不好使，还咳嗽发烧，连脑袋也不行了。

袁世凯真的病成这样吗？

显然不是！

袁世凯其实啥事没有，牙口倍棒，吃嘛嘛香。他之所以推诿，无非是想跟载沣讨价还价——区区一个湖广总督，官太小，不干！

载沣明知袁世凯是在耍花样要权，却一筹莫展。

军情急如星火！载沣无奈，只得派袁世凯小站练兵时期的部下、时任内阁协理大臣的徐世昌亲赴洹上村，请袁世凯出山。

袁世凯开出了六个条件：

1. 明年即开国会；

2. 组织责任内阁；

3. 宽容参与此事件诸人；

4. 解除党禁；

5. 须委袁世凯以指挥水陆各军及关于军队编制的全权；

6. 须与袁世凯以十分充足的军饷。

同时，袁世凯还公然宣称，此六条缺一不可，否则绝不出山。

载沣那个气啊！朝堂之上，一片愁云惨雾，却又拿袁世凯无可奈何。

10月27日，朝廷召回荫昌，任命袁世凯为钦差大臣，召授袁世凯为钦差大臣，督办湖北剿抚事宜。几天后，袁世凯被授予内阁总理大臣之职。这一天，载沣被解除了监国摄政的职务。

早在几天前，英国《泰晤士报》驻华记者莫理循就敏锐地认识到："我深信，袁重新掌权已为期不远。我斗胆揣测，袁将接替荫昌掌管陆军部，其后升为内阁协理大臣，以接替即将退休之那桐。我还冒昧预测，上述变动将在10月间资政院再次举行会议之前实现。"

莫理循不愧是中国通，他的预言此后一一实现。

就在袁世凯与清政府讨价还价之际，武昌起义之后的革命形势迅猛发展，反清烈焰如火山一样四下喷发，燃遍了全中国。

10月22日，湖南新军在长沙举义，于第二天宣布湖南独立；同日，陕西西安爆发起义，宣布陕西独立；10月29日，革命者在太原举事，宣布山西独立；10月31日，江西南昌宣布独立；11月1日，云南昆明独立；11月4日，贵阳被革命军攻占，贵州宣布独立……

京城内外，各种流言飞传，民众一片恐慌，"京城之逃徙纷纷，每次火车均挤不能容。市面则现银现钱搬取一空，屡向度支部商借巨款维持，尚有供不应求之势，以致百物昂贵，穷民愈无聊生。"

10月30日，清政府匆匆下罪己诏，有大臣这样自我安慰："乱党再无借口了，可立见敉平矣。"同时，清政府还开放党禁，释放所有政治犯："所有戊戌以来因政变获咎，与先后因犯政治革命嫌疑，惧罪逃匿以及此次乱事被胁自拔来归者，悉皆赦其既往。"

然而，大厦已然倾颓，如何挽救清政府，都无济于事了。

袁世凯出山后，北洋军士气大盛，一路旗开得胜，连连攻陷汉口及汉阳，革命形势岌岌可危。

危急时刻，同盟会的二把手——黄兴出现在了武昌。

黄兴的出现，给革命军注了一支强心剂，黎元洪拉着黄兴的手兴奋地说道："克强兄你来，武汉幸甚！革命幸甚！"武汉作家罗时汉在《城市英雄》一书中这样写道："武昌市民听说黄兴到了，都拥到汉阳门正街（今民主路）两旁一睹黄兴风采，沿途鞭炮不绝。军政府还派出几队人骑着高头大马，手持写着斗大'黄兴到'的大旗，分头向各处奔驰。还把许多写有'黄兴'二字的旗幡插到汉口的高楼屋顶，大张声威。市民们兴高采烈，议论纷纷，比喻为'天将下凡'。"

面对北洋军凌厉的攻势，黄兴提出了一个大胆的建议：反攻汉口！

黄兴率革命军与之血战，依然无法抵挡北洋军凌厉的攻势，死伤遍野。黄兴深感无颜面见江东父老，痛哭失声，欲拔枪自尽被人劝阻，悲愤之下黯然离开湖北，乘船前往上海。

然而，就在革命军节节败退，北洋军完全可以一鼓作气拿下武昌之际，袁世凯却宣布停战，不打了。

袁世凯深知，大清气数已尽，袁世凯又不是陆秀夫、文天祥，凭什么为这样一个腐朽没落的朝廷卖命？眼下武昌的革命党如同砧板上的肉，只要自己愿意，随时可以将革命党一勺烩了。

问题在于，这之后呢？谁能保证清政府不干卸磨杀驴的勾当？

重新出山后的袁世凯思虑显然更加深沉，更加老到，他不会轻易受清政府的摆布，也不会放任革命党继续闹事。此时此刻，他想起了湖北新军起义之初，杨度对他说过的一句话："乱事一平，袁公有性命之忧。"

老袁要下一盘很大很大的棋，对革命党既打又拉，对清政府连哄带吓，他要在清政府和革命党之间进行平衡和博弈。

据说，袁世凯曾对幕僚讲过一个拔树的例子：

各位，你们知道拔树的办法吗？专用猛力去拔，是无法把树根拔出来的；过分去扭，树干一定会断折。只有一个方法，就是左右摇撼不已，才能把树根的泥土松动，不必用大力就可以一拔而起。清朝这棵大树，是三百多年的老树，要想拔这棵又大又老的树，不是一件容易的事情。闹革命的，都是些年轻人，有力气却不懂如何拔树；闹君主立宪的人，懂得拔树却没有力气，我今天忽进忽退，就是在摇撼大树，等到泥土已经松动了，大树不久也就会拔出来的。

杨度

停战之后的袁世凯，主动向革命军抛来了橄榄枝。黎元洪写信给袁世凯，只要他赞同革命，"将来民国总统选举时，第一任之中华共和大总统，公固不难从容猎取也。"黄兴也给袁世凯戴高帽："明公之才能，高出兴等万万。以拿破仑、华盛顿之资格，出而建拿破仑、华盛顿之事功，直捣黄龙，灭此虏而朝食，非但湘鄂人民戴明公为拿破仑、华盛顿，即南北各省亦当无有不拱手听命者。"随后，革命党人不断向袁世凯发出信号，希望袁世凯能掉转枪口，推翻清朝，成就大业。

远在大洋彼岸的孙中山也高姿态表示："总统自当选黎君（元洪），闻黎有拥袁（世凯）之说，合宜亦善。总之，随意推定，但求早日巩固国基。"

袁世凯出山后，没有亲临武汉，而是选择了北上。在北京的日子里，为了策反袁世凯放弃君主立宪拥戴共和，革命党人汪精卫、魏宸组可是下了不少功夫。据张国淦在《辛亥革命史料》中的记载：

"袁到京，主张拥护君主，绝口不言共和，至各处通电到京，则言'本人地位但知拥护君主到底，绝对不能赞成共和，不过世界既有共和学说，亦不妨研究'。此时汪兆铭（即汪精卫）已经开释，乃约汪到锡拉胡同谈论，汪每晚饭后七八时谒袁，十一二时辞出，初只言共和学理，谈至三更，渐及事实，汪言：'如须继续谈去，请求再约一人。'袁问何人，汪以魏宸组相对，袁许可。次夜汪魏同谒袁，于是讨论中国于君主共和何者适宜，魏善于辞令，每以甘言饵之，袁初尚搭君主官话，连谈数夜，袁渐渐不坚持君主，最后不言君主，但言中国办到共和颇不易，汪魏言：'中国非共和不可，共和非公促成不可，且非公担任不可。'袁初谦让，后亦半推半就矣。"

唐绍仪

12月18日，上海英租界工部局市政厅，南北议和的会议开始了。袁世凯派出了唐绍仪为代表，南方革命军政府则选出了伍廷芳为议和首席代表。

唐绍仪是清末民初著名的政治活动家、外交家，曾经和袁世凯拜过把兄弟，跟袁世凯关系密切，后来还做了民国首任总理。对手伍廷芳也不弱，他是中国自费留学第一人，获得过博士学位及大律师资格，也是中国近代史上第一个法学博士、大律师。伍廷芳曾经给李鸿章干过14年的幕僚，长期活跃在中国外交舞台上。唐绍仪和伍廷芳都是广东老乡，还曾经是同事，两人虽然年龄相差20岁，但其实早就是好朋友，所以议和现场气氛非常融洽。前两次会谈中，围绕停战和国体问题，两人展开了讨论。

伍廷芳

12月28日，袁世凯将南方革命党力主共和、唐绍仪请开国会的建议呈报隆裕太后。隆裕太后垂泪谕袁总理大臣："汝看着如何办，即如何办。无论大局如何，我断不怨汝。即皇上长大，有我在，亦不能怨汝。"

事情似乎进行的很顺利，一切都在袁世凯的谋划中稳步进行。就在南北双方举行第三次会谈时，一个人的出现，打破了这种局面。

孙中山回国了。

武昌起义发生时，孙中山正在美国犹他州盐湖城旁的一个小镇旅店，当时的他正在四处演说筹措革命经费。唐德刚先生在《晚清七十年》中称孙中山此时在美国洗盘子，这个说法流传甚广，但却不是事实。

武昌起义爆发后，黄兴、宋教仁连番催促孙中山尽快回国主持大局，但孙中山并不急于回国，他决定继续遍访欧美诸国政要，试图通过外交活动帮助革命政府赢得列强的承认，并获取经济上的支援。孙中山对此曾有自述："此时吾当尽力于革命事业者，不在疆场之上而在樽俎之间，所得效力为更大也。故决意先从外交方面致力，俟此问题解决而后回国。"

两个月后，也就是 1911 年 12 月 25 日，孙中山结束了长达 16 年的流亡生涯，正式公开抵达上海，受到了民众的夹道欢迎。作为海外华人起义的领袖人物，孙中山在国内也有很高的声望。此次回国，盛传他携巨款而来。如吴景濂听说，孙氏在美国募有美元数千万，兵船十只，"如在宁组织临时政府举伊为临时大总统，可将钱及船献出，为政府用。"

日本驻上海总领事有吉明也说，"据传孙氏携回许多活动经费，但其数额并不会太大（一说五千万元）"。有记者问道："孙先生，你这次带了多少钱回来？"孙中山一愣，说："予不名一钱也，所带来

孙中山就任中华民国临时大总统

回者，惟革命精神耳！"

12 月 29 日，各省代表举行选举预备会，以投票选出临时大总统候选人，孙中山得 16 票，黄兴得 1 票。投票结束后，各省代表派人赴上海欢迎孙中山来南京就任临时大总统一职。

1912 年 1 月 1 日，孙中山抵达南京，当天晚上，临时大总统府里各界人士济济一堂，孙中山举左手，宣誓就职，大总统誓词如下：

颠覆满洲专制政府，巩固中华民国，图谋民生幸福，此国民之公意，文实遵之，以忠于国，为众服务。至专制政府既倒，国内无变乱，民国卓立于世界，为列邦公认，斯时文当解临时大总统之职。谨以此誓于国民。中华民国元年元旦。

就职典礼相当仓促，据陕西代表马凌甫回忆，典礼结束，大家"边跳边喊，沿街居民多从睡梦中惊醒。不少人怀疑是散兵游勇滋扰，也有披着衣服从门缝中窥伺动静的。谁也没有想到这是当时掌握国家最高权力机关的代表们余兴未尽，作此有类儿戏的行动"。

孙中山的出现以及临时大总统的选举打乱了袁世凯的布局，让袁世凯颇为被动。袁世凯随后将北方议和代表唐绍仪撤职，宣布此前所谈之条款一概无效，命令冯国璋、段祺瑞等 40 余人联名电请内阁代奏，竭力要求维持君主立宪，反对共和政体。同时，袁世凯还公开声称"君主制度万万不可变更"，"只有维持君宪到底，不知其他。"

孙中山就任临时大总统后，革命阵营里对他也颇多非议，章太炎等认为"论功应属黄兴，论才应属宋教仁，论德应属汪精卫"。革命的大旗之下，各色人等鱼龙混杂，掺杂其间，原新军协统吴介璋出任都督后就曾抱怨道："地方情形还很混乱，青红帮中人，干涉地方政事，措施困难，急于求去。"

最让人头疼的还是军费问题。

一次安徽前线军情告急，粮饷皆缺，都督孙毓筠派专使来求援。孙中山大笔一挥，拨 10 万元救急。总统府秘书长胡汉民持此总统朱批，前往财政部要求拨款，却发现国库之内，孤零零只躺着十块大洋。

当时正值隆冬季节，大雪纷飞，革命军路过上海时，身上只穿单夹不等的平民服装，加上一件羊皮背心。军队长官请求上海方面协助制造棉被褥各三千条，限三日内交货，但结果却是，"公所以无军服制造厂可转托制，且棉花市面缺货，只得做了稻草的被褥各三千条，以应急需。"

孙中山本人也对严峻的处境有着清醒的认识，革命党人自知理亏，为了安抚袁世凯，孙中山在宣誓就职当天就电告袁世凯："公方以旋转乾坤自任，即知亿兆属望，而目前之地位尚不能不引嫌自避；故文虽暂时承乏，而虚位以待之心，终可大白于将来。望早定大计，以慰四万万人之渴望。"

袁世凯于 1 月 2 日回电说："君主共和问题，现方付之国民公决。所决如何，无从预揣。临时政府之说，未敢与闻。谬承奖诱，惭悚至不敢当，惟希鉴谅为幸。"

孙中山再次回电："倘由君之力，不劳战争，达国民之志愿……推功让能，自是公论。若以文为有诱致之意，则误会矣。"

1912 年 1 月 15 日，孙中山再次向袁世凯承诺："如清帝实行退位，宣布共和，则临时政府决不食言，文即可正式宣布解职，以功以能，首推袁氏。"

袁世凯这才放下心来。一方面，袁世凯继续推进南北议和；另一方面，袁世凯开始加紧向皇室"逼宫"。袁世凯对清廷的手段无非两个字：哄与吓。

1912 年 1 月 16 日，养心殿东暖阁中，袁世凯正式向隆裕太后提出了清帝退位问题。为了避免有欺负孤儿寡母的嫌疑，袁世凯跪倒在地痛哭流涕，痛斥革命党乱国，然后话锋一转，诉说自己殚精竭虑，终于为皇室争取了优待条件，尊号依旧保留，皇帝暂时还可以居住在紫禁城内，每年还有 400 万两日常开销等等。

末代皇帝溥仪在《我的前半生》一书中回忆：

在最后的日子里所发生的事情，给我印象最深的是：有一天，在养心殿的东暖阁里，隆裕太后坐在靠南窗的炕上，用手绢擦眼，面前地上的红毡子垫上跪着一个粗胖的老头子，满脸泪痕。

我坐在太后的右边，非常纳闷，不明白两个大人为什么哭。这时，殿里除了我们三个，别无他人，安静得很。胖老头很响地一边抽缩着鼻子，一边说话，说的什么我全不懂。后来我才知道，这个胖老头就是袁世凯。这是我看见袁世凯唯一的一次，也是袁世凯最后一次见太后。如果别人没有对我说错的话，那么正是在这次，袁世凯向隆裕太后直接提出了退位的问题。从这次召见之后，袁世凯就借口东华门遇险的事故，再不进宫了。

1912 年 2 月 12 日，也就是宣统三年十二月二十五日。

这一天，养心殿里举行了清王朝最后一次朝见仪式，袁世凯称病没来，一班大臣们在外务部大臣胡惟德的带领下，向隆裕太后和 6 岁的宣统皇帝三鞠躬。柔弱的隆裕太后想到大清江山亡在了自己手中，心中悲苦，不由得当众抽泣起来，渐而转为嚎啕大哭，口中还喊着："祖宗啊祖宗……"

在大臣们的劝慰下，隆裕太后总算是收住了眼泪，领班大臣胡惟德

捧起清帝退位诏书，大声
宣读道：

袁世凯和各国使节的合影

奉旨朕钦奉隆裕皇太
后懿旨：

前因民军起事，各省
相应，九夏沸腾，生灵涂
炭，特命袁世凯遣员与民
军代表讨论大局，议开国
会，公决政体。两月以来，尚无确当办法，南北暌隔，彼此相持，商辍
于途，士露于野，徒以国体一日不决，故民生一日不安。今全国人民心
理，多倾向共和，南中各省既倡议于前，北方各将亦主张于后，人心所向，
天命可知，予亦何忍以一姓之尊荣，拂兆民之好恶？是用外观大势，内
审舆情，特率皇帝，将统治权归诸全国，定为共和立宪国体，近慰海内
厌乱望治之心，远协古圣天下为公之义。袁世凯前经资政院选举为总理
大臣，当兹新旧代谢之际，宜有南北统一之方，即由袁世凯以全权组织
临时共和政府，与民军协商统一办法，总期人民安堵，海宇乂安，仍合满、
汉、蒙、回、藏五族完全领土，为一大中华民国，予与皇帝得以退处宽
闲，优游岁月，长受国民之优礼，亲见郅治之告成，岂不懿欤？钦此。

至此，统治中国长达 268 年的清王朝彻底落下了帷幕。飘扬了 200
多年的黄龙旗缓缓落下，取而代之的，是一面象征着五族共和的五色旗。

民国的大幕，终于拉开了！

一个新的时代开始了。

2 月 13 日，孙中山履行诺言，向参议院提出辞呈，同时举荐袁世凯为继任大总统。

14 日，临时参议院召开十七省代表投票选举临时大总统，袁世凯以全票当选。参议院在致袁世凯的电报中说："查世界历史，选举大总统，满场一致者，只华盛顿一人，公为再见。同人深幸公为世界之第二华盛顿，我中华民国之第一之伟业，共和之幸福，实基此日。"

1912 年 3 月 10 日下午 3 时，袁世凯宣誓就职临时大总统。就职当天，袁世凯着军服、佩长剑，面南正立，宣读誓词：

世凯深愿竭其能力，发扬共和精神，涤荡专制之瑕秽。谨守宪法，依国民之愿望，祈达国家于安全强固之域，俾五大民族同臻乐利。

问题在于，革命成功了，共和却难建立。1913 年 3 月 20 日，上海火车站的一声枪响，夺走了宋教仁年轻的生命，也打碎了宋教仁北上组阁的梦想。孙中山发动"二次革命"，与袁世凯彻底决裂，却也将袁世凯逼上了专制的道路。此后，民国的历史舞台上乱烘烘一片，一群又一群人粉墨登场，或振臂高呼，或跳梁

宋教仁遇刺

而过，你方唱罢我登场，上演着城头变幻大王旗的混乱年代大戏。

在经历了短暂的民主共和希望后，中国再一次陷入了军阀混战的乱世之中。无量头颅无量血，可怜换来假共和！

弱肉强食的乱世里，理想被摧毁，信念遭践踏，尊严更是荡然无存。埋葬了腐烂到极点的旧时代，却换来了一个争权夺利的混乱民国。历史的悲剧往往在于，播下的是龙种，收获的却是跳蚤！

一切的一切，从未注定，却永不终结。

然而，就在这暗沉沉的夜里，一艘南湖红船从历史深处向我们驶来，里面传出高昂豪迈的歌声。东方天际，一轮红日正喷薄而出，放射出万道霞光！

我为什么要写这部书？（代后记）

写完这部稿子，我重温了一遍《走向共和》。

历史是什么？

英国诗人雪莱说，历史是刻在时间记忆上的一首回旋诗。高晓松说，历史是精子，牺牲亿万，才有一个活到今天。

读中国近代史，有人愤怒，有人伤感，有人遗憾，还有人无奈。作为读者，尽可以从自己的角度出发去评判历史，喜欢或厌恶，这都没有错。但作为著史者来说，重要的是在千般感慨、万端思绪之上的理性分析，你要对你的读者负责，对笔下的人物负责，更要对历史负责。

为什么要写晚清史？

无论人们愿意不愿意，高兴不高兴，不得不承认的是，中国社会的转型是从晚清开始的。当然，与一般的著史者不同，我把这个开始的节点往前调了一下，在我的历史框架中，近代史的起点从 1793 年马戛尔尼访华就开始了。

我们这个民族，背负了太多沉重的历史，沉重到一个转身是如此艰难。晚清七十年的历史，留给后人的不只是有形的耻辱，还有巨大的心灵创伤。我们忘不了圆明园的冲天大火，也忘不了八国联军的肆意蹂躏，这是晚清历史上对中国人的集体心理的两次伤害，当然还有后来的南京大屠杀。这创伤如此之深，以至于到今天都无法完全愈合。

在我看来，一部晚清史，始终在追寻这样一个问题：中国从何处来，又向何处去？

我们这个民族有着悠久的历史文化，也曾创造了领先世界的灿烂文明，但却在近代历史的潮流中，落伍了。然而，我们无法苛责前辈，作为今人，应该充分尊重前人的历史选择。尽管他们受眼界和知识的限制，无法打破这个铁屋子，但至少他们没有甘于沉沦，而是在绝境中艰难前行，探索未来的道路，尽管结果并不尽如人意。

忽然想到李鸿章那句话，一代人只能做一代人的事。

100 多年前的历史，离我们说远不远，说近也不近。而我们大多数人对历史人物的判断，都简单而粗暴，只是君子与小人、仁君与昏帝、好人与坏人的二维分法，没有灰色地带。遗憾的是，人性是复杂的，这个世界没有绝对的黑与白之分，每一位历史人物的选择都没有对错，他们只是基于当时的内外因素做出了合理的抉择，与其区分好与坏，不如从利与弊的角度出发去分析历史，有些问题自然不难理解了。历史格局的演化自有其规律在，所有的局中人都是迫不得已，慈禧太后如此，李鸿章如此，末代摄政王载沣亦是如此。钱穆先生曾说，对历史应报以温情与敬意，读历史亦是如此。很多时候，历史是没有真相的，或者说我们只能无限接近真相，却永远无法企及。我读历史，更多的关注其背后的逻辑，以及由此获得的感触。

客观地说，晚清的覆亡，从甲午战败后就已经埋下了伏笔。此前的鸦片战争、太平天国起义只能算得上是阵痛，并没有触及帝国的命脉。甲午一战，泱泱大国竟然败给了蕞尔小国，这是时人无论如何也接受不了的。从帝国重臣到士绅阶层再到普通百姓，心头普遍弥漫着一股屈辱与悲愤的情绪。从此后的历史中，我们可以梳理出这样一条脉络：清政府因兵败而图强，因图强而变政，因变政而召乱，因召乱而亡国。

晚清新政在清末历史上是一抹难得的亮色，但清政府在这场系统性的改革中逐渐失去了控制力，权力与权威受到了质疑和损害，由改革所引发的财政问题更是成为清政府的一个死结。在此过程中，清政府也丧失了支撑传统帝制王朝的利益集团基础，即士、军、绅。而传统士、军、绅恰恰又不足以支撑一个宪政国家，故民初宪政的失败，是不可避免的。

晚清最后十年改革，以地方自治为旗帜，其结果，是将维系传统地方秩序的"绅"，纳入一种新的"地方咨议局"系统内。"绅"对"咨议局"怀抱极大的希望，并非因为他们认同其宪政特质，而在于"咨议局"是变革时代维系他们既有社会地位的要津。清政府一再在国会问题上拖延、推诿，与"绅"希望尽快确立起新社会地位的愿望背道而驰，反倒给了革命党渗透、崛起、壮大的机会。尽管晚清的最后几年，各种现代化举措正在迅速推进，但帝国的柱石却已被掏空，民心已失，覆亡已是其必然的归途。

本书力求在原始的档案历史材料之上，还原事实真相，以晚清历史大事件为线索，探索帝国崛起被打断的原因。

写作本书，是一个漫长的过程，漫长到我上大学就开始动笔，断断续续直至毕业多年才得以完稿，其中艰辛不足为外人道也。板凳甘坐十年冷，文章不写半句空，是我终身坚守的誓言。作为一个新人，也许其中还有很多不足，部分观点也有待商榷，但我确实是尽力了。

以此为记。

2016 年 5 月 14 日

写于西北一座雨水中荒凉的小城